高等职业教育财经系列规划教材

会计电算化
——用友ERP-U8（V8.61）
（第2版）

李宏伟◎主编

电子工业出版社
Publishing House of Electronics Industry
北京·BEIJING

内 容 简 介

本书采用"任务式教学法"作为教学基本方法，每节课学生都有明确的学习任务，做到教师教有目标、学生学有目的。学生通过对基础设置、业务审核、凭证填制、记账、月末处理、财务报表等各个业务的处理，从而完成全部财务核算工作，这与在岗工作完全相似。本书是学徒制教材。

本书主要内容包括财务软件概述、系统管理、基础设置、总账系统、工资管理、固定资产管理系统、采购与应付系统、销售与应收系统、库存与存货系统、期末会计事项处理、UFO报表系统及附录等。

本书可作为中、高职院校会计专业的教学用书，也可作为自学者的学习指导和参考用书。

未经许可，不得以任何方式复制或抄袭本书之部分或全部内容。
版权所有，侵权必究。

图书在版编目（CIP）数据

会计电算化：用友ERP-U8（V8.61）/李宏伟主编．—2版．—北京：电子工业出版社，2018.9
高等职业教育财经系列规划教材
ISBN 978-7-121-34949-2

Ⅰ．①会… Ⅱ．①李… Ⅲ．①会计电算化—高等职业教育—教材 Ⅳ．①F232

中国版本图书馆CIP数据核字（2018）第199345号

策划编辑：姜淑晶
责任编辑：刘露明
印　　刷：北京七彩京通数码快印有限公司
装　　订：北京七彩京通数码快印有限公司
出版发行：电子工业出版社
　　　　　北京市海淀区万寿路173信箱　邮编 100036
开　　本：787×1 092　1/16　印张：17.25　字数：447千字
版　　次：2012年8月第1版
　　　　　2018年9月第2版
印　　次：2018年9月第1次印刷
定　　价：49.00元

凡所购买电子工业出版社图书有缺损问题，请向购买书店调换。若书店售缺，请与本社发行部联系，联系及邮购电话：(010) 88254888，88258888。
质量投诉请发邮件至zlts@phei.com.cn，盗版侵权举报请发邮件至dbqq@phei.com.cn。
本书咨询联系方式：(010) 88254199，sjb@phei.com.cn。

第 2 版前言

为适应时代发展的需要，在各方的大力支持下，对《会计电算化——用友 ERP-U8（V8.61）》一书进行了修订。此次修订，对全书的内容进行了调整和完善，修改了一些不规范和瑕疵之处，还对模拟企业实际业务的会计资料进行了完善，修改了案例的业务时间，去掉了一些过于烦琐的业务，让其更加贴近我们的教学，更好地满足读者的需求。使业务更加明晰，线索更加清楚，学生更容易操作。本书通过综合模拟案例作为教、学、做的主线，使学生在学习中能够体现真实的企业情景，契合当前学徒制教学改革的目的。同时，书末提供了完整的模拟资料和两套实训资料，便于学生实训和考核。

本书打破传统的按功能模块讲解的教学模式，根据企业会计核算程序给出的教学任务，对教材的架构做了重大调整。本课程提倡全学程在计算机机房进行，每次课给学生相应的教学任务、业务资料，先由教师讲解示范，然后由学生自主完成。将全书所有教学任务完成后就形成从财务系统基础设置到总账系统的日常会计处理、应收系统、应付系统、工资核算系统、固定资产核算系统、供应链系统，再到财务报表编制的一套完整的企业会计电算化操作流程。

ERP 管理软件的发展非常迅速，产品不断更新换代，其功能不断增强，技术日新月异，特别是企业信息系统的广泛应用，使财务管理信息系统进入一个崭新的发展阶段。目前，财务业务一体化已成为企业的主要应用模式，财务管理信息系统面临着许多新的课题。就用友软件而言，现 U9 已在市场上销售，但由于大多数院校的计算机配置跟不上软件的发展需要，所以本书仍以用友 ERP 管理软件 U8 普及版（V8.61）作为本书的蓝本来组织教学。

在学时分配上老师可根据实际情况酌情设计。第 1 篇是基础篇，包括第 1~3 章，应加强教学引导和管理，培养学生学习兴趣，不要太快，建议在 30 学时左右；第 2 篇是账务篇，以第 4~6、11 章为主，是企业财务工作的主线，建议在 40 学时左右；第 7~10 章是供应链部分，可以根据教学需要进行取舍。

本书由黑龙江生物科技职业学院李宏伟教授担任主编，编写第 1~3 章和附录 A；由黑

龙江生物科技职业学院王剑萍、李桃担任副主编，王剑萍编写第 7~10 章和附录 C；李桃编写第 4~6、11 章和附录 B。

本书在编写过程中得到了北京用友软件股份有限公司及用友软件股份有限公司黑龙江分公司李瑛琦、王天明等老师的大力支持，在此一并表示感谢！

限于作者的水平有限且时间仓促，书中难免存在疏漏和不当之处，敬请广大读者和老师批评指正，有意见或建议请发至：6320566@qq.com。

编　者

目　　录

第1篇　基　础　篇

第1章　财务软件概述 ……………………………………………………………… 2
  1.1　财务软件的发展 ………………………………………………………………… 2
  1.2　用友 ERP-U8 简介 ……………………………………………………………… 3
      1.2.1　用友 ERP-U8 功能介绍 …………………………………………………… 4
      1.2.2　用友 ERP-U8（V8.61）安装 ……………………………………………… 5
      任务 1　数据库安装 …………………………………………………………… 5
      任务 2　安装用友 ERP-U8（V8.61）………………………………………… 10
  本章小结 ……………………………………………………………………………… 12
  基本训练 ……………………………………………………………………………… 12

第2章　系统管理 …………………………………………………………………… 13
  2.1　系统注册 ………………………………………………………………………… 13
      任务 3　启动并注册系统管理模块 …………………………………………… 13
  2.2　增加用户（操作员）…………………………………………………………… 15
      任务 4　增加角色和用户 ……………………………………………………… 16
      任务 5　建立账套 ……………………………………………………………… 17
  2.3　用户权限管理 …………………………………………………………………… 20
      任务 6　用户权限设置 ………………………………………………………… 21
  2.4　账套备份、删除与恢复 ………………………………………………………… 22
      任务 7　账套备份和删除 ……………………………………………………… 23
      任务 8　账套恢复 ……………………………………………………………… 24
  本章小结 ……………………………………………………………………………… 25
  基本训练 ……………………………………………………………………………… 25

第3章 基础设置 ······ 28

3.1 基本信息 ······ 28
任务9 基础信息设置 ······ 28

3.2 基础档案 ······ 31
任务10 录入基础档案 ······ 31

3.3 数据权限及单据设置 ······ 54
任务11 数据权限设置 ······ 54

本章小结 ······ 56
基本训练 ······ 56

第2篇 财 务 篇

第4章 总账系统 ······ 58

4.1 基础设置 ······ 58
任务12 选项设置 ······ 58
任务13 录入期初余额 ······ 60

4.2 凭证 ······ 64
任务14 凭证管理 ······ 64
任务15 凭证签字及审核 ······ 70
任务16 凭证记账及取消记账 ······ 74

4.3 出纳 ······ 76
任务17 出纳管理 ······ 76

4.4 账表 ······ 81
任务18 账表查询 ······ 81

本章小结 ······ 85
基本训练 ······ 85

第5章 工资管理 ······ 86

5.1 工资管理系统的启动 ······ 86
5.2 工资管理系统的初始设置 ······ 87
任务19 建立工资账套 ······ 87
任务20 基础设置 ······ 90
任务21 工资类别的管理 ······ 92
任务22 人员档案的建立 ······ 94
任务23 工资项目和公式的设置 ······ 97

目　录

　　5.3　工资管理系统的业务处理 ·· 100
　　　　任务 24　工资管理系统的日常业务处理 ·· 100
　　　　任务 25　工资分摊及月末处理 ··· 105
　　5.4　账表分析 ··· 109
　　本章小结 ··· 110
　　基本训练 ··· 110

第 6 章　固定资产管理系统 ·· 112
　　6.1　固定资产管理系统的启动 ··· 112
　　6.2　固定资产管理系统的初始设置 ·· 113
　　　　任务 26　建立固定资产账套 ··· 113
　　　　任务 27　基础设置 ·· 116
　　　　任务 28　固定资产卡片管理 ··· 122
　　6.3　固定资产管理系统的业务处理 ·· 127
　　　　任务 29　固定资产变动管理 ··· 127
　　　　任务 30　固定资产折旧处理 ··· 128
　　　　任务 31　固定资产增减 ·· 131
　　　　任务 32　制单和对账 ·· 133
　　6.4　账表管理 ··· 135
　　本章小结 ··· 136
　　基本训练 ··· 136

第 7 章　采购与应付系统 ·· 138
　　7.1　系统初始设置 ·· 138
　　　　任务 33　启动系统并完成初始设置 ··· 138
　　7.2　日常业务处理 ·· 149
　　　　任务 34　赊购业务 ·· 150
　　　　任务 35　现购业务 ·· 157
　　本章小结 ··· 162
　　基本训练 ··· 162

第 8 章　销售与应收系统 ·· 163
　　8.1　系统初始设置 ·· 163
　　　　任务 36　启动系统并完成初始设置 ··· 163
　　8.2　日常业务处理 ·· 169
　　　　任务 37　赊销业务 ·· 169

		任务 38 现销业务	177
	本章小结		180
	基本训练		181

第 9 章 库存与存货系统 ······ 182

    任务 39 材料出库 ······ 182
    任务 40 产成品完工入库 ······ 185
  本章小结 ······ 187
  基本训练 ······ 188

第 10 章 期末会计事项处理 ······ 189

  10.1 总账系统内部转账定义 ······ 189
    任务 41 总账系统内部转账定义 ······ 190
  10.2 总账系统内部转账生成 ······ 195
    任务 42 自动转账凭证生成 ······ 196
    任务 43 对账、结账与反结账 ······ 199
  本章小结 ······ 206
  基本训练 ······ 206

第 11 章 UFO 报表系统 ······ 207

  11.1 会计报表管理系统概述 ······ 207
  11.2 会计报表初始设置 ······ 212
    任务 44 创建新表 ······ 212
    任务 45 报表格式设计 ······ 213
    任务 46 报表公式设计 ······ 217
  11.3 报表数据处理 ······ 220
    任务 47 报表数据处理 ······ 221
  11.4 报表的快速编制 ······ 223
    任务 48 调用报表模板、快速编制报表 ······ 223
    任务 49 报表查询与打印 ······ 224
  本章小结 ······ 228
  基本训练 ······ 228

附录 ······ 230

  附录 A 应用案例 ······ 230
  附录 B 财务软件实训资料 ······ 254
  附录 C 上机测试题 ······ 263

第1篇 基 础 篇

第 1 章

财务软件概述

学习目标

通过本章学习，了解财务软件发展过程和发展趋势及用友 ERP-U8 的功能模块组成，为后面学习提供理论上的支持，同时掌握用友 ERP-U8 的数据库平台和软件的安装方法。

1.1 财务软件的发展

【小知识 1-1】财务软件发展阶段

财务软件是随着管理科学的发展和计算机的普及而不断发展起来的，大致经历了三个阶段。

1. 会计数据处理系统阶段

这一阶段主要是以电子数据处理为主，主要目标是利用电子计算机的运算能力，对一些数据量大、重复劳动多的业务，利用一些小型数据库通过计算机处理来完成，如工资的计算、报表的编制等一些特定工作。

2. 会计信息系统阶段

这一阶段主要是以会计的相关业务进行综合处理为主，主要是综合处理发生在企业各业务环境中的各种会计信息，为企业内外部各级管理部门提供有关的管理和决策的一种辅助信

息,这一阶段已从单纯的会计核算向会计管理方向发展。

3. 财务决策支持系统阶段

这一阶段主要是在会计综合信息处理的基础上转向以财务分析和财务决策为主,主要运用大型数据库和人工智能技术来辅助管理者进行决策的一种人机交互系统。

我国的会计信息系统经过二十几年的发展,现已进入一个全新的时代。从应用领域来看,已从单项的业务应用过渡到部门应用,再到企业、客户、供应商的综合运用,为社会经济提供了有力的技术支持;从系统平台来看,从DOS发展到Windows或Erowser;从数据库来看,由小型数据库向大型数据库方向发展;从网络结构体系来看,从文件/服务器(F/S)结构向客户机/服务器(C/S)结构和浏览器/服务器(B/S)结构方向发展。

【小知识1-2】财务软件发展趋势

随着网络技术的发展和普及,会计信息的传递和处理处于一个开放的环境中,财务信息数字化、财务与企业内外部业务协同化、财务人员工作方式网络化将变成现实。财务软件已经从核算型向综合应用型方向发展,包括财务管理、生产制造、供应链管理、人力资源管理、客户关系管理、电子商务应用在内的完整的企业管理信息系统将会得到全面的发展,实现对企业物流、资金流和信息流一体化、集成化管理,已成为会计信息系统的主要发展趋势。企业财务业务一体化发展为企业资源计划(ERP)的广泛应用奠定了坚实基础。

1.2 用友ERP-U8简介

【小知识1-3】ERP-U8模块系列

目前,用友软件股份有限公司是我国优秀的管理软件开发商。它以财务软件为起点,现已开发出涉及企业资源计划(ERP)、供应链管理(SCM)、客户关系管理(CRM)、人力资源管理(HR)、企业资产管理(EAM)、办公自动化(OA)和行业管理软件等诸多领域。本书以用友ERP-U8软件为学习对象来讲解财务软件的应用方法。

【补充阅读资料 1-1】用友软件有多种产品能够适应不同客户的需求。产品也在不断升级,U8系列产品到目前为止已升级到V8.100版。但V8.72版本对计算机的硬件要求相对较高,客户端要求内存在512MB以上,数据服务器要求内存在1GHz以上,虽然改进和加强了一些功能，但主要界面并没有太多的变化。考虑到大多数学校教学用计算机的配置难以满足V8.100版的要求，因此本书仍以V8.61版为教学对象。

1.2.1 用友ERP-U8功能介绍

【补充阅读资料1-2】用友ERP-U8由基础信息、财务会计、管理会计、供应链、生产制造、人力资源、集团应用、Web应用、商业智能、企业集团应用等系统模块构成，实现了从预算到核算再到报表分析的财务管理的全过程。本书从实用和够用的角度出发主要介绍财务会计和供应链等与会计相关的模块功能。现将各模块功能介绍如下。

（1）基础信息部分。主要包括基础信息设置、基础档案设置、数据权限设置和单据设置。这部分功能主要用来设置一些相关的信息，为后面的会计核算和财务管理提供基础资料。

（2）财务会计部分。主要包括总账、应收款管理、应付款管理、工资管理、固定资产管理、网上银行、报账中心、UFO报表等。这部分功能主要实现了从预算到核算再到报表分析的财务管理全过程，是教学的重点部分。

（3）管理会计部分。主要包括项目管理、成本管理及专家财务分析等，这一部分功能是通过项目管理和成本管理实现各类工业企业对成本的全面掌握和控制，运用专家财务分析，及时掌握本单位的财务状况、销售及利润分布和各项预算的明细状况等，为企业管理决策提供依据。

（4）供应链部分。主要包括物料需求计划、采购管理、销售管理、库存管理和存货核算等，这部分的功能主要是用于增加预测的准确性，减少库存占用，提高物资管理的科学性和计划性。物料需求计划专门为物控部门设计，依据销售订单（以销定产）和预测单，按照MRP平衡公式进行运算，确定企业的生产计划和采购计划；采购管理专门为采购部门使用，对采购业务的全部流程进行管理，提供请购、订货、到货（退货）、入库、开票、采购结算的完整采购流程，提供比价生单（同一种原材料，不同的供应商的供货价格不同，系统可优先选择最低价而生成相应的采购订单）。用户可根据实际情况进行采购流程的定制。提供采购订单的到货期提前预警功能，提供供应商价格对比分析等报表；销售管理为销售部门所使用，用来处理客户的基本档案资料、定制销售计划、销售报价、开具销售订单（销售合同）、销售发货（销售退货）、销售开票；在销售订单、发货、开票时可以检查和控制客户的信用额度和最低售价，减少坏账的发生；强大的统计分析功能，可以根据业务数据，生成各类丰富的统计报表，可按存货、地区、业务员、部门等类别分析销售状况和销售业绩，以便及时调整销售策略；库存管理为库管部门使用，处理由采购部门传递过来的采购到货单，进行验收入库；销售部门传过来的销售发货单，审核之后销售出库；处理材料领用业务（配比出库、限额领料）、半成品、产成品入库，处理调拨、盘点等工作，查询各种库存账表（如库存台账、出入库流水账、收发存汇总表等），提供最高库存、最低库存、安全库存报警等工作；组装拆卸业务。它们之间既相互控制又相互传递数据，形成一个供应链的整体。这部分是学习的难点。

软件中还提供了人力资源、生产制造、集团应用、商业智能等功能，鉴于高职教育特点和篇幅等限制，这里不做讲述。

1.2.2 用友 ERP-U8（V8.61）安装

【小知识 1-4】配置要求

用友 V8.61 在安装和使用时要求电脑具有的最低配置，包括硬件配置和软件配置。最低配置，是指软件系统运行的基本条件，为了能更好地完成工作任务，系统会提供一个推荐配置。

如果在局域网内使用用友软件，因为用友软件 V8.61 系列产品是 C/S 结构（服务器/工作站）模式，最终数据保存在服务器上，对服务器的要求会更高一些。因为服务器兼有计算、保存数据等工作，特别是需要同时响应多个客户端要求的情况下更是如此，否则无法很好地完成各客户端的要求响应。

安装用友 ERP-U8（V8.61）对硬、软件环境的要求如下。

1. 硬件环境（最低配置）

服务器：最低要求主频 700MB 以上，内存 256MB 以上。
客户端：主频 500MB 以上，内存 128MB 以上。

2. 软件环境

服务器端操作系统：Windows 2000 Server；后台数据库：SQL 2000。
单机或工作站的操作系统为：Win 98/NT/2000/XP。
网络协议：TCP/IP。

任务 1 数据库安装

【小知识 1-5】SQL 2000 数据库介绍

用友软件在运行过程中需要有数据库进行支持，它所使用的数据库也随着软件不断升级而升级。V8.61 版使用的是 SQL 2000 数据库，它是 Microsoft 公司开发的目前比较流行的数据库之一，其安全性和可维护性较强。该数据库软件可以单独购买。如果不单独购买该软件，也可以使用用友安装程序中提供的简版数据库 MSDE 2000，它是微软公司提供的数据库桌面引擎，它虽然不能对数据库进行单独维护，但也能保证软件的正常运行。安装方法是打开用友安装程序，找到 MSDE 2000 文件夹，选择 STUP 命令，按提示完成安装，重新启动电脑即可。

下面讲述 SQL 2000 数据库的安装。单机使用 V8.61，电脑上需要先安装 SQL 2000 数据库；如果是网络使用 V8.61，SQL 2000 只需安装在服务器上，各客户端电脑上不用安装。

操作步骤如下所述。

（1）将 SQL 2000 光盘放入光驱中，首先安装 MSDE，找到光盘中的\sql2000\MSDE 文件夹（如果电脑的操作系统是 Win 2000 Server，则在此不用安装 MSDE，直接安装 SQL Server 2000 即可），如图 1-1 所示。

（2）双击 Setup 文件，系统自动进行 MSDE 的安装，如图 1-2 所示。

（3）安装完成，重新启动电脑，在任务栏上就会有 SQL 图标，右击 SQL 图标，选择"SQL Server 服务管理器"选项，弹击"SQL Server 服务管理器"对话框，如图 1-3 所示。

图 1-1　MSDE 安装程序窗口

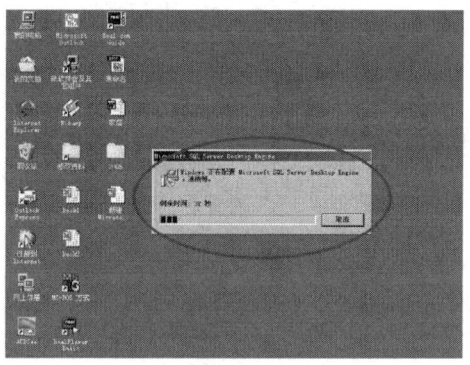

图 1-2　MSDE 安装进程窗口

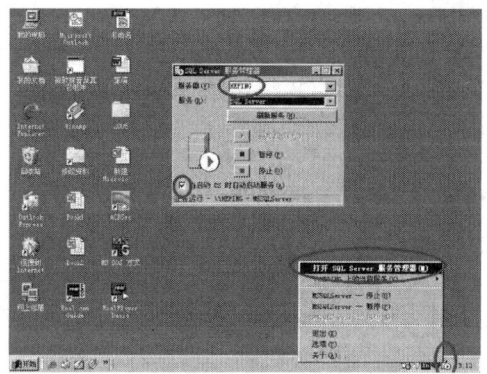

图 1-3　"SQL Server 服务管理器"对话框

第 1 章　财务软件概述

【补充阅读资料 1-3】"服务器"项中的标识,是指本机名称(电脑名要用英文表示,不要用汉字,也最好不要在电脑名称中加入其他特殊符号,如"-"号等)。

选中"当启动 OS 时自动启动服务"复选框,这样当下一次重新启动操作系统时,SQL 服务就自动启动了。

(4) 再次打开光盘中的\sql2000 文件夹,如图 1-4 所示。

图 1-4　SQL Server 2000 安装程序窗口

(5) 双击 Autorun 文件,系统进入安装界面,如图 1-5 所示。

图 1-5　SQL Server 安装界面

(6) 单击"安装 SQL Server 2000 组件",打开如图 1-6 所示界面。

图 1-6　SQL Server 安装组件界面

（7）单击"安装数据库服务器"，然后参照安装提示，单击"下一步"按钮，进行安装，如图 1-7 所示。

图 1-7　安装选择窗口

（8）安装完成后，执行"开始"菜单的"程序"|Microsoft SQL Server|"企业管理器"命令，如图 1-8 所示。

（9）打开"控制台根目录"，在带有本机电脑名称（电脑名称不能含有非法字符，如"-"等）的实例上右击，选择"属性"选项，如图 1-9 所示。

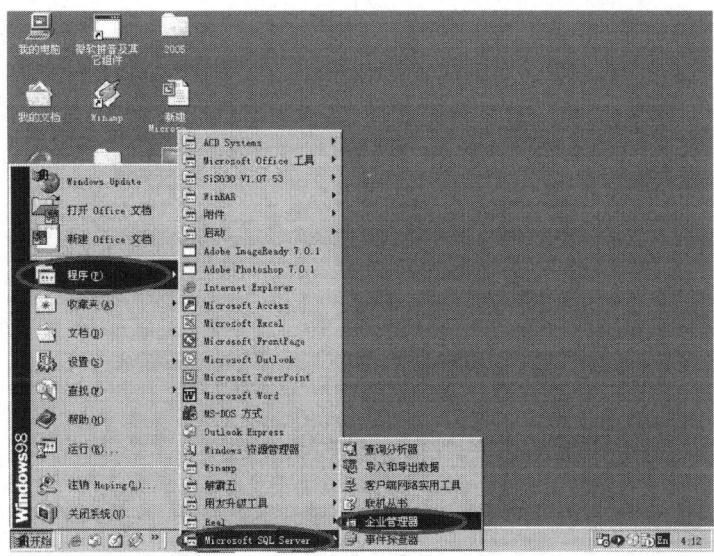

图 1-8 SQL Server 程序启动窗口

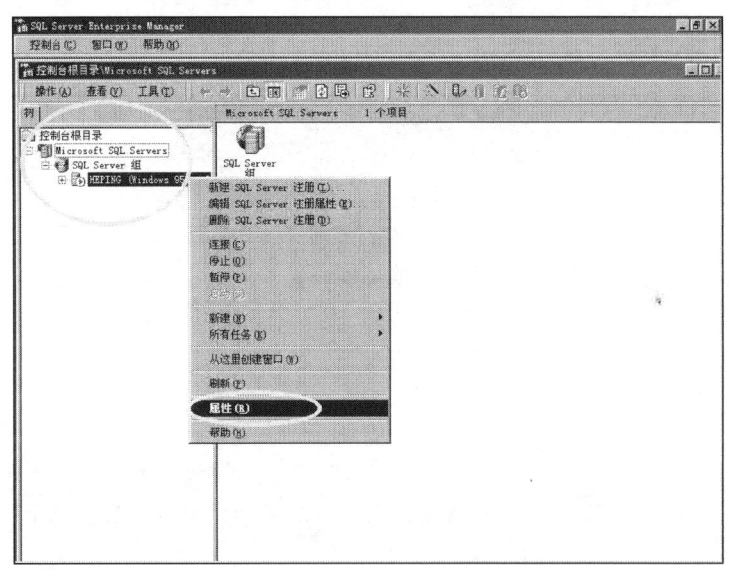

图 1-9 SQL Server 属性配置窗口

打开"SQL Server 属性（配置）"对话框，选择"安全性"选项卡，在"身份验证"区域选中"SQL Server 和 Windows"单选按钮，最后单击"确定"按钮，然后关闭"企业管理器"窗口，如图 1-10 所示。

（10）安装完成后重新启动电脑。在电脑任务栏中出现有 SQL 服务器图标" "，表示 SQL 2000 安装成功，如图 1-11 所示。

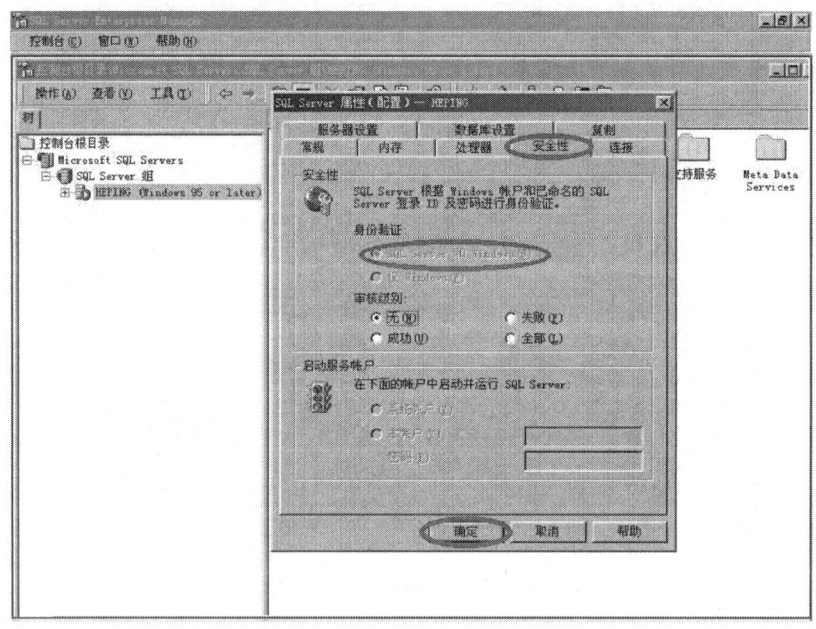

图 1-10　SQL Server 属性设置窗口

图 1-11　SQL Server 任务显示窗口

任务 2　安装用友 ERP-U8（V8.61）

【小知识 1-6】加密锁

如果购买了正版财务软件，应在电脑关闭的情况下，将加密锁插入打印机接口上，拧紧螺丝后，重新启动电脑。如果没有加密锁，则安装后的软件会提示为"演示/教学版"，可以试用三个月。

操作步骤如下所述。

（1）安装完成 SQL Server 2000 后，就可以开始安装用友软件了。将用友 ERP-U8（V8.61）光盘放入光驱中，系统将自动进入安装界面。也可以打开光盘内容进行浏览，如图 1-12 所示。

（2）双击 Setup 文件，系统进入安装界面，依据系统提示，选择相应的安装方式，然后单击"下一步"按钮，进行安装。安装进行到"安装类型"对话框时，系统提供有几种不同的安装类型供选择，如图 1-13 所示。

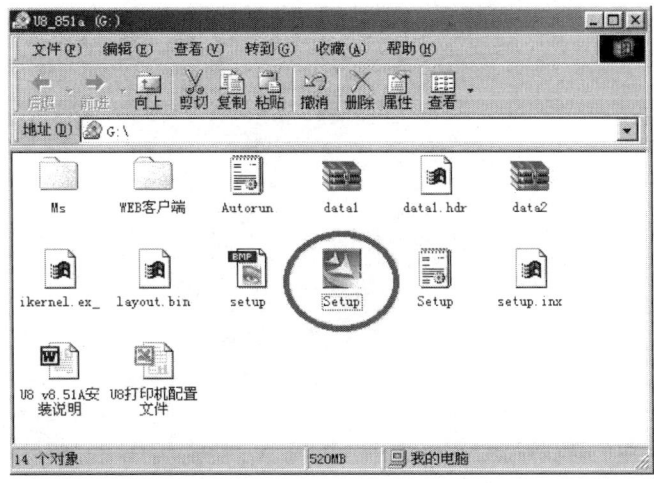

图 1-12 用友安装程序窗口

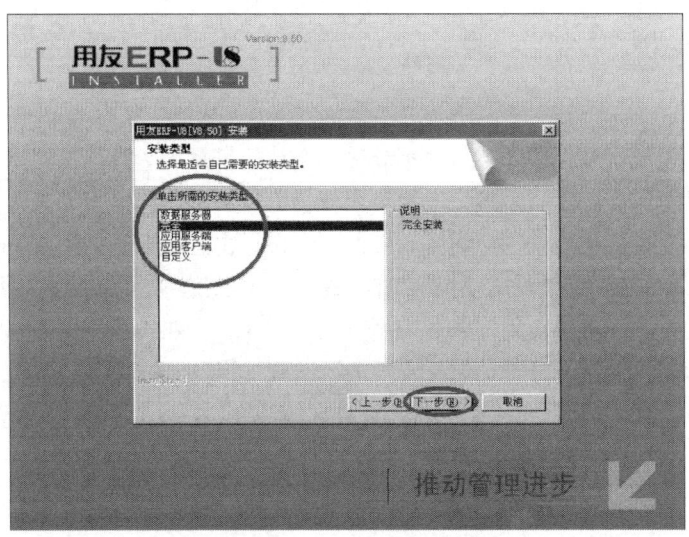

图 1-13 安装类型选择窗口

（3）可以根据系统提示选择不同的安装方式，也可以选择"自定义安装"方式进行安装，因为用友 ERP-U8（V8.61）是三层结构，所以在此也提供了不同的安装方式，如果使用者不知如何选择，就选择"完全"项最稳妥。依据系统提示一步一步完成安装，最后系统会提示重新启动电脑。

（4）如果是在服务器上，安装完用友软件，重新启动电脑之后，系统提示需要配置 U8 服务，单击"是"按钮，系统自动弹出"配置 U8 服务"窗口（如果是在工作站上安装完用友软件时，并且安装类型选择的是应用客户端安装，则不提示配置 U8 服务），如图 1-14 所示。

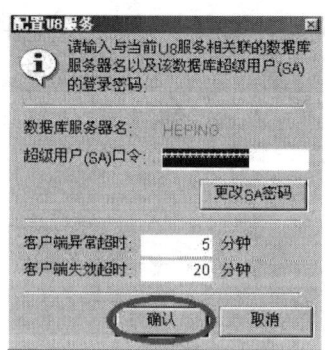

图 1-14 "配置 U8 服务"窗口

（5）单击"确认"按钮，用友财务软件安装完毕。

本章小结

财务软件的发展大致经历了会计数据处理、会计信息系统、财务决策支持系统三个发展阶段，现在正朝着综合应用型发展，实现对企业物流、资金流和信息流一体化、集成化的管理。目前，我国有许多优秀的国产财务软件，其中市场占有率较高的用友 ERP-U8（V8.61）系列软件就是本教材的示范软件。用友 ERP-U8 由基础信息、财务会计、管理会计、供应链、生产制造、人力资源、集团应用、Web 应用、商业智能、企业集团应用等系统模块构成，实现了从预算到核算再到报表分析的财务管理的全过程。用友 ERP-U8（V8.61）对硬、软件环境有较高的要求；在安装时首先应安装 SQL 数据库，然后再安装财务软件。

基本训练

☐ 能力题

1. 重新安装数据库。
2. 重新安装软件，安装路径为：D:\ufsoft。

第 2 章

系 统 管 理

学习目标

通过本章学习,了解系统管理的功能和使用方法,明确财务软件使用过程中系统管理的重要作用,掌握建立账套、备份和恢复账套、增加操作员,以及为操作员授权等工作。

2.1 系统注册

【小知识 2-1】系统管理的作用

一个功能强大的软件都是由若干个模块组成的,而这些模块又要形成一个有机的整体,这就需要一个平台来管理和协调这些模块的功能。用友 ERP-U8 软件产品是由多个产品组成的,各个产品之间要相互联系,数据共享,完整实现财务、业务一体化的管理,需要对账套的建立、修改、删除和备份,操作员的建立、角色的划分和权限的分配等功能进行单独设置。系统管理模块就是提供这样一个操作平台。其优点是对于企业的信息化管理人员可以进行方便的管理、及时的监控,随时可以掌握企业的信息系统状态。系统管理的使用对象为企业的信息管理人员(系统管理中的操作员 Admin 或账套主管)。

任务 3 启动并注册系统管理模块

操作步骤如下所述。

(1)执行"开始"|"程序"|"用友 ERP-U8"|"系统服务"|"系统管理"命令,如

图 2-1 所示。

（2）打开"系统管理"窗口，执行左上角菜单栏"系统"|"注册"命令后打开"注册系统管理"窗口，在此需要输入操作员名称，软件默认名称为"admin"，初始密码为空。单击"确定"按钮，进入系统管理员登录窗口，如图 2-2 所示。

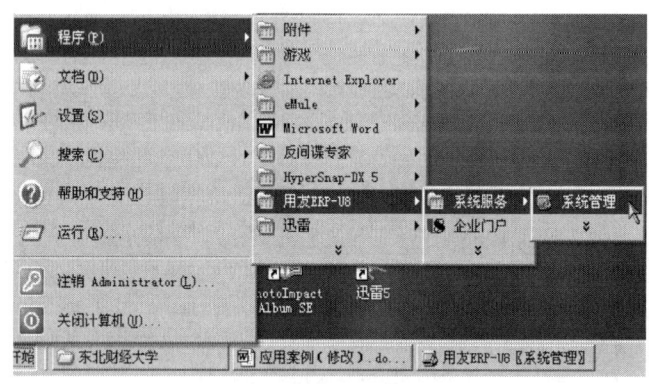

图 2-1　程序窗口

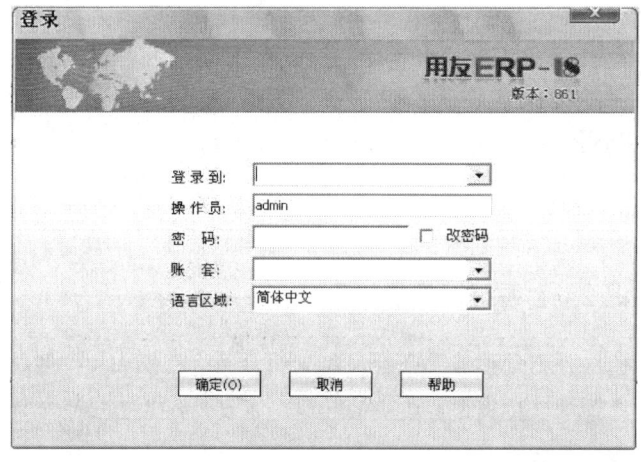

图 2-2　系统管理员登录窗口

【补充阅读资料 2-1】系统管理员"admin"是软件事先确定的系统管理员名称，对其不能修改和删除，在软件出厂时没有对其设置口令，以方便用户使用。在教学中也不提倡为其设置口令，因为一旦设置了口令，其他同学就不能在这台机器上进行建账、增加操作员及账套备份等操作。但对一个单位而言，为了保证单位财务数据的安全，就一定要为其设置口令。

（3）单击"确定"按钮启动系统管理功能，此时系统管理窗口中的"账套""权限"功能被激活，如图 2-3 所示。

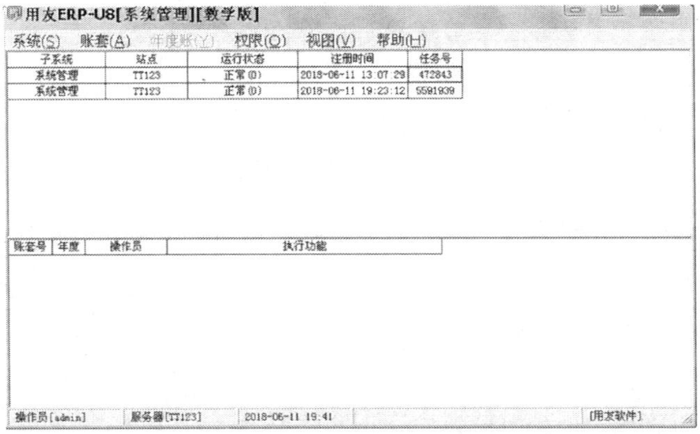

第 2 章　系统管理

图 2-3　系统管理窗口

【小知识 2-2】系统管理模块的主要功能

（1）对账套进行统一管理，包括建立、修改、引入和输出（恢复备份和备份）。

（2）对操作员及其功能权限实行统一管理，设立统一的安全机制，包括用户、角色和权限设置。

（3）允许设置自动备份计划。系统根据这些设置定期进行自动备份处理，实现账套的自动备份。

（4）对年度账的管理，包括建立、引入、输出年度账，结转上一年数据，清空年度数据等。

2.2　增加用户（操作员）

【小知识 2-3】用户类型

在用友财务软件中，用户的类型有三种：第一种是系统管理员（admin），他在软件开发时已经被设定好了，而且是不可以修改和删除的；第二种是账套主管，他要由系统管理员（admin）来设定；第三种是一般操作员，他也由系统管理员（admin）来设定。这三种操作员在软件中的功能是不同的：系统管理员的工作是建账、备份某套账的全部数据、增加用户、为用户授权、查看上机日志、清除异常任务和解除锁定等；账套主管的工作是修改自己所主管账套的一些信息，建立下一个年度的年度账、备份所主管账套的年度账、清空某一年度的年度数据、结转上年数据到下一年度账、为所主管账套的其他操作员授予明细权限等；一般操作员的工作是系统管理员和账套主管所授予权限的相关工作。

任务 4　增加角色和用户

资料：（1）会计主管——王艳。

　　　（2）出纳员——李萍。

　　　（3）财务主管——王同。

操作步骤如下所述。

（1）执行系统管理窗口中的"权限"|"用户"命令，打开"用户管理"窗口，如图 2-4 所示。

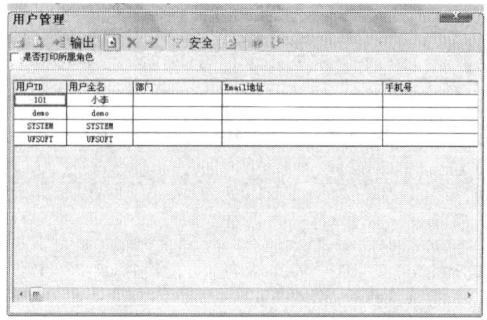

图 2-4　"用户管理"窗口

（2）单击"增加"按钮，打开"增加用户"窗口，录入相关人员的信息（如王艳），如图 2-5 所示。

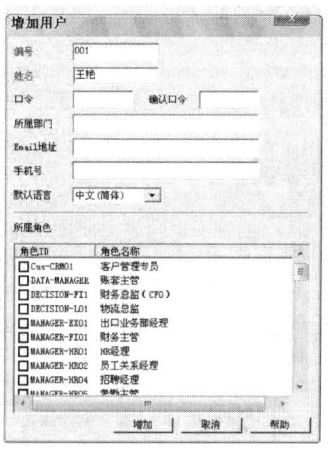

图 2-5　"增加用户"窗口

（3）再依次录入用户李萍、王同的相关信息，录入完成后，如图2-6所示。

图2-6 "用户管理"窗口

📖【补充阅读资料 2-2】所增加的操作人员编号不能重复。系统中已事先设定了三个用户，分别是demo、SYSTEM、UFSOFT，他们没有编号，其中后两名可以删除，也可以改名。但由于demo在系统所提供的演示账套中使用，所以不能删除，也不能改名。也就是说一个用户（操作员）一旦在某个账套中使用就不能删除，必须先删除相关账套，取消相应角色或权限后，方可删除。

任务5 建立账套

📖【补充阅读资料 2-3】建立账套就像在手工核算时，要想进行会计核算就必须购买一套账本一样，利用财务软件进行核算就要建立一个套账。用友财务软件规定可以建立999套账，账套编号从001～999（998和999被系统建了两个演示账套，必要时可以删掉）。

资料如下。

账套号：006。

账套名称：哈尔滨生物制药厂（简称生物制药）。

启用日期：2018年01月01日。

会计期间设置：01月01日至12月31日。

地址：黑龙江省哈尔滨市学院路群英街2号，法定代表人：李宏伟，邮政编码：150025，联系电话：56860000，传真：56860000，电子邮箱：lhw0301@163.com，纳税人登记号：

2006196212270088。开户银行：工行松北支行，账号 12315—321653828（人民币户）。本币名称：人民币（代码：RMB）。行业性质：新行业会计科目（建账时按行业性质预置会计科目）。

操作步骤如下所述。

（1）在"系统管理"窗口中，单击"建立"按钮，打开"创建账套"窗口。其中，已存账套是系统中已有的账套，"账套号"是要输入新建账套的账套号，附录 A"应用案例"中的账套号是"006"，即在此处输入"006"，然后输入账套名称"哈尔滨生物制药厂"，账套路径采用系统默认路径（为了避免在操作系统毁坏时丢失数据，最好不要把软件安装在C盘），账套启用日期为"2018 年 1 月"，单击"下一步"按钮，如图 2-7 所示。

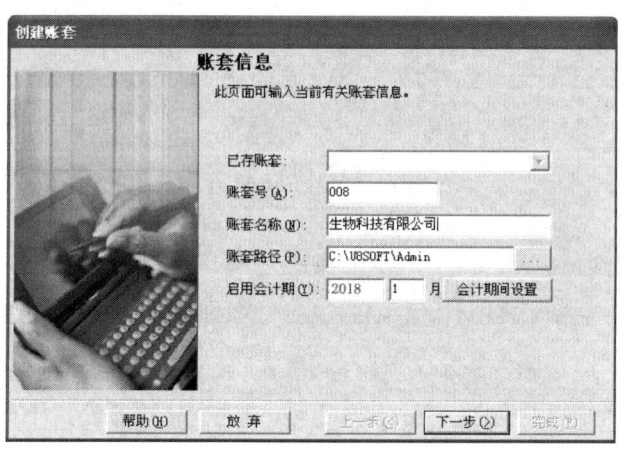

图 2-7 "创建账套"窗口

（2）输入单位信息 用于记录本单位的基本信息，单位名称为必输项，如图 2-8 所示。单击"下一步"按钮。

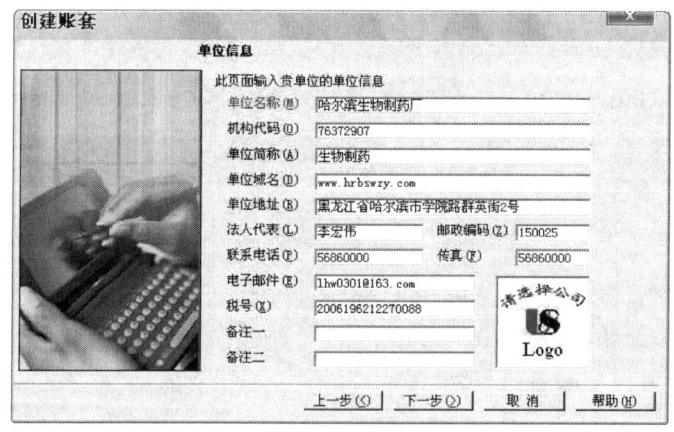

图 2-8 单位信息录入窗口

（3）进入"核算类型"窗口，对核算类型进行设置，如图2-9所示。

图2-9 "核算类型"设置窗口

【补充阅读资料2-4】在各栏目录入中，有下三角按钮的项目只能单击下三角按钮来录入，如账套主管只能从下拉框中选择输入，这正是我们在建账套之前先增加用户的理由。当然用户也可以在建账后增加，这样账套主管暂时只能由"demo"来担任，待以后增加完用户后再进行调整。

【小知识2-4】企业类型和行业性质

系统提供工业和商业两种选择。用户必须从下拉框中选择输入与自己企业类型相同或最相近的类型（有产品制造的可以归为工业类）。用友ERP-U8（V8.61）产品提供行政、工业企业、商品流通、旅游饮食、施工企业、外商投资、铁路运输、对外合作、房地产、交通运输、民航运输、金融企业、保险企业、邮电通信、农业企业、股份制、科学事业、医院、建设单位、种子、国家物资储备、中小学校、高校、新会计制度科目、社会保险-医疗、社会保险-失业、社会保险-养老、社会保险-其他、律师行业、中国铁路等不同性质的行业，充分体现了通用软件的优势。我们可以选择适用于自己企业的行业性质。这为下一步"是否按行业预置科目"确定科目范围提供依据，并且系统会根据企业所选行业（工业和商业）预制一些行业的特定方法和报表。本书例题为工业企业。

（4）基础信息设置。在核算类型设置完成后，单击"下一步"按钮进入基础信息设置。此处主要是关于管理分类和是否有外币核算的设置。如果管理上需要分类，就要在选项前将其勾中。本例题要求有分类，但没有外币核算，如图2-10所示。

（5）单击"完成"按钮。系统提示"可以创建账套了么？"，单击"是"按钮完成上述信息设置，进行下面设置。后面还有"分类码设置"和"精确度设置"。继续操作：进入"分类码设置",然后进入"数据精度"定义。完成后系统出现"006 套账建立成功"提示,此时可以进行系统启用设置,或以后从"企业门户_基础信息"进入"系统启用"功能,提示"现在是否进行系统启用设置"。如果选择"是",进入系统启用设置界面;如果选择"否",以后进入"企业门户_基础信息_基本信息"进行设置。如果此时完成当前设置,则企业建账成功。对于其他相关参数,可以在"企业门户"中进行设置。

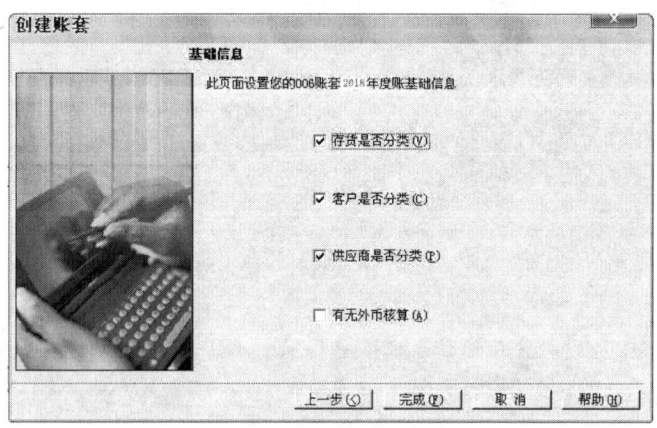

图 2-10 "基础信息"设置窗口

2.3 用户权限管理

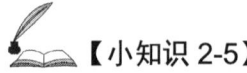【小知识 2-5】权限管理

权限管理是财务软件中对操作人员使用软件功能的一种约定或限制。只有为某个操作员设置了相应的权限,他才有权利使用这部分功能。这是财务监督的需要,也是保证正常的工作程序的需要。在权限管理中有三个概念需要弄清楚,即"角色""用户""权限"。"用户"是使用财务软件的具体人员,如本书例题中的"王艳"和"李萍";"角色"是软件为加强企业内部控制,增加的按角色分工管理的理念,目的是加大控制的广度、深度和灵活性。一般来说,角色是指在企业管理中拥有某一类职能的组织,这个角色组织可以是实际的部门,也可以是由拥有同一类职能的人构成的虚拟组织。例如,实际工作中最常见的会计和出纳两个角色(他们可以是一个部门的人员,也可以不是一个部门,但工作职能是一样的角色统称);我们在设置角色后,可以定义角色的权限,如果用户归属此角色,其相应就具有角色的权限。此功能的好处是方便控制操作员权限,可以使权限分工标准化和依据职能统一进行权限的划

分。本功能可以进行账套中角色的增加、删除、修改等维护工作。用户和角色设置不分先后顺序，用户可以根据自己的需要先后设置。一个角色可以拥有多个用户，一个用户也可以分属于多个不同的角色。若角色已经在用户设置中被选择过，系统则会将这些用户名称自动显示在角色设置中的所属用户名称的列表中。只有系统管理员才有权进行本功能的设置。

任务6 用户权限设置

资料：

权限分配如下。

（1）会计主管——王艳。

- 负责会计软件运行环境的建立，以及各项初始设置工作；
- 负责会计软件的日常运行管理工作，监督并保证系统的有效、安全、正常运行；
- 负责填制会计凭证及财务分析、决策支持和行业报表管理；
- 负责分销链管理；
- 负责财务链工作。

（2）出纳员——李萍。

负责现金、银行账管理工作，具有出纳签字权、现金和银行存款日记账的查询及打印权、资金日报查询权、支票登记权，以及与银行对账有关的操作权限；审核现金及银行业务权。

（3）财务主管——王同。

负责对会计凭证正确性和合法性审核签字。

操作步骤如下所述。

（1）在"系统管理"主界面，选择"权限"菜单中的"权限"选项，进入"操作员权限"设置窗口，选择要设置权限的操作员（如"王艳"）后，单击窗口右上方的账套名称对应的下拉按钮，选择要为王艳设置操作权的账套，如"[006]哈尔滨生物制药厂"，再选中"账套主管"前面的复选框，出现"设置:[001]账套主管权权限吗？"的提示，单击"是"按钮，即将"王艳"设置为[006]账套的财务主管，如图2-11所示。

（2）如果要为某一用户设置更加具体的明细权限，如为"李萍"设置为[006]账套的出纳员权限，执行"权限"|"权限"命令，角色及操作员名称都显示在窗口的左侧，选择操作员"李萍"，在该窗口的右上方选择所要操作的账套"006"，然后单击左侧工具栏中的"修改"按钮，打开"增加和调整权限"窗口，如图2-12所示。单击"总账"前的加号，打开总账的一级明细权限，共有5个选项，选择"出纳"选项，单击"确定"按钮，即给李萍授予了总账中的出纳权限，也就是应用案例中所要求的权限。如果要授予其他权限，选择相应的权限即可。

图 2-11　操作员权限设置窗口

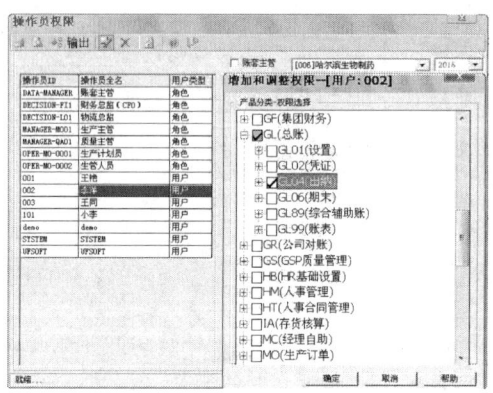

图 2-12　操作员明细权限设置窗口

2.4　账套备份、删除与恢复

【小知识 2-6】账套备份

账套备份和恢复是对账套数据输出和引入的操作。账套数据输出是指将所选的账套的相应数据进行备份输出。对于企业系统管理员来讲，定期地将企业数据备份出来存储到不同的介质上（如常见的软盘、U 盘、移动硬盘、光盘、网络磁盘等），对数据的安全性是非常重要的。如果企业由于不可预知的原因（如地震、火灾、计算机病毒、人为的误操作等），造成账套数据丢失，需要对数据进行恢复，此时备份数据就可以将企业的损失降到最小。当然，在教学中备份和恢复更为重要，因为一名学生的数据可能被他人删除或修改，下次再用时就要进行数据恢复。账套备份按操作员不同可分为系统管理员备份和账套主管备份，按自动化程度分为自动备份和手工备份。以系统管理员的身份登录系统管理后进行备份输出的是某一账套的全部数据（包括该账套各年度的年度账）；以账套主管的身份登录系统管理后进行的备份输出只是本人所主管账套的某一年的年度账。在系统管理中设置备份计划系统可以自动备份，否则就需要进行手工备份。

任务 7　账套备份和删除

手工备份和删除操作步骤具体如下。

（1）系统管理员备份。以"admin"的身份登录系统管理，执行"账套"|"输出"命令，打开"账套输出"窗口，在此选择所要输出的账套号，如"006 生物科技有限公司"，单击"确认"按钮即可输出该套账的全部数据。在输出过程中系统有进度条显示正在压缩数据。然后提示数据所要存储的路径。在备份时最好事先在相应的磁盘上建一个文件夹，然后选择并打开该文件夹后单击"确定"按钮，提示备份成功，如图 2-13 所示。如果将"删除当前输出账套"同时选中，在输出完成后系统会确认是否将数据源从当前系统中删除，如果单击"是"按钮，则该账套在输出的同时被删除了。

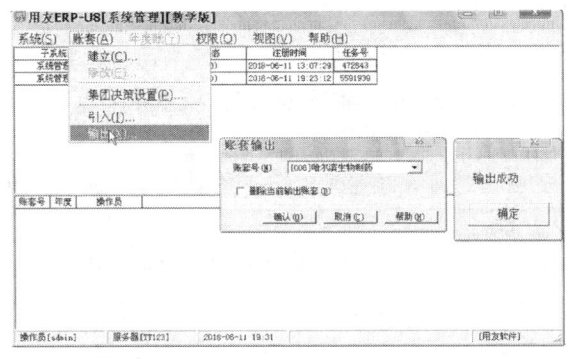

图 2-13　账套备份窗口

（2）账套主管备份。以"王艳"的身份登录系统管理，激活"年度账"，执行"年度账"|"输出"命令，打开"输出年度数据"窗口，在此选择所要输出的年度账，如"2018"，此时输出的是 006 账套的 2018 年数据。单击"确认"按钮，在输出过程中系统有进度条显示正在压缩数据，然后提示数据所要存储的路径。在备份时事先在相应的磁盘上建立文件夹，选择并打开该文件夹后单击"确定"按钮，提示备份成功。

自动备份的操作步骤如下所述。

（1）以"admin"的身份登录系统管理，执行"系统"|"设置备份计划"命令，进入"备份计划设置"窗口，单击"增加"按钮，打开"增加备份计划"窗口，如图 2-14 所示。在此可设置多个备份计划，用来备份不同的账套。在备份类型中选择是备份账套还是要备份年度

账,重要的是设置好备份路径、保存天数等信息,然后选择所要备份的账套和年度后,单击"增加"按钮,此次计划设置完毕,系统就会按时自动备份了。

(2)以账套主管"王艳"的身份登录,其操作步骤与系统管理员的基本相同,只是账套主管所备份的只是所主管账套的年度账。

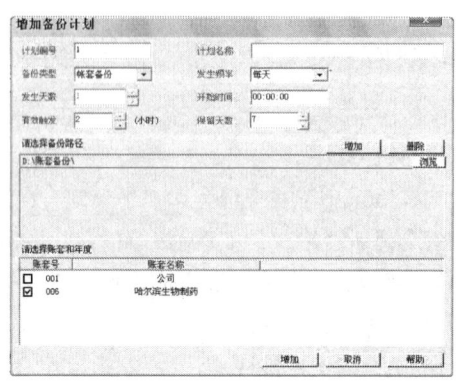

图 2-14 "增加备份计划"窗口

任务 8 账套恢复

账套恢复分为系统管理员恢复和账套主管恢复。现以系统管理员为例说明。

操作步骤如下所述。

(1)以"admin"的身份登录系统管理,在"系统管理"窗口,执行"账套"|"引入"命令,进入账套的引入功能。

(2)在"引入账套数据"窗口选择以前备份账套的路径,选择备份文件"ufErpAct.Lst",单击"打开"按钮,出现引入文件的存放路径选项,如果修改路径,单击"是"按钮,出现路径选择窗口;如果使用系统默认路径,单击"否"按钮,提示"账套引入成功"。即可把以前备份的数据恢复到系统中,如图 2-15 所示。

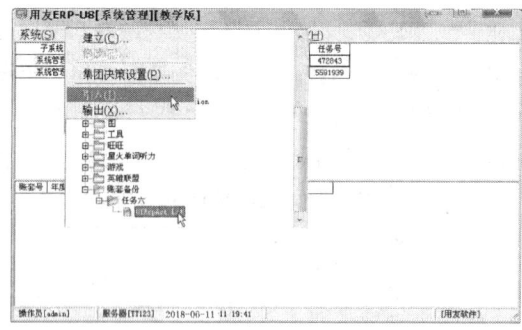

图 2-15 账套引入窗口

本章小结

用友 ERP-U8（V8.61）软件产品，通过系统管理模块实现对企业财务电算化管理的统一设置、协调。为了提高整个系统的安全性，体现企业会计制度对内部控制的相应要求，系统管理模块建立了相应的人员分工及权限管理制度，即增加角色和用户；为了使账套数据可随时调取，防止数据因意外事故造成丢失，系统管理模块还提供了账套建立、修改、删除和备份的功能，分别由系统管理员和账套主管来行使不同职权范围的数据备份与恢复。

基本训练

□ 知识题

1．系统管理的作用有哪些？
2．用户可分为几种，他们之间有什么区别？

□ 能力题

一、专项训练

1．建账练习。建立账套号为学生学号（或与系统不重复的账套号），账套名称为"练习账套"，路径系统默认，启用日期等操作为当月 1 日；以后操作按系统提示进行，注意每步的信息提示内容。

2．练习增加操作员。增加两名操作员：一名是操作者本人，一名是老师或同学。并分别为他们授予账套主管和出纳员权限。

3．练习账套输出和引入。① 在 D 盘建立"账套备份"文件夹，以系统管理员的身份备份自己建立的账套，并选择删除项；② 以系统管理员的身份引入上面已删除的账套。

4．练习自动备份。在 D 盘建立"账套备份"文件夹，然后在"系统管理"中设置备份计划，备份自己建立的账套。

二、综合训练：建账及期初余额训练

单位基本资料如下。

1．账套名称：哈尔滨市绿色春天商场。
2．启用日期：2018 年 1 月。
3．纳税人登记号：3500074909006824268。
4．核算信息。企业性质：商业；行业性质：股份制企业；会计主管：自己名字客户分类，其余不分类。
5．编码方案。

- 科目分类：4222，即一级科目4位，二级、三级、四级均为2位。
- 客户分类：23，即一级2位、二级3位。
- 部门分类：23，收发类别：122，结算方式：1，数据精度：2位。

6. 会计人员分工。
- 会计主管（学生本人）：拥有账套主管的权限并负责电算化的环境管理、初始化工作和日常监督工作。
- 会计：张鹏有公共信息设置的权限、总账的全部权限、应收应付的操作权。
- 出纳：杨平负责现金、银行存款的管理（出纳签字）及相关的查询、打印工作。

7. 公共信息。

（1）部门及人员：01 经营部。
- 01001 市场组：高丽，孙财。
- 01002 销售组：赵发，刘智。

02 管理部。
- 02001 财务组：学生本人，张鹏，杨平。
- 02002 经理办：柳琴，潘英。

03 综合部。
- 03001 信息组：王东，殷力。
- 03002 保安组：张红，李志。

（2）凭证类型：通用式记账凭证。

（3）结算方式：1 支票；2 电汇；3 现金；4 银行汇票。

（4）客户及分类：01 工业。
- 01001 北京电器公司。
- 01002 天津大力公司。

02 商业。

02001 河北电器销售公司。

02003 上海海天公司。

（5）供应商（无分类）：贵州杨梅公司；四川新生公司。

8. 科目设置及初始余额（见表2-1）。

表2-1 科目设置及初始余额　　　　　　　　　　　　　　　　单位：元

科目编码	科目名称	计量单位	方　向	辅助核算	余　额
1001	现金		借		500
1002	银行存款		借		100 000
100201	建行存款		借		90 000
100202	工行存款		借		10 000
1101	短期投资		借		77 000
1131	应收账款		借	客户往来	30 000
1191	其他应收款		借		

续表

科目编码	科目名称	计量单位	方　向	辅助核算	余　额
119101	应收个人款		借	个人往来	500
1231	低值易耗品		借		50 000
1241	库存商品		借		20 000
		件	借		20 000
1301	待摊费用		借		1 358 000
1501	固定资产		借		400 000
1502	累计折旧		贷		
1506	在建工程		借		70 000
150601	人工费		借		30 000
150602	材料费		借		40 000
2101	短期借款		贷	供应商往来	30 000
2121	应付账款		贷		250 000
2151	应付工资		贷		250 000
2153	应付福利费		贷		
2171	应交税金		贷		
217101	应交增值税		贷		
21710101	进项税额		贷		
21710102	销项税额		贷		
217102	其他应交款		贷		600 000
3101	股本		贷		700 000
3121	盈余公积		贷		276 000
3131	本年利润		贷		
3141	利润分配	件	贷	部门核算	
5101	主营业务收入	件	贷	部门核算	
5401	主营业务成本		借		
5402	主营业务税金及附加		借	部门核算	
5502	营业费用		借	部门核算	
5503	管理费用		借	部门核算	
550301	工资		借	部门核算	
550302	其他		借	部门核算	

其中：个人往来：

其他应收款——柳琴　　　　　　500

客户往来：

应收账款——上海海天公司　　　20 000

　　　　——天津大力有限公司　10 000

供应商往来：

应付账款——贵州杨梅公司　　　30 000

第 3 章

基 础 设 置

学习目标

通过本章学习,掌握基础信息设置方法、录入基础档案方法、数据权限设置方法;了解基础信息在财务软件使用过程中的重要性,增强以后操作使用的便利性和准确性;学会相关基础信息的录入方法和步骤。

3.1 基本信息

运用管理软件进行管理活动,就是将人工日常管理和计算机软件管理相结合,实现管理工作的科学化。这就要求将企业管理工作中与软件不适应的内容进行修改,并把相关数据录入计算机软件系统中,变人工管理为计算机管理,当然财务软件也是一样。在启用用友ERP-U8(V8.61)系统之前,需要各部门一起规划该系统中的基础数据的设置,这不是某一个人或某一部门的事。因为基础数据的设置,在系统运行过程中会直接影响其他部门对该数据的使用,所以需要一套各部门之前都认可的数据标准,最好的方法是在启用系统之前,各部门集合在一起开会讨论,定义一套各部门认同的标准数据规范,然后下发。附录 A "应用案例"中给出一套相对科学的基础数据,下面我们就以[006]账套基础信息中的资料为例来学习基础数据的录入方法。

任务 9 基础信息设置

【小知识 3-1】企业应用平台

企业应用平台也称企业门户,是 U8 系列产品中新增的一个操作窗口,它可以使你快速进入你具有权限的各相关模块，以避免重复登录，节省时间。ERP-U8 门户由基础设置、财务会计、管理会计、供应链、生产制造、人力资源、集团应用、Web 应用、商业智能和企业应用集成 10 大产品组成。

资料：首先启用总账系统，启用日期为 2018 年 1 月 1 日。

操作步骤如下所述。

（1）注册系统。执行"所有程序"|"用友 ERP-U8"|"企业应用平台"命令，进入系统注册界面，在操作员录入处输入前面已增加的操作员，编码为"001"、输入密码"001"、选择账套"006"、会计年度"2018"操作日期"2018-01-01"，即我们要进行电算化的开始时间，如图 3-1 所示。

（2）启动企业应用平台。录入上面的注册信息后，单击"确定"按钮，即进入"企业应用平台"窗口，如图 3-2 所示。

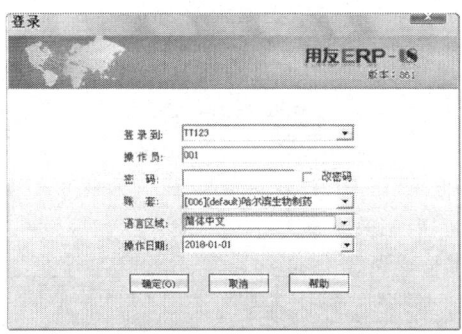

图 3-1　企业应用平台登录窗口　　　　图 3-2　企业应用平台窗口

（3）启动基础信息。单击"设置"标签，进入基本信息录入窗口，该窗口有"系统启用""编码方案""数据精度"三个子项需要分别录入，如图 3-3 所示。

（4）启动系统模块。双击"系统启用"，出现本次所要启动的功能模块，如果是企业应用，则启动的应是所购买的模块。在教学中我们只启动教学所需要的部分，选中相应模块前的复选框后确定启动日期，单击"是"按钮，所选模块的系统启动完成，如图 3-4 所示。

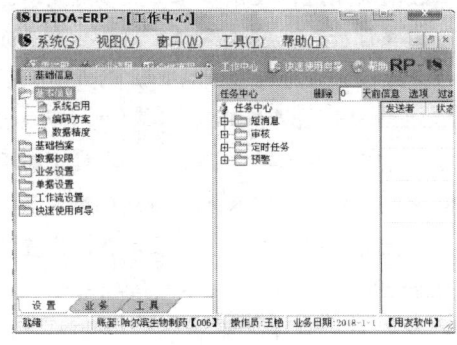 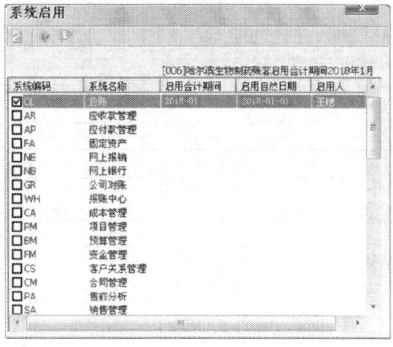

图 3-3　基本信息操作窗口　　　　图 3-4　系统启用窗口

(5)设置编码方案。

资料如下。会计科目采用四级编码级次：4222；客户分类编码级次：22；供应商分类编码级次：22；存货分类编码级次：12；部门编码级次：12；地区分类编码级次：1；费用项目分类编码级次：12；结算方式编码级次：12；货位编码级次：224；收发类别编码级次：12；其他为系统默认。

操作：双击"编码方案"，进入"编码方案"窗口。按照案例中的资料对编码进行修改。编码方案是一项很重要的基础工作，它涉及以后的各项工作，一定要认真设置，如图3-5所示。

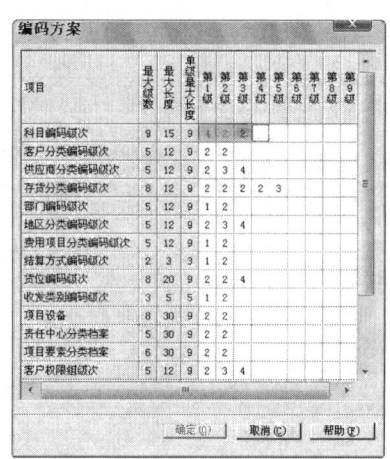

图3-5 编码设置窗口

【小知识3-2】编码方案

编码方案是用友软件中比较重要的一项基础工作，此方案的设定对以后的各项工作影响较大，如果设置不当，会给以后的工作带来一些麻烦，所以要认真设置。其主要内容是各种参数级次的设定，现以会计科目级次为例加以说明。本例中的会计科目编码级次为422，表示本账套最多可设有三级科目，即一级科目用4位数表示、二级科目用2位数表示、三级科目也为2位数。如"银行存款"科目编码为1002，它的下级科目为2位数，如"银行存款-工行存款"表示为100201。为了便于企业今后业务扩展需要，科目编码在设定时要留有余地，所以本例中设置到4级。录入完成编码级次后，在后面各级档案录入时会有编码规则标注，表示在此设置好的编码级次，如"编码规则：****"表示编码规则为122。

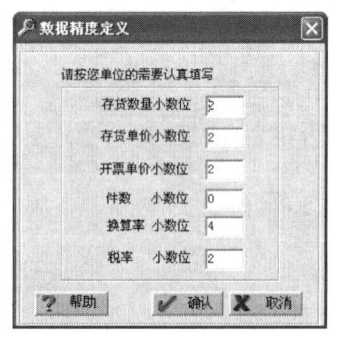

图3-6 "数据精度定义"窗口

(6)数据精度设置。双击"数据精度"进入"数据精度定义"窗口即可进行设置，如图3-6所示。

第 3 章 基础设置

3.2 基础档案

【小知识 3-3】基础档案

基础档案是利用管理软件进行管理时录入系统的一些最基础档案的资料,这些资料可以在基础信息的基础档案中录入,也可以在各子系统中录入,如果所必要的模块都已安装,那么就可在此一并录入。

任务 10 录入基础档案

1. 部门档案设置

部门资料,如表 3-1 所示。

表 3-1 部门资料

编号	名 称	部门属性	负责人	电 话
1	行管处	管理兼技术	孙志	56860108
101	厂部办公室	行政管理	王同	56860118
102	财务室	财务管理	王艳	56860128
103	总务室	库房管理	张志	56860138
2	生产处	生产		
201	生产处办公室	生产管理	高跃	56860200
202	生产车间	基本生产	钱东	56860158
203	辅助车间	辅助生产	周正	56860168
3	供销处	供销		
301	供销办公室	供销管理	郑军	56860300
302	销售组	销售	李刚	56860188
303	供应组	供应	王欣	56860198
4	离退办	离退人员管理	孙志	56860199

操作步骤:执行"企业应用平台"|"基础信息"|"基础档案"命令,进入档案的录入窗口,这一部分的录入数据量较大,有"机构设置""往来单位""存货""财务""收付结算""业务""对照表"及"其他"8 个大项,33 个小项。双击"部门档案",此处用来录入企业

的部门信息,编码规则为12,一级编码为一位数、二级编码为二位数,这是在前面编码方案中设置好的,单击"增加"按钮来增加一级部门"行管处""生产处""供销处"和"离退办",然后增加二级部门,单击"行管处"后单击"增加"按钮来增加"行管处"的下级部门"101厂部办公室",以下相同,如图3-7所示。

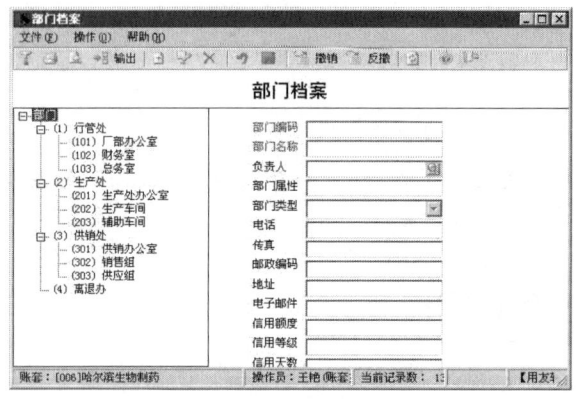

图 3-7 部门档案设置窗口

2. 人员类别设置

资料:将人员类别设置为管理人员、工人、技术人员、供销人员、离退休人员5类。
操作步骤如下所述。

(1)执行"企业应用平台"|"设置"|"机构人员"|"基础信息"|"基础档案"|"人员类别"命令,如图3-8所示。

(2)在"在职人员"下增加:管理人员、技术人员、工人、供销人员,如图3-9所示。

图 3-8 基础档案窗口

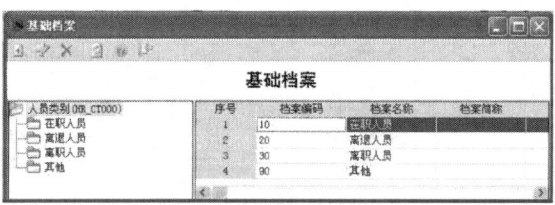

图 3-9 人员类别设置窗口

（3）退休人员已在系统中设置完成。

3．职员档案设置

职员资料，如表3-2所示。

表3-2 职员资料

编　号	职员名称	所属部门	人员类别	职员属性	工龄	基本工资（元）
10000001	李宏伟	办公室	管理人员	厂长	20	1 000
10010002	孙志	办公室	管理人员	负责人	20	715
10010103	王同	办公室	管理人员	负责人	18	650
10010104	李新	办公室	管理人员	厂办秘书	17	650
10010205	王艳	财务室	管理人员	会计主管	20	825
10010206	李萍	财务室	管理人员	出纳	15	650
10010307	李娟	总务室	管理人员	负责人	18	650
10010308	张志	总务室	工人	保管员	19	500
10020009	高跃	生产处	管理人员	负责人	17	600
10020110	钱东	生产车间	技术人员	车间主任	18	800
10020111	孙力	生产车间	工人	工人	5	400
10020212	周正	辅助车间	技术人员	车间主任	17	680
10020213	石焦	辅助车间	工人	工人	7	400
10030014	郑军	供销处	供销人员	业务员	16	700
10030115	李刚	销售组	供销人员	业务员	16	620
10030116	孙美	销售组	供销人员	业务员	15	600
10030217	王欣	供应组	供销人员	业务员	15	450
10030218	常胜	供应组	供销人员	业务员	15	400
10040001	李海	离退办	离退人员	退休	30	800
10040002	王宏	离退办	离退人员	退休	31	750
10040003	康玉	离退办	离退人员	退休	35	750

操作步骤如下所述。

（1）执行"企业应用平台"|"基础信息"|"基础档案"|"职员档案"命令，在窗口的右边出现"部门职员"，这是在部门档案中设置的部门档案，我们要在相应的部门中增加职员档案，如要在"厂部办公室"中增加，则选中该部门后单击"增加"按钮，输入相应的人员信息，单击"保存"按钮，再录入下一人员信息，如图3-10所示。

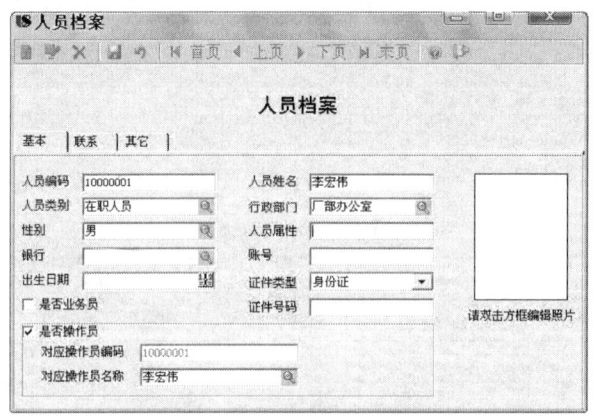

图 3-10　职员档案录入窗口

（2）录入完所有职员档案后，即出现企业的全体职员档案，如图 3-11 所示。

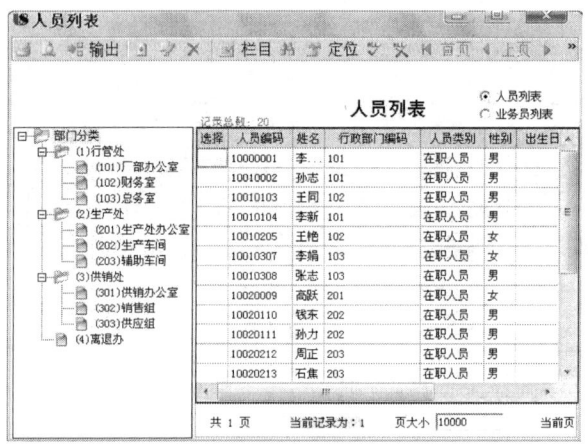

图 3-11　职员档案显示窗口

4．地区分类级次录入

资料：地区分类表（见表 3-3）。

表 3-3　地区分类表

地区分类编码	地区分类名称
1	本地
2	外地

操作步骤：其编码规则为"*"表明只有一级编码，单击"增加"按钮后录入"1 本地""2 外地"，单击"保存"按钮，如图 3-12 所示。

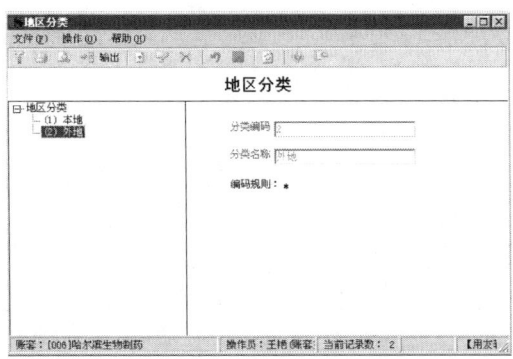

图 3-12 地区分类录入窗口

5．供应商分类录入

资料：供应商分类表（见表 3-4）。

表 3-4　供应商分类表

供应商（客户）分类编码	供应商（客户）分类名称
01	长期伙伴
0101	本地
0102	外地
02	短期伙伴
03	临时伙伴

操作步骤：执行"企业应用平台"|"设置"|"客商信息"|"供应商分类"命令，打开"供应商分类"窗口，单击"增加"按钮后再单击"增加"按钮，录入"01 长期伙伴"，录入完后保存，如图 3-13 所示。

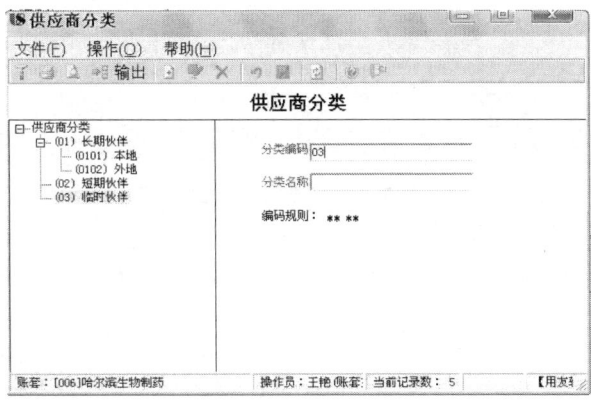

图 3-13 供应商分类录入窗口

6. 供应商档案录入

资料：供应商档案表（见表 3-5）。

表 3-5 供应商档案表

编号	名称	简称	分类	税号	开户银行	账号	地址
001	哈尔滨生物一厂	哈生物厂	0101	123949458	工行松北支行	83838833	利民区时代大街 1 号
002	上海生物制剂厂	上海生物	0102	849383939	工行松浦支行	93838288	松浦区长江路 5 号
003	北京化学试剂厂	北京化学	0102	948240348	工行丰台支行	37582728	丰台区长寿路 10 号
004	大连玻璃厂	大连玻璃	0102	849303854	工行金洲支行	37482723	金洲区光芒街 8 号
005	哈尔滨前进养鸡厂	前进鸡厂	03	857584822	农行松花江支行	83729478	松北区松北大道 185 号
006	哈尔滨兽医研究所	哈兽研所	02	486938395	工行人和支行	93833284	南岗区人和街 138 号
007	天津印刷厂	天津印刷	0102	398398338	工行天桥支行	43245689	天桥区津卫路 288 号

操作步骤：执行"企业应用平台"|"设置"|"客商信息"|"供应商档案"命令，打开"供应商档案"窗口单击"长期伙伴"后再单击"增加"按钮，录入"001 哈尔滨鸿泰药业集团"及相关信息，录入完后保存。依次录入不同分类的客户，全部完成后如图 3-14 所示。

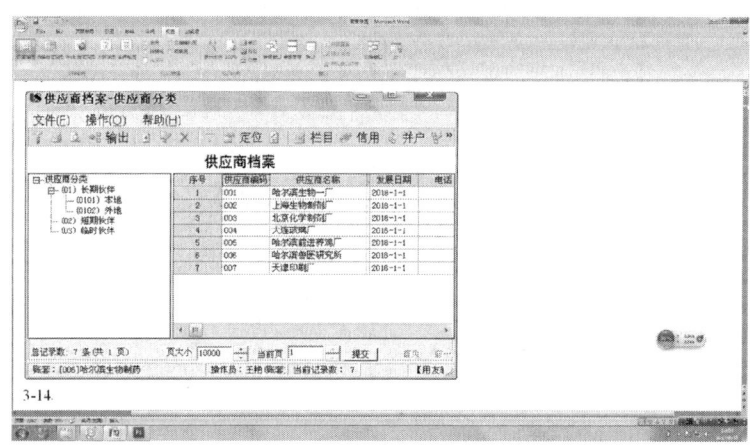

图 3-14 供应商档案录入窗口

7. 客户分类录入

资料：客户分类表（见表 3-6）。

表 3-6　客户分类表

供应商（客户）分类编码	供应商（客户）分类名称
01	长期伙伴
0101	本地
0102	外地
02	短期伙伴
03	临时伙伴

操作步骤同供应商分类录入，完成后如图 3-15 所示。

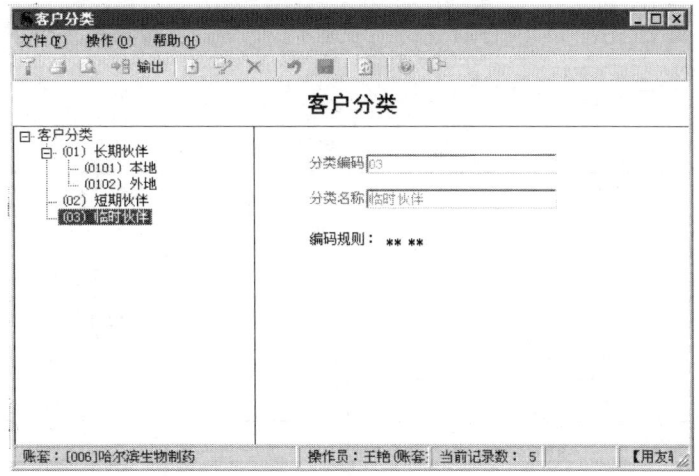

图 3-15　客户分类录入窗口

8．客户档案录入

资料：客户档案表（见表 3-7）。

表 3-7　客户档案表

客户编号	客户名称	客户简称	所属分类码	税 号	开户行	账 号	地 址
001	哈尔滨鸿泰药业集团	鸿泰	0101	152552368	工行哈平支行	37215688	哈平路 5 号
002	北京大同制药厂	大同	0102	682695381	工行景山支行	13576426	北京西路 10 号
003	天津红利药店	红利	03	7162665744	工行朝阳支行	88265225	天津东路 8 号
004	沈阳大发制药厂	大发	03	2746786544	工行上海支行	75448999	沈阳南路 45 号

操作步骤同供应商档案录入，录入完成后如图 3-16 所示。

图 3-16 客户档案录入窗口

9. 存货分类录入

资料：存货分类表（见表 3-8）。

表 3-8 存货分类表

存货分类编码	存货分类名称
1	原材料
101	原料及主要材料
102	辅助材料
103	外购半成品
2	包装物
3	库存商品
4	应税劳务

操作步骤：执行"企业应用平台"｜"设置"｜"基础档案"｜"存货"｜"存货分类"命令，进入"存货分类"录入窗口，单击"增加"按钮后进入"存货分类"录入窗口，依次录入各存货分类，如图 3-17 所示。

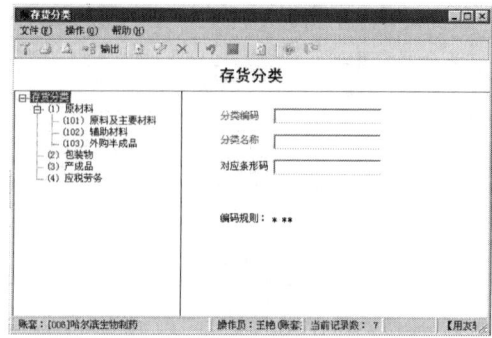

图 3-17 存货分类录入窗口

10．计量单位录入

资料如下。计量单位组名：可换算组，下设两个计量单位：吨、kg；不可换算组：下设3个计量单位：盒、瓶、个。

操作步骤具体如下。

（1）执行"企业应用平台"|"设置"|"基础档案"|"存货"|"计量单位"命令，打开"计量单位组"窗口，再执行"分组"|"增加"命令，录入相应信息，如图3-18所示。

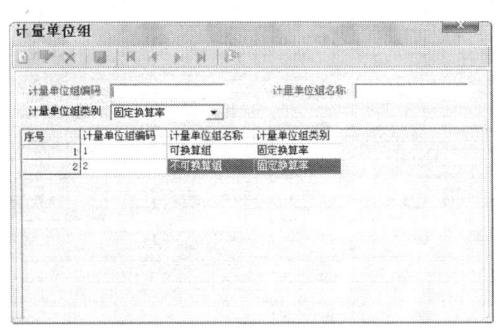

图3-18 "计量单位组"窗口

【补充阅读资料 3-1】计量单位是存货收发中必备的指标。由于企业存货多种多样，计量单位也各不相同。为了便于管理，用友软件在此设置了计量单位组分组功能，即企业可以有几个计量单位组，每组中可有几个计量单位；这些计量单位之间可以"无换算""固定换算""浮动换算"。每个计量单位组中有一个"主计量单位"、多个"辅计量单位"，可以设置主、辅两种计量单位之间的换算率，还可以设置采购、销售、库存和成本系统所默认的计量单位。这要求在录入软件之前要设计好。本例中只设一组，且无换算关系。

（2）组别录入完成后，再录入组下的计量单位，单击计量单位窗口的"单位"按钮，来录入该组下的计量单位，设定完成后，单击"保存"按钮，如图3-19所示。

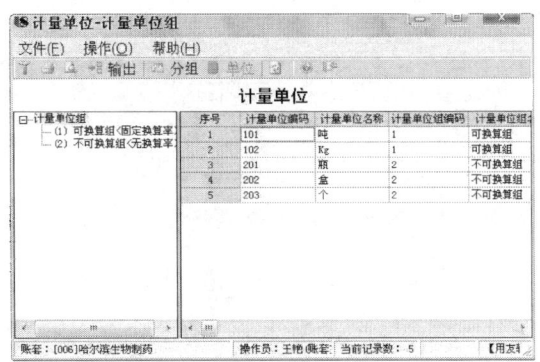

图3-19 "计量单位"录入窗口

11. 存货档案录入

资料：存货档案表（见表3-9）。

表3-9 存货档案表

存货编号	所属分类码	存货名称	规格型号	计量单位	存货属性	计划价	供应单位	税率(%)
001	101	一号制剂	YH	kg	外购、生产耗用	3.00	哈生物厂	17
002	101	二号制剂	RH	kg	外购、生产耗用	2.00	哈生物厂	17
003	101	三号制剂	SH	kg	外购、生产耗用	8.00	哈生物厂	17
004	102	调节剂	TJJ	kg	外购、生产耗用	2.80	上海生物	17
005	102	凝固剂	NGJ	kg	外购、生产耗用	10.00	北京化学	17
006	103	原胶粒	YJL	盒	外购、生产耗用	60.00	哈兽研所	17
007	103	无机质	WJZ	瓶	外购、生产耗用	3.50	哈兽研所	17
008	103	蛋白原	DBY	kg	外购、生产耗用	20.00	前进鸡厂	17
009	103	盐水	YS	瓶	外购、生产耗用	2.00	哈生物厂	17
010	103	葡萄糖	PTT	kg	外购、生产耗用	3.00	哈生物厂	17
011	103	淀粉	DF	kg	外购、生产耗用	2.00	哈生物厂	17
012	2	安瓶	AP	个	外购、生产耗用	1.00	大连玻璃	17
013	3	生物一号		瓶	自制、销售	3 200	自制	17
014	3	生物二号		瓶	自制、销售	3 400	自制	17

操作步骤如下所述。

（1）执行"企业应用平台"|"设置"|"基础档案"|"存货"|"存货档案"命令，窗口的左侧出现已经在"存货分类"中录入的存货类别，现在要在相应的类别中录入存货档案，下面录入"001"号存货"一号制剂"，它属于"原材料"中的"原料及主要材料"，选中"原料及主要材料"后单击"增加"按钮，打开"增加存货档案"窗口，按要求录入相关信息，如图3-20所示。

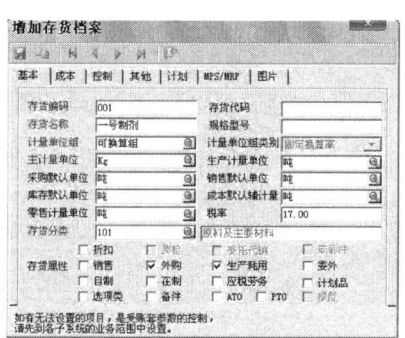

图3-20 存货档案录入窗口

（2）单击"保存"按钮后，录入下一存货，全部存货录入完后，如图3-21所示。

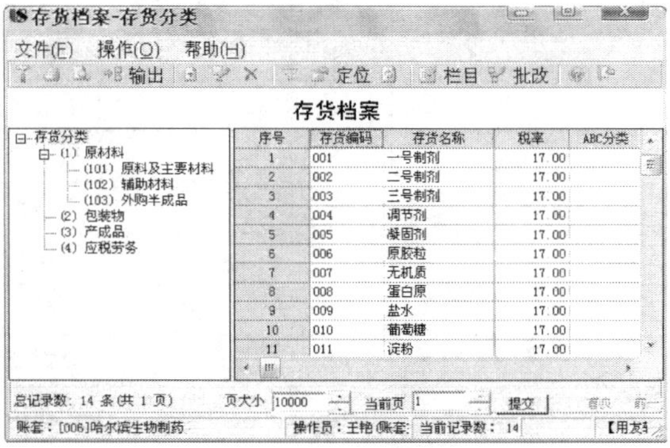

图3-21 存货档案录入窗口

12．会计科目录入

资料：会计科目及期初数据（见表3-10）。

表3-10 会计科目及期初数据

科目名称	方向	辅助账类型	账页格式	年初余额（元）
现金（1001）	借	现金日记	金额式	6 223
银行存款（1002）	借		金额式	
工行存款（100201）	借	银行日记	金额式	850 000
其他货币资金（1009）	借		金额式	
银行汇票存款（100903）	借		金额式	
短期投资（1101）	借		金额式	200 000
股票投资（110101）	借		金额式	200 000
应收票据（1111）	借		金额式	
银行承兑汇票（111101）	借	客户往来	金额式	374 400
应收账款（1131）	借	客户往来	金额式	3 065 400
坏账准备（1141）	贷		金额式	2 223
预付账款（1151）	借	供应商往来	金额式	
其他应收款（1133）	借		金额式	
应收职工借款（113301）	借	个人往来	金额式	14 000
物资采购（1201）	借		数量金额式	
原材料（1211）	借		数量金额式	107 040
包装物（1221）	借		数量金额式	500
库存商品（1243）	借		数量金额式	24 900 000
待摊费用（1301）	借		金额式	

续表

科目名称	方向	辅助账类型	账页格式	年初余额（元）
财产保险费（130101）	借		金额式	
报刊费（130102）	借		金额式	
长期股权投资（1401）	借		金额式	1 377 000
长期债权投资（1402）	借		金额式	
固定资产（1501）	借		金额式	4 333 000
累计折旧（1502）	贷		金额式	1 390 179
固定资产清理（1701）	借		金额式	
在建工程（1603）	借		金额式	1 424 285.50
无形资产（1801）	借		金额式	20 600
待处理财产损溢（1911）	借		金额式	
待处理流动资产损溢（191101）	借		金额式	
待处理固定资产损溢（191102）	借		金额式	
短期借款（2101）	贷		金额式	1 000 000
应付票据（2111）	贷	供应商往来	金额式	
商业承兑汇票（211101）	贷	供应商往来	金额式	40 950
应付账款（2121）	贷	供应商往来	金额式	
应付货款（212101）	贷	供应商往来	金额式	8 541
暂估应付款（212102）	贷		金额式	
预收账款（2131）	贷	客户往来	金额式	
其他应付款（2181）	贷		金额式	100 000
应付工资（2311）	贷		金额式	
应付福利费（2153）	贷		金额式	51 801
应交税金（2171）	贷		金额式	122 500.50
应交增值税（217101）	贷		金额式	
进项税额（21710101）	贷		金额式	
已交税金（21710102）	贷		金额式	
转出未交增值税（21710103）	贷		金额式	
减免税款（21710104）	贷		金额式	
销项税额（21710105）	贷		金额式	
出口退税（21710106）	贷		金额式	
进项税额转出（21710107）	贷		金额式	
出口抵减内销产品应纳税额（21710108）	贷		金额式	
转出多交增税（21710109）	贷		金额式	
未交增值税（217102）	贷		金额式	79 522
应交营税（217103）	贷		金额式	

续表

科目名称	方向	辅助账类型	账页格式	年初余额（元）
应交所得税（217106）	贷		金额式	37 412.50
应交个人所得税（217112）	贷		金额式	
应交城市维护建设税（217108）	贷		金额式	5 566
其他应交款（2176）	贷		金额式	
应交教育费附加（217601）	贷		金额式	2 385
预提费用（2191）	贷		金额式	
借款利息（219103）	贷		金额式	
长期借款（2301）	贷		金额式	
长期借款本金（230101）	贷		金额式	4 000 000
长期借款利息（230102）	贷		金额式	
实收资本（3101）	贷		金额式	
国家投资（310101）	贷		金额式	27 979 308
外单位投资（310102）	贷		金额式	
已归还投资（3103）	贷		金额式	
资本公积（3111）	贷		金额式	1 150 561
盈余公积（3121）	贷		金额式	
法定盈余公积（312101）	贷		金额式	450 000
任意盈余公积（31302）	贷		金额式	200 000
本年利润（3131）	贷		金额式	
利润分配（3141）	贷		金额式	
其他转入（314101）	贷		金额式	
提取法定盈余积（314102）	贷		金额式	
提取储备基金（314104）	贷		金额式	
未分配利润（314105）	贷		金额式	174 000
生产成本（4101）	借		金额式	
基本生产成本（410101）	借	部门核算	金额式	
辅助生产成本（410102）	借	部门核算	金额式	
制造费用（4105）	借		金额式	
折旧（410501）	借	部门核算	金额式	
管理人员工资（410502）	借	部门核算	金额式	
其他费用（410503）	借	部门核算	金额式	
主营业务收入（5101）	贷		金额式	
生物一号（510101）	贷		数量金额式	
生物二号（510102）	贷		数量金额式	
其他业务收入（5102）	贷		金额式	

续表

科目名称	方向	辅助账类型	账页格式	年初余额（元）
材料销售（510201）	贷		金额式	
其他（510202）	贷		金额式	
投资收益（5201）	贷		金额式	
营业外收入（5301）	贷		金额式	
固定资产盘盈（530101）	贷		金额式	
处理固定资产净收益（530102）	贷		金额式	
罚款净利收入（530103）	贷		金额式	
其他（530104）	贷		金额式	
主营业务成本（5401）	借		金额式	
生物一号（540101）	借		数量金额式	
生物二号（540102）	借		数量金额式	
主营业务税金及附加（5402）	借		金额式	
其他业务支出（5405）	借		金额式	
营业费用（5501）	借		金额式	
管理费用（5502）	借		金额式	
财务费用（5503）	借		金额式	
营业外支出（5601）	借		金额式	
管理费用（5502）	借		金额式	
财务费用（5503）	借		金额式	
利息支出（550301）	借		金额式	
筹资（55030101）	借		金额式	
投资（55030102）	借		金额式	
经营（55030103）	借		金额式	
手续费（550302）	借		金额式	
筹资（55030201）	借		金额式	
投资（55030202）	借		金额式	
经营（55030203）	借		金额式	
其他（550303）	借		金额式	
筹资（55030301）	借		金额式	
投资（55030302）	借		金额式	
经营（55030303）	借		金额式	
所得税（5701）	借		金额式	

操作步骤如下所述。

（1）执行"企业应用平台"|"设置"|"基础档案"|"财务"|"会计科目"命令，进入

"会计科目"窗口,在这里可以"增加""删除""修改""指定"会计科目。下面以增加"银行存款"下的"工行存款"为例来说明增加会计科目的方法,单击"增加"按钮,录入相应的编码及会计科目名称,如图 3-22 所示。

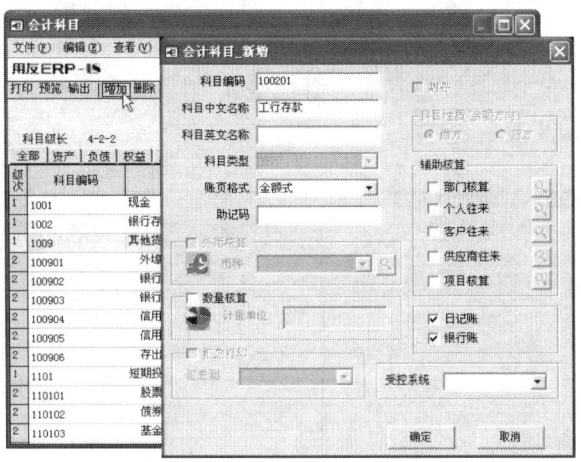

图 3-22 会计科目录入窗口

【补充阅读资料 3-2】会计科目是会计核算和经济管理的重要指标,它的大部分是国家以会计制度的形式规定下来的,一般不允许修改。不同的行业有着不同的会计科目,本教材以企业会计为例,使用新会计制度规定的会计科目。在第 1 章建账过程中采用了"预设会计科目",因此在打开"基础设置"中的"会计科目"时就有了事先设置好的会计科目。这些科目是按会计制度规定设置的,可以根据企业需要删除一些不用的科目,增加一些企业自己需要的科目,也可以增加相应的二级科目及明细科目,同时可以根据需要把相关科目设置为辅助核算项。系统为会计科目设置了 5 个辅助核算项目:个人往来、供应商往来、客户往来、部门核算、项目核算,它们能为会计工作提供详细的核算指标。

(2) 录入完成后,单击"确定"按钮。再录入下一个会计科目,直至录入完所有的会计科目。

(3) 修改会计科目,在"会计科目"窗口,选中要修改的科目单击(或双击)"修改"按钮,打开"会计科目-修改"窗口,再单击"修改"按钮,即可对该科目进行修改。

(4) 以把"应收账款"修改为客户往来和受控应收系统为例来说明修改方法。在"辅助核算"处选中"客户往来"复选框,在"受控系统"中单击下三角按钮,从下拉列表中选择"应收系统"选项,单击"确定"按钮,修改完成。

(5) 以把"其他应收款"下的"应收职工借款"设置为"个人往来"为例说明设置方法。执行"总账"|"设置"|"会计科目"命令,打开"会计科目"对话框,双击"113301 应收职工借款"科目,打开如图 3-23 所示的修改窗口。

(6) 单击"修改"按钮,在"辅助核算"栏中选中"个人往来"复选框,单击"确定"按钮,修改完成。

(7) 指定会计科目。在日常工作中，有些账户要查看"日记账""资金日报表"和"现金流量科目"，还有些科目在编制会计凭证后，要由出纳人员签字后方可审核记账，这就要指出这些科目，称为指定科目。在"会计科目"窗口，执行"编辑"|"指定科目"命令，打开"指定科目"窗口，选择左侧的"现金总账科目"选项，然后把"现金"科目选入已选科目；选择左侧的"银行总账科目"选项，然后把"银行存款"科目选入已选科目；选择"现金流量科目"选项，把"现金"科目及"银行存款""其他货币资金"的全部下级科目选入已选科目，如图 3-24 所示。

图 3-23　会计科目修改窗口

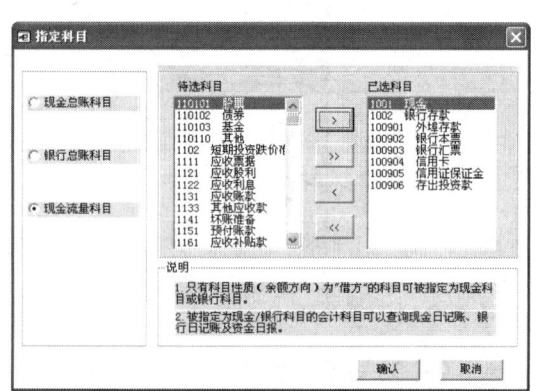

图 3-24　会计科目指定窗口

13．凭证类别设置

资料：凭证类别表（见表 3-11）。

表 3-11　凭证类别表

类　　型	限制类型	限制科目
收款凭证	借方必有	1001，1002
付款凭证	贷方必有	1001，1002
转账凭证	凭证必无	1001，1002

操作步骤如下所述。

（1）执行"企业应用平台"|"基础信息"|"基础档案"|"凭证类别"命令，打开"凭证类别预置"窗口，如图 3-25 所示。

【补充阅读资料 3-3】在手工会计核算中，所使用的记账凭证种类是不同的。有的单位采用通用式记账凭证，有的单位采用收、付、转账凭证等，在财务软件中也

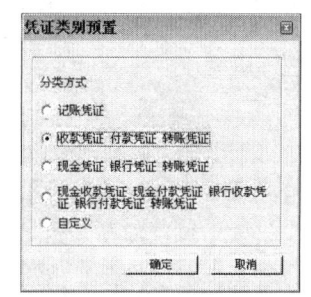

图 3-25　"凭证类别预置"窗口

要指定会计凭证的类别。

（2）根据企业需要选择其中一种分类方式，也可以自定义。本书以收付转为凭证类型为例，即选中"收款凭证 付款凭证 转账凭证"单选按钮，单击"确定"按钮进入类别设定。为了防止在日后工作中将收、付、转凭证用错，需要对收、付、转凭证进行限制类型设计。如收款凭证的借方必有"现金"或"银行存款"科目；付款凭证贷方必有"现金"或"银行存款"、转账凭证无论借方还是贷方都不能有"现金"或"银行存款"。单击"收款凭证"所对应的"限制类型"的下拉按钮，从下拉列表选择"借方必有"选项、在"限制科目"处用鼠标双击，出现参照录入标志" "，单击该图标进入参照录入窗口，选择"现金"选项，再选择"银行存款"科目，便把收款凭证设定完毕。付款凭证、转账凭证依此录入完成后，如图3-26所示。

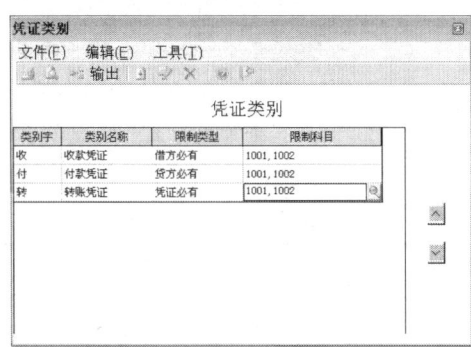

图3-26 "凭证类别"设置窗口

14．结算方式设置

资料：结算方式表（见表3-12）。

表3-12 结算方式表

编 码	结算方式	票据管理标志
1	现金结算	
2	支票结算	√
201	现金支票	√
202	转账支票	√
3	商业汇票	
301	商业承兑汇票	
302	银行承兑汇票	
4	银行汇票	
5	其他	

操作步骤：执行"企业应用平台"|"设置"|"基础档案"|"收付结算"|"结算方式"命令，打开"结算方式"窗口单击"增加"按钮，录入企业所需的结算方式，如图3-27所示。

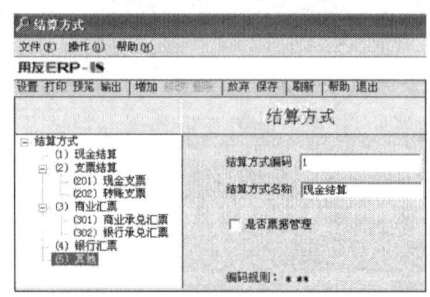

图3-27 "结算方式"设置窗口

15．付款条件录入

资料：付款条件表（见表3-13）。

表3-13 付款条件表

编码	信用天数	优惠天数1	优惠率1	优惠天数2	优惠率2	优惠天数3	优惠率3
01	30	5	2				
02	60	5	4	15	2	30	1
03	90	5	4	20	2	45	1

操作步骤：执行"企业应用平台"|"设置"|"基础档案"|"收付结算"|"付款条件"命令，打开"付款条件"窗口，单击"增加"按钮，录入附录A"应用案例"中所设定的付款条件，如图3-28所示。

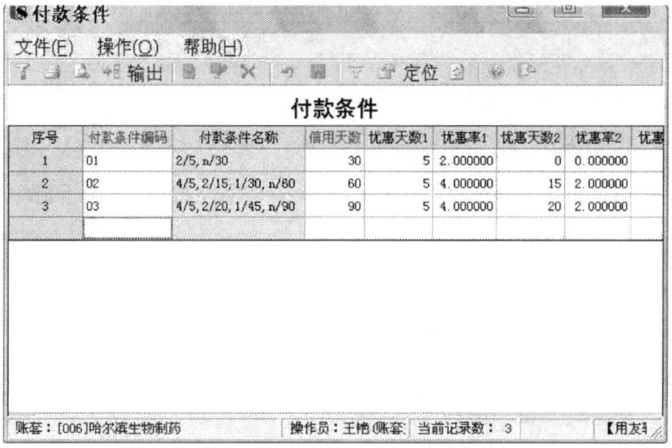

图3-28 "付款条件"设置窗口

16．开户银行设置

资料如下。账户名称：基本户，开户日期：2010 年 1 月 1 日，所属银行：中国工商银行松北支行，账号：123153216538（人民币户）。

操作步骤：执行"企业应用平台"｜"设置"｜"基础档案"｜"收付结算"｜"本单位开户银行"命令，打开"修改本单位开户银行"窗口，单击"增加"按钮，录入开户银行相关信息，如图 3-29 所示。

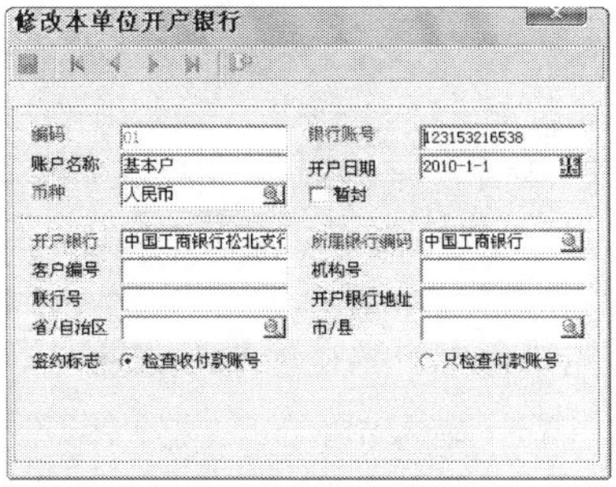

图 3-29　开户银行设置窗口

17．仓库档案录入

资料：仓库档案表（见表 3-14）。

表 3-14　仓库档案表

仓库编码	仓库名称	所属部门	仓库地址	电话	负责人	计价方式
1	材料库	总务室	厂内	56860138	张志	全月平均
2	成品库	总务室	厂内	56860138	张志	全月平均

操作步骤：执行"企业应用平台"｜"基础信息"｜"基础档案"｜"仓库档案"命令，打开"增加仓库档案"窗口，单击"增加"按钮，录入相应的仓库信息，如图 3-30 所示。

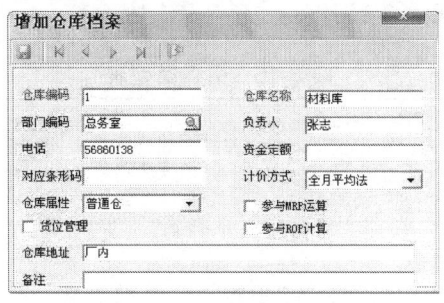

图 3-30　仓库设置窗口

18．收发类别设置

资料：收发类别表（见表 3-15）。

表 3-15　收发类别表

收发类别编码	收发类别名称	收发标志
1．入库分类		
101	采购入库	收
102	产成品入库	收
2．出库分类		
201	销售出库	发
202	生产领用出库	发

操作步骤：执行"企业应用平台"｜"基础档案"｜"业务"｜"收发类别"命令，打开"收发类别"窗口，单击"增加"按钮，录入相应的收发类别，如图 3-31 所示。

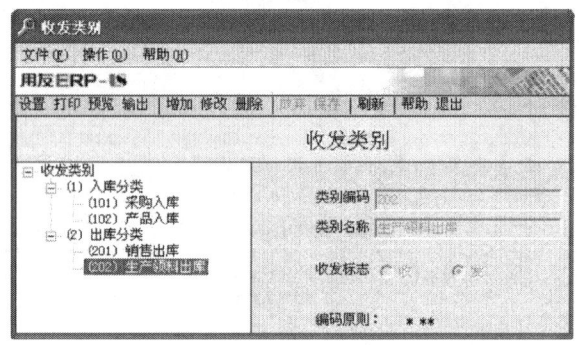

图 3-31　收发类别设置窗口

19．采购类型设置

资料：采购类型表（见表 3-16）。

表 3-16　采购类型表

采购类型编码	采购类型名称	入库类别	是否默认值
1	厂家直购	采购入库	是
2	批发购进	采购入库	是

操作步骤：执行"企业应用平台"｜"设置"｜"基础档案"｜"采购类型"命令，打开"采购类型"窗口，单击"增加"按钮，录入采购类型，如图 3-32 所示。

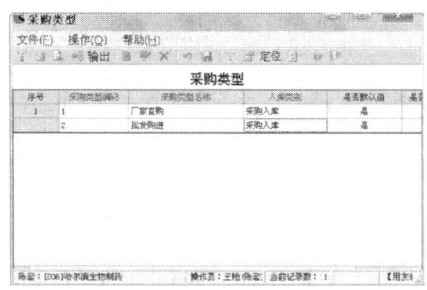

图 3-32　采购类型设置窗口

20．销售类型设置

资料：销售类型表（见表 3-17）。

表 3-17　销售类型表

销售类型编码	销售类型名称	出库类别	是否默认值
1	产品销售	销售出库	是
2	材料销售	销售出库	是

操作步骤：执行"企业应用平台"|"设置"|"基础档案"|"业务"|"销售类型"命令，打开"销售类型"窗口，单击"增加"按钮，录入销售类型的相关信息，如图 3-33 所示。

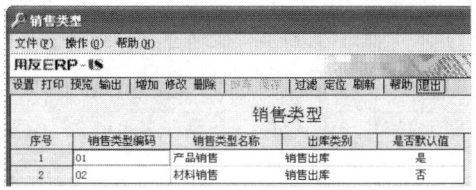

图 3-33　销售类型设置窗口

21．产品结构录入

【小知识 3-4】产品结构

产品结构在企业生产中又称为物料清单，即企业中常说的 BOM 表（Bill of Material），它表明生产一件产品所需要的材料或零件的数量。只有定义了产品结构，才能通过采购计划运算得出物料需求计划、生产计划所需的材料数量。商业企业或没有产品结构的工业企业无须定义产品结构。本功能用来定义产品结构，即产品的组成，以便实现配比出库、组装拆卸、消耗定额、产品材料成本、物料需求计划、成本核算等功能。

资料：产品结构表（见表 3-18）。

表 3-18　产品结构表

版本代号	母件名称	生产部门	子项编码	子项名称	单位	存放仓库	定额数量
010		生产车间					
	生物一号	（201）	002	二号制剂	kg	材料库	200
	生物一号		003	三号制剂	kg	材料库	150
	生物一号		004	调节剂	kg	材料库	10
	生物一号		005	凝固剂	kg	材料库	20
	生物一号		006	原胶粒	盒	材料库	1
	生物一号		007	无机质	瓶	材料库	2
	生物一号		008	蛋白原	kg	材料库	20
	生物一号		009	安瓶	个	材料库	1
011		生产车间					
	生物二号	（201）	001	一号制剂	kg	材料库	50
	生物二号		003	三号制剂	kg	材料库	100
	生物二号		004	调节剂	kg	材料库	80
	生物二号		005	凝固剂	kg	材料库	50
	生物二号		006	原胶粒	盒	材料库	2
	生物二号		007	无机质	瓶	材料库	1
	生物二号		008	蛋白原	kg	材料库	50
	生物二号		009	安瓶	个	材料库	1

操作步骤如下所述。

（1）执行"企业应用平台"|"基础信息"|"基础档案"|"产品结构"命令，打开"产品结构"窗口，单击"增加"按钮，进入增加产品结构窗口，如图 3-34 所示。

（2）在母件项名称中录入所生产的一种产品的名称、生产车间、成品率等；在子项中录入生产该产品的各种材料的编码、子项名称、定额数量等信息；单击"增行"按钮录入组成该产品的另一种材料的相关信息，录入完成后，如图 3-35 所示。

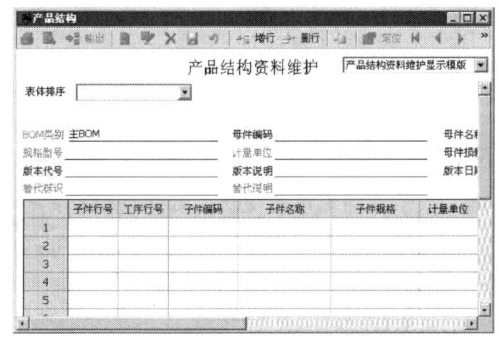

图 3-34　产品结构设置窗口

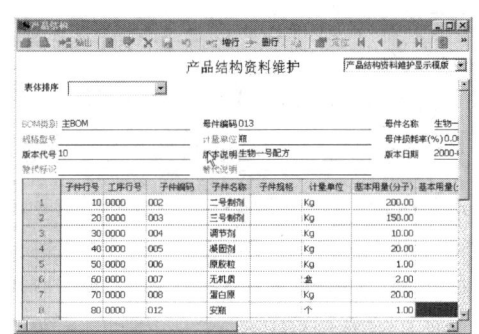

图 3-35　产品结构设置完成窗口

22. 费用项目录入

资料：费用项目表（见表3-19）。

表3-19 费用项目表

费用项目分类编号	分类名称	费用项目名称	备 注
1	采购费用	101 材料整理费	
		102 运输费	
2	销售费用	201 销售招待费	
		202 广告费	
3	其他	301 其他费用	

操作步骤：执行"企业应用平台"|"设置"|"基础档案"|"业务"|"费用项目分类"命令，打开"费用项目"窗口，单击"增加"按钮，录入相关的费用项目分类信息，并在"费用项目"中录入相关的费用项目，如图3-36所示。

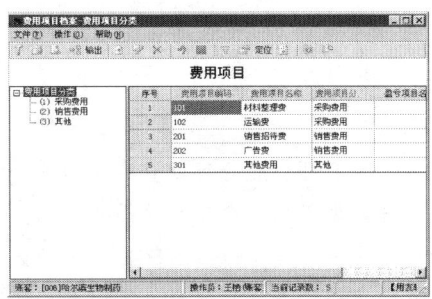

图3-36 费用项目录入窗口

23. 发运方式档案录入

资料：发运方式表（见表3-20）。

表3-20 发运方式表

发运方式编码	发运方式名称
01	公路
02	铁路
03	航空

操作步骤：执行"企业应用平台"|"设置"|"基础档案"|"业务"|"发运方式"命令，打开"发运方式"窗口，单击"增加"按钮，录入相关的发运方式档案信息，如图3-37所示。

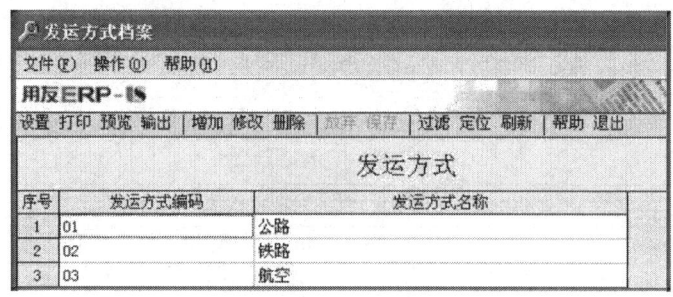

图3-37 发运方式录入窗口

3.3 数据权限及单据设置

任务11 数据权限设置

【小知识3-5】数据权限

数据权限是操作员对某些科目和项目是否可以查账或制单,以及金额权限大小的一种规定,以保证分工合理、权限适当。数据权限分三个方面的内容:一是数据权限控制设置,二是数据权限设置,三是金额权限分配。其中数据权限控制是数据权限设置的前提,只有设置了数据权限控制的科目或字段才可以进行数据权限设置。在"数据权限控制设置"窗口中有"记录级"和"字段级"两个标签。字段级主要用于GSP质量管理所需;记录级是会计核算和企业管理所需要控制的项目。这些控制权有的由所有人拥有,有的则要由不同人来拥有,所以要对那些需由不同人控制的项目进行选择,然后再分配给不同的操作员。

1. 数据权限控制设置

资料如下。数据权限控制设置:主要对"科目"进行控制;数据权限控制:保管员张志有原材料、包装物、低值易耗品、自制半成品、库存商品的查账和制单权;销售负责人李刚有主营业务收入、其他业务收入的查账权。供应组王欣有应付账款、应付票据、物资采购的查账权。

操作步骤如下所述。

(1) 执行"企业应用平台"|"基础信息"|"基础档案"|"数据权限"|"数据权限控制设置"命令,打开"数据权限控制设置"窗口,选中相关业务对象前面的选择框,如图3-38所示,表明这个业务对象要由不同的人控制,然后再在数据权限中进行设置。

（2）选择完成后单击"确定"按钮，进行数据权限设置。选择要分配权限的操作员，然后单击"授权"按钮，打开"记录权限设置"窗口。选中"查账"和"制单"选择框，再把"原材料""包装物""低值易耗品""自制半成品""库存商品"选入右方可用框中，操作完成，如图3-39所示。

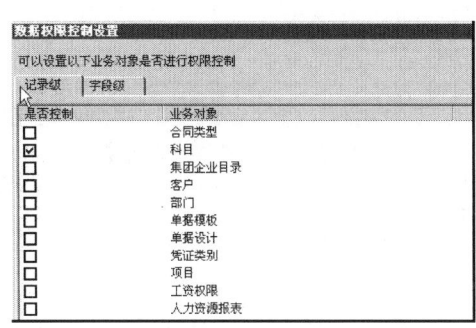

图3-38　数据权限控制设置窗口

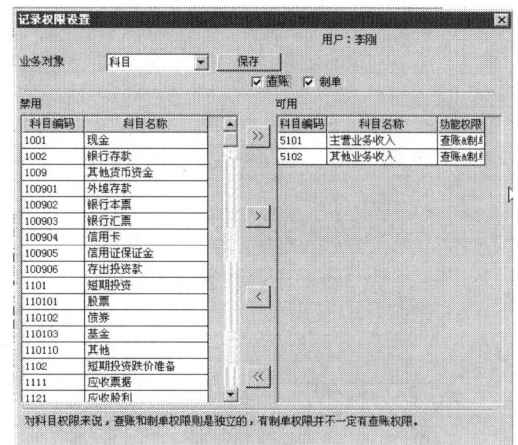

图3-39　操作员明细权限分配窗口

（3）记录权限设置完成后，单击"保存"按钮，再设置其他操作员的记录权限。

2．金额权限设置

资料：将金额级别分为六级（见表3-21）。

表3-21　将金额级别分为六级

一　级	二　级	三　级	四　级	五　级	六　级
2 000元以下	5 000元以下	10 000元以下	20 000元以下	50 000元以下	1 000 000元以下

各操作员的权限如下：李萍、李刚为一级；张志、孙志为二级。

操作步骤如下所述。

（1）执行"企业应用平台"|"设置"|"数据权限"|"金额权限分配"命令，打开"金额权限控制"窗口，进行对某个操作员在使用某个科目制单时及填制采购订单时最大金额的限定（如果不需要对操作员进行科目及采购订单金额额度限制，则可不进行此项设置）。单击"级别"按钮，对有关会计科目进行不同级别的权限金额设定，如图3-40所示。

（2）单击"保存"按钮，"退出"返回到上一级后，单击"增加"按钮，出现"用户编码""用户名称""级别"，双击"用户编码"，单击参照录入图标选择操作员编码，并为其设置级别，如图3-41所示。

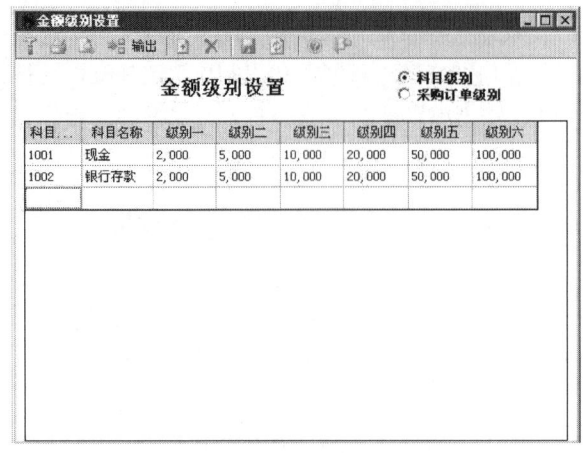

图 3-40　金额级别设置窗口

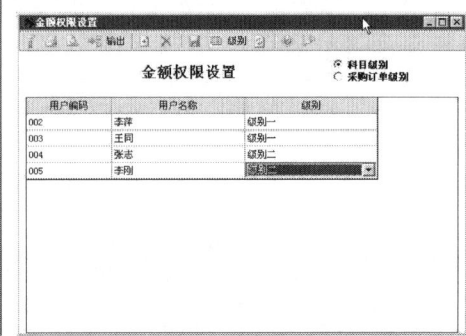

图 3-41　金额权限设置窗口

 本章小结

本章是财务软件应用的基础,也是工作量较大的部分,它关系到财务软件的应用效果和今后各项工作的准确性和快捷性,因此这部分工作一定要做好。本章主要讲述了基础信息录入的步骤和方法,其中包括基本信息、基础信息、数据权限和单据设置。其中单据设置是个性比较强的内容,要根据各单位的实际情况进行设置,不具有普遍性,因此没有讲解。

 基本训练

□ 知识题

1. 企业应用平台的作用是什么?
2. 编码方案的具体含义是什么?
3. 如何指定会计科目?指定会计科目的作用是什么?
4. 凭证类别有哪些?如何进行凭证类别的设置?

□ 能力题

新建一个账套,从基础信息开始对"基础信息""基础档案""数据权限""单据设置"等基础信息项目进行重新设置,全面了解基础信息部分的内容和设置的科学性及对今后核算和管理工作的重要影响。

第2篇 财务篇

第 4 章

总 账 系 统

学习目标

通过本章学习，了解总账系统的主要功能，掌握总账系统的凭证管理、账簿处理、个人往来款管理、部门管理、项目核算和出纳管理等功能；掌握增加、删除或修改会计科目的方法；掌握现金及银行存款的管理及支票登记簿的功能；掌握银行日记账、现金日记账的查阅及资金日报表和余额调节表的查阅；掌握银行对账等方法。

4.1 基础设置

任务 12 选项设置

选择"选项"菜单，弹出"选项"设置对话框，如图 4-1 所示。

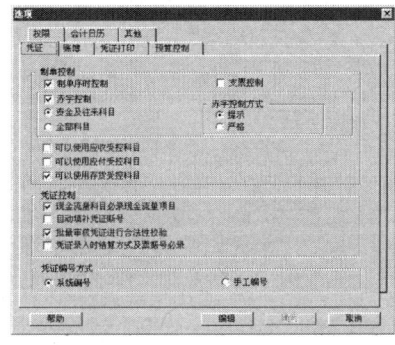

图 4-1 "选项"设置对话框

在选项中设置总账系统的使用控制。

1. 凭证选项设置

设置与凭证相关的控制项，如选中"是否制单序时控制"，则在填制凭证时，凭证日期只能由前往后填，如填了2日的凭证就不能再填制1日的凭证。

凭证审核控制到操作员是为了明细审核的权限，设置某操作员只能审核到与该操作员同部门的凭证，而不能审核由其他部门的操作员填制的凭证（因为不同部门的操作员可同时拥有填制凭证的权限）。

资金及往来赤字控制是指在制单时，当现金、银行科目的最新余额出现负数时，系统将予以提示。可以使用其他系统受控科目是指某科目为其他系统的受控科目（如客户往来科目为应收、应付系统的受控科目），为了防止重复制单，应只允许其受控系统来使用该科目进行制单，总账系统不能使用此科目进行制单；支票控制指在制单时录入了未在支票登记簿中登记的支票号，系统将提供登记支票登记簿的功能；出纳凭证必须经由出纳签字，是指公司含有现金、银行科目的凭证必须由出纳人员通过"出纳签字"功能对其核对后，运用系统提供的签字功能进行签字后才能记账；凭证编号方式可自选，建议系统编号；预算控制要与"财务分析"模块结合起来使用才有效。

2. 账簿选项设置

选中"凭证、账簿套打"复选框可将凭证或账页打印在普通白纸上，也可打印在用友公司提供的专用的凭证、账页纸上，如图4-2所示。

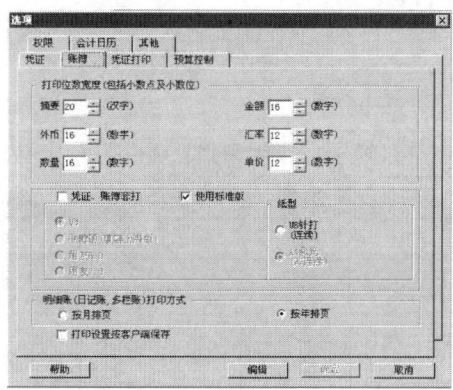

图4-2　账簿信息设置窗口

3. 会计日历设置

可以查看各会计期间的开始日期与结束日期,启用会计年度和启用日期。该页仅能查看,修改需到系统管理中进行操作（核算单位在设置会计期间可以不为一个月的第一天到最后一天,如可以设置成为本月的 25 日到下个月的 24 日为一个会计期间),总账系统的启用日期不能在系统的启用日期之前,录入汇率后不能修改总账启用日期,总账中已录入期初余额(包括辅助期初),则不能修改总账启用日期,总账中已制单的月份不能修改总账的启用日期,其他系统中已制单的月份不能修改总账的启用日期,第二年进入系统,不能修改总账的启用日期,如图 4-3 所示。

4. 其他项目设置

如图 4-4 所示,可根据具体情况进行其他项目设置。

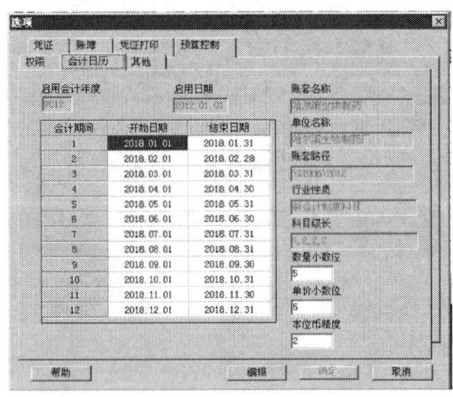

图 4-3 会计日历设置窗口

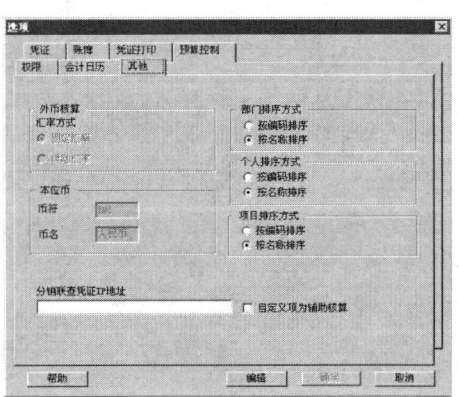

图 4-4 其他项目设置窗口

任务 13 录入期初余额

资料:会计科目及期初数据(见表 4-1)。

表 4-1 会计科目及期初数据

科目名称	方向	辅助账类型	账页格式	年初余额(元)
现金(1001)	借	现金日记	金额式	6 223
银行存款(1002)	借		金额式	
工行存款(100201)	借	银行日记	金额式	850 000
短期投资(1101)	借		金额式	
股票投资(110101)	借		金额式	200 000
应收票据(1111)	借		金额式	
银行承兑汇票(111101)	借	客户往来	金额式	374 400
应收账款(1131)	借	客户往来	金额式	3 065 400
坏账准备(1141)	贷		金额式	2 223
其他应收款(1133)	借		金额式	

续表

科目名称	方向	辅助账类型	账页格式	年初余额（元）
应收职工借款（113301）	借	个人往来	金额式	14 000
原材料（1211）	借		金额式	107 040
包装物（1221）	借		金额式	500
库存商品（1243）	借		金额式	24 900 000
长期股权投资（1401）	借		金额式	
股票投资（140101）	借		金额式	1 377 000
固定资产（1501）	借		金额式	4 333 000
累计折旧（1502）	贷		金额式	1 390 179
在建工程（1603）	借		金额式	1 424 285.50
无形资产（1801）	借		金额式	20 600
短期借款（2101）	贷		金额式	1 000 000
应付票据（2111）	贷		金额式	
商业承兑汇票（211101）	贷	供应商往来	金额式	40 950
应付账款（2121）	贷		金额式	
应付货款（212101）	贷	供应商往来	金额式	8 541
其他应付款（2181）	贷		金额式	100 000
应付福利费（2153）	贷		金额式	51 801
应交税金（2171）	贷		金额式	
未交增值税（217102）	贷		金额式	79 522
应交所得税（217106）	贷		金额式	37 412.50
应交城市维护建设税（217108）	贷		金额式	5 566
长期借款（230101）	贷		金额式	4 000 000
其他应交款（1276）	贷		金额式	
应交教育费附加（127601）	贷		金额式	2 385
实收资本（3101）	贷		金额式	
国家投资（310101）	贷		金额式	27 979 308
资本公积（3111）	贷		金额式	
资本溢价（311101）	贷		金额式	1 150 561
盈余公积（3121）	贷		金额式	
法定盈余公积（312101）	贷		金额式	450 000
任意盈余公积（312102）	贷		金额式	200 000
利润分配（3122）	贷		金额式	
未分配利润（314115）	贷		金额式	174 000

注：① 应收票据——银行承兑汇票系天津红利公司 2017 年 11 月 20 日开出的银行承兑汇票 374 400 元；② 个人往来期初数据：其他应收款——应收职工借款系供应组常胜出差借款 14 000 元；③ 应付票据——商业承兑汇票系 2017 年 11 月 30 日哈生物厂开出的三个月商业

承兑汇票用于购置二号制剂 40 950.00 元；④ 应付账款——应付货款有两笔：哈生物厂 5 265.00 元、上海生物厂 3 276.00 元；⑤ 应收账款——应收货款有两笔：哈鸿泰 1 872 000.00 元、北京大同 1 193 400.00 元。

操作步骤如下所述。

（1）单击"期初余额"，弹出"期初余额录入"对话框，如图 4-5 所示。

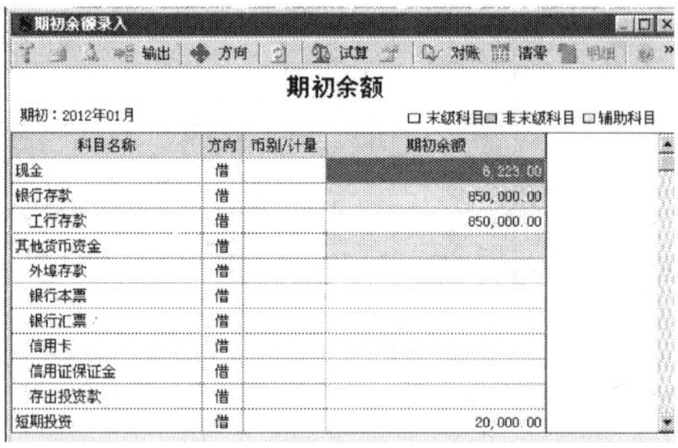

图 4-5 "期初余额录入"对话框

【小知识 4-1】期初余额录入

录入期初余额是将手工账套的期初数据录入财务软件中，使手工账套与软件中的账套数据一致。如果是年初建账，可以直接录入年初余额。如果是年中建账，则需要录入所建账月份的期初余额和从该年年初到该月份的借、贷累计的发生额，系统会自动计算年初余额；凭证记账后，期初余额变为浏览、只读状态，不能再修改，只可以查询或打印，如果的确要修改，可将所有记账的凭证取消记账。

（2）双击期初余额栏，录入该科目的期初余额，如果有下级明细科目，则只需录入末级明细科目的余额，而上级科目的余额由系统自动汇总之后填入；有红字余额的用负号"－"输入；外币核算先录入的是本币金额，而后录入外币金额。

因在科目设置中有 5 个辅助核算，下面简要介绍一下这 5 个辅助核算期初余额的设置方式（在窗口中，辅助核算的是用淡绿色来标志）。

1）个人往来：双击一个设置了个人往来为辅助核算的科目，如图 4-6 所示。

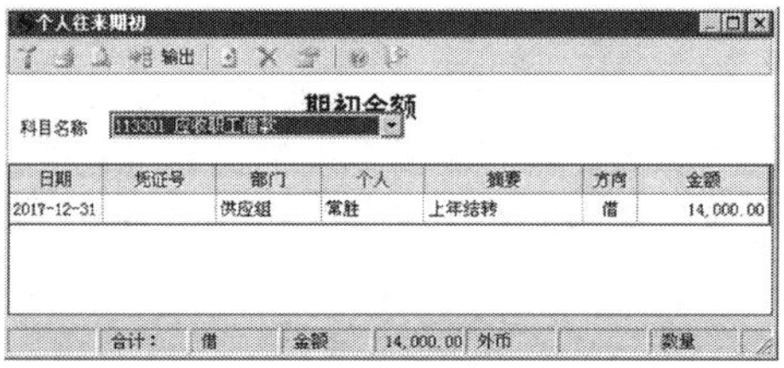

图 4-6 个人往来期初明细录入窗口

单击"增加"按钮，将个人往来的期初数据填入。

2) 部门核算期初数据与个人往来一样。

3) 客户往来录入方式与个人往来一样，录入数据多了几栏，如图 4-7 所示。

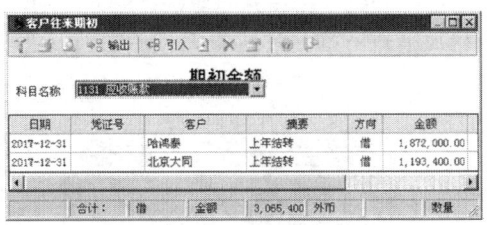

图 4-7　应收账款期明细录入窗口

【补充阅读资料 4-1】如果在总账系统的选项设置中设置了在总账系统中进行客户供应商往来核算，则期初余额的录入方式的操作流程如上所述，如果在选项设置中，设置为在应收应付系统中进行客户、供应商往来的核算，则应该到应收应付系统中进行该类科目的明细期初余额设置，而在此只录入科目的总余额。

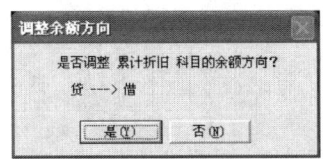

图 4-8　"调整余额方向"对话框

4) 项目核算操作步骤与个人往来一样。

除了系统默认的科目余额方向外，还有一部分调整科目，它们的余额方向可能与同类科目默认的余额方向相反，选择需要调整余额方向的科目，如"累计折旧"科目的余额在"贷"方，把光标定位在"累计折旧"上，单击"期初余额录入"窗口上的"方向"按钮，弹出"调整余额方向"对话框，如图 4-8 所示。确实要调整，则单击"是"按钮。

【补充阅读资料 4-2】科目如果已设置好期初余额，将不能调整余额方向，需先将期初余额删去，然后再调整余额方向。

(3) 试算平衡。用来检验数据的正确性，所依据的原理是借方余额=贷方余额。单击"期初余额录入"窗口上的"试算"按钮，如果试算平衡，显示"试算结果平衡"，如图 4-9 所示。

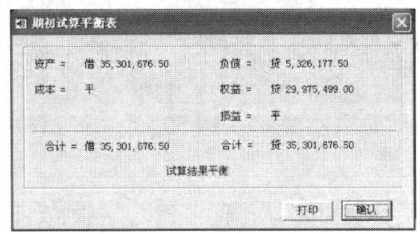

图 4-9　试算平衡表

如果不平衡，系统会给出不平衡的提示，此时要检查前面所做的期初余额，将其数据更正后，再次运行试算功能，直到平衡为止。

（4）对账。由系统自动来检查总账与辅助账或明细账中的数据错误。单击"对账"按钮，弹出"期初对账"窗口，单击"开始"按钮开始对账，对账成功，提示期初对账完毕，如图4-10所示。否则系统给出错误信息，单击"显示对账错误"按钮，可将对账中发现的问题列示出来。

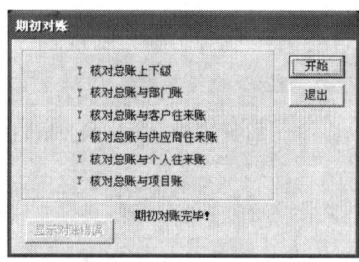

图4-10 "期初对账"窗口

4.2 凭证

任务14 凭证管理

1．填制凭证

资料如下：

（1）1月2日，企业收到开户行以银行汇票形式代收的一笔捐款2 000元，票号为49321。

（2）1月3日，银行代付的电费凭证已到，金额为29 000元，票号为93819。

（3）1月8日，供应组采购员常胜出差归来，报销差旅费4 536元，凭证号为63218。

（4）1月9日，从银行提出现金1 000元备用，支票号为No.060421。

（5）1月12日，通过工行户（支票号No.060422）缴纳上月应交所得税37 412.50元，增值税79 522元，城建税5 566元和教育费附加2 385元。当即收到各有关税金及附加缴款书收据联（No.SW011）。

（6）1月13日，辅助车间购买修理用品10 500元，开出转账支票（No.060423）一张。

操作步骤如下所述。

（1）选择"凭证"下的"填制凭证"菜单，弹出"填制凭证"窗口，单击"增加"按钮，如图4-11所示。

（2）单击凭证类别旁的"放大镜"按钮，选择所需要增加的凭证类别为"转"。

【补充阅读资料 4-3】如原先设置凭证编号由系统自动编号,则凭证编号由系统自动取流水号、制单日期,系统自动提取该账套本年度该类凭证的最后一张凭证的日期,可修改,但如果选用了制单序时控制功能,则在此不能往前修改日期。

(3)在摘要栏中,输入摘要信息,也可单击其摘要栏中的"放大镜"按钮,选择预先设置好编码的摘要信息,并可以在此增加常用摘要以备日后使用。另外,还可以将常用的摘要编号保存,在以后需要录入该摘要时,直接录入摘要编号,系统会自动给出所对应的摘要内容。或者打开摘要浏览,选择好需要的摘要,单击"选入"按钮即可,如图4-12所示。

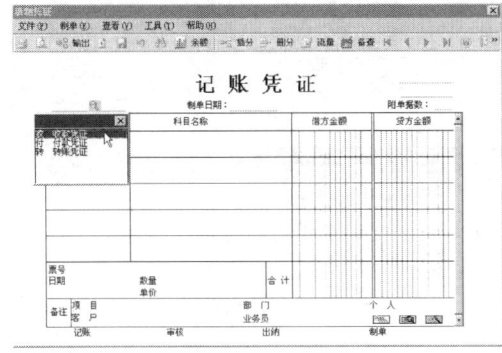

图4-11 空白凭证

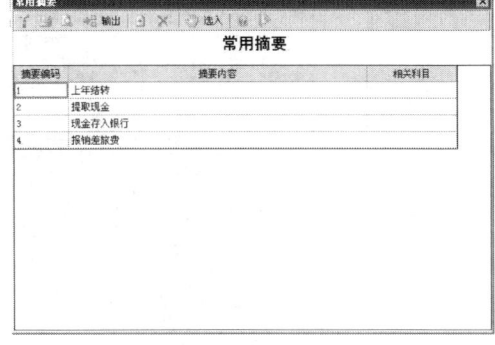

图4-12 常用摘要编辑窗口

(4)在科目名称栏中,输入科目编码,也可单击科目栏的"放大镜"按钮进入"科目参照"窗口中进行选择。

【补充阅读资料 4-4】在"科目参照"窗口中,如需要的科目原先并没有设置,可以直接在该窗口中单击"编辑"按钮进行新增科目的编辑,而不用退回到系统初始化的窗口中进行科目设置。

(5)输入金额,金额不能为0,红字以负号"-"表示,金额方向可以通过按键盘上的空格键进行调整。

(6)输入完毕,按回车键,系统自动将上一分录的摘要内容复制到下一分录的摘要栏中(可更改)。

(7)对于最后一笔分录,可在其金额录入处按下等号键"=",系统会自动计算该分录的结果,以达到借贷平衡的效果。

(8)单击"保存"按钮以保存该张凭证(借贷不平,系统不予保存),如图4-13所示。

2.凭证相关信息查询

(1)将光标放在凭证中的会计科目上,单击凭证上部"余额"按钮,系统会弹出该科目的余额一览表,这是用友最新版新增加的功能,如图4-14所示。

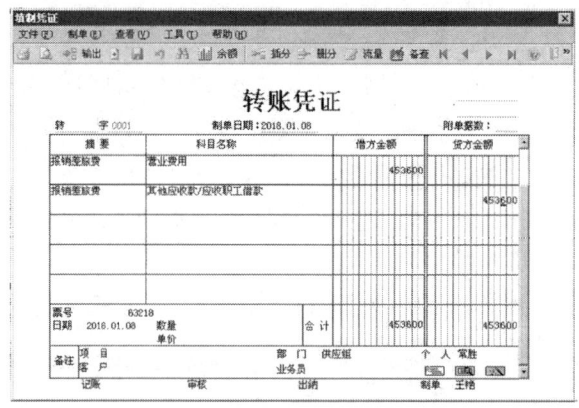

图 4-13 录入完成的会计凭证

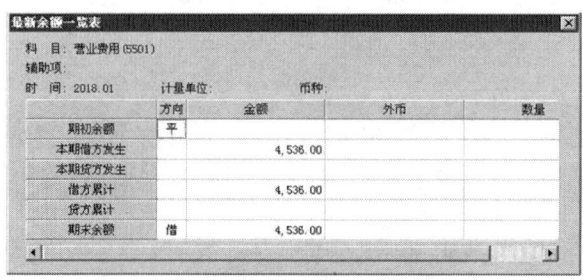

图 4-14 相关科目最新余额显示窗口

（2）如果该科目设置了备查功能，可以单击"备查"按钮进行此项业务备查资料录入。

（3）在填制凭证窗口中，打开"查看"菜单，可以在此查看与当前分录中会计科目相关的"明细账""原始单据"等（有的凭证不是在总账系统中填制生成的，而是在其他系统中由其他单据制单生成的，比如在应收系统中由收款单制单而生成的收款凭证，这样，在此就可以联查到该张收款单据），如图 4-15 所示。

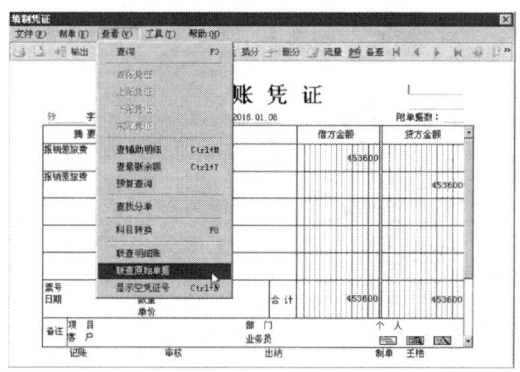

图 4-15 联查原始单据窗口

（4）如果该张凭证是由其他系统传递过来的，将光标放在凭证名称上，单击鼠标左键，则可以看到生成该张凭证的来源信息，如图 4-16 所示。

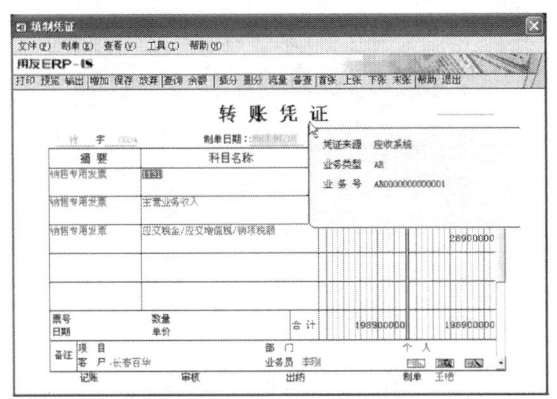

图 4-16　显示凭证来源窗口

（5）填制凭证时，对于科目中有辅助核算的填制方法如下。

首先打开一个具有个人往来核算的科目进行填制凭证，如录入"其他应付款/其他个人应付款"科目，该科目原先已设置为个人往来，按回车键，弹出"辅助项"窗口，如图 4-17 所示。

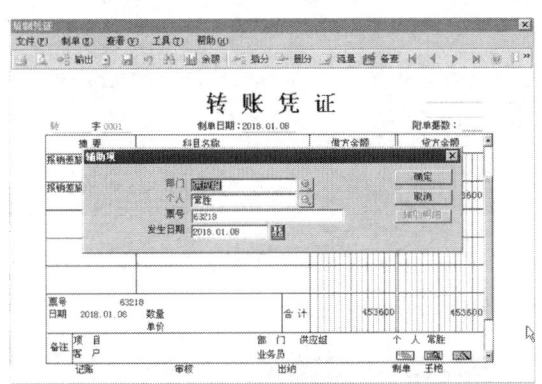

图 4-17　辅助项设置窗口

单击"放大镜"图标，选择具体核算到某一职员上（不用选择部门档案，因为选择职员后，该职员所在的部门档案数据会自动带入）。如果此笔业务不止发生在一名职员上，则可以单击"辅助明细"选择多名职员。最后单击"确认"按钮。

3．凭证修改

（1）打开"填制凭证"的窗口，然后单击"上张"或"下张"按钮，找到所需修改的凭证，执行修改工作。另一方法是通过"填制凭证"窗口中"查看"菜单下的"查询"功能，录入查询限制条件，如图4-18所示。

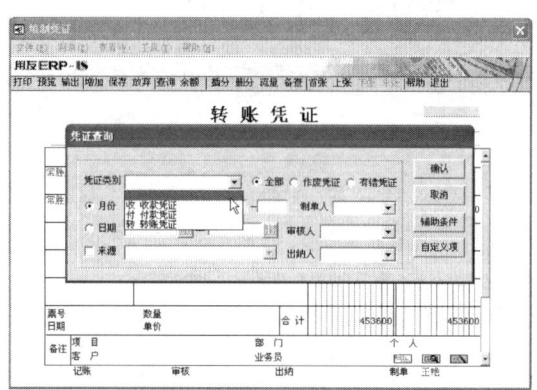

图4-18　凭证查询窗口

（2）录入查询条件后，单击"确认"按钮，系统列出所有符合条件的记录，双击需要修改的凭证，系统将该张凭证打开，即可执行修改工作。

（3）对于有辅助项的修改，需要单击"填制凭证"窗口下边的"备注"栏进行修改，将光标定位在各辅助项上，双击鼠标即可打开辅助项录入窗口。

（4）单击"增行"按钮，可在当前光标定位的分录前增加一条分录。单击"保存"按钮进行修改后的保存工作。

【补充阅读资料4-5】如果是外部系统传过来的凭证不能在总账系统中进行修改，只能在生成该凭证的系统中进行修改。

4．冲销凭证

（1）选择"填制凭证"窗口中的"制单"菜单，再选择"冲销凭证"命令，弹出"冲销凭证"对话框，如图4-19所示。

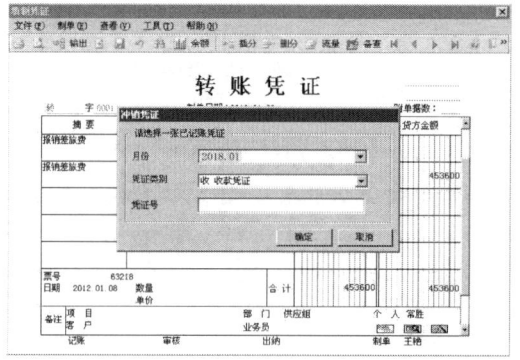

图4-19　"冲销凭证"对话框

(2)系统提示录入已记账的凭证来冲销,在此录入月份、凭证类别、凭证号。单击"确定"按钮,完成凭证的冲销工作。

5．删除凭证

(1)在"填制凭证"窗口,打开凭证查询功能,找到所需删除的凭证,将其打开,选择"制单"菜单下面的"作废/恢复"命令,如图 4-20 所示。

该凭证被标上"作废"字样,数据内容不变,不能修改,不能审核。

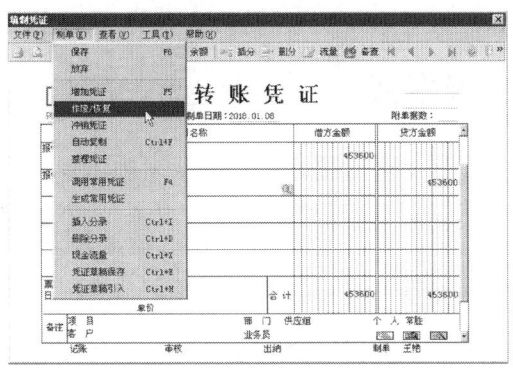

图 4-20　凭证作废恢复窗口

【补充阅读资料 4-6】如果是其他系统传来的凭证,则不能在总账系统作废,在此作废的凭证仍需参与记账,否则无法结账,但不作数据处理,相当于空白凭证,账簿查询时,没有该张凭证的数据。如果已作废的凭证想恢复,再次选择"作废/恢复"命令即可。

(2)如果要彻底删除该张已有"作废"字样的凭证,则选择"制单"菜单下的"整理凭证"功能,选择要整理凭证的区间,系统会打开已作废凭证的列表,选择要作废的凭证,单击"确定"按钮,系统会提示"是否还需整理凭证断号",以便对未记账的凭证进行重新编号,如图 4-21 所示。

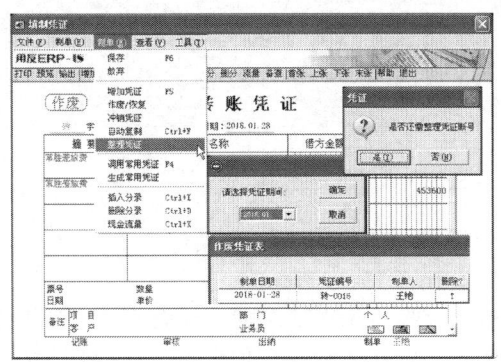

图 4-21　删除凭证窗口

（3）如果需要整理断号则单击"是"按钮，系统会提示正在删除凭证，如图4-22所示。

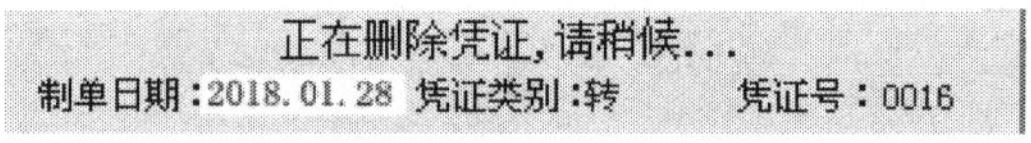

正在删除凭证,请稍候...
制单日期：2018.01.28　凭证类别：转　　凭证号：0016

图4-22　正在删除凭证提示窗口

【补充阅读资料 4-7】在进行凭证整理时，如果有作废的凭证被删除，该凭证号则自动为断号，所以可以在整理凭证时，让其自动补号，即将后面的凭证号全部往前移动（自动填补凭证断号。如果在整理凭证之前，凭证已经打印出来了，就最好不要再填补断号了）。

任务15　凭证签字及审核

1. 出纳签字

【小知识4-2】出纳签字

出纳员管理企业现金的收入与支出，企业为了加强对出纳凭证的管理，可以由出纳人员通过出纳签字功能对制单员填制的带有现金、银行科目的凭证进行检查核对，主要核对出纳凭证的出纳科目的金额是否正确。对于审查认为错误或有异议的凭证，应交与填制人员修改后再核对。如果在总账的选项中设置了出纳凭证，必须由出纳签字（参照图4-1 选项设置的凭证页中的凭证控制），没有经过出纳签字的凭证不能进行凭证审核和记账。如果设置了出纳签字凭证，还要指定现金总账科目和银行存款总账科目（参照图3-22 指定科目）。

操作步骤如下所述。

（1）以出纳员"002 李萍"的身份登录系统，打开"凭证"菜单，单击"出纳签字"，弹出"出纳签字"对话框，如图4-23所示。

图4-23　出纳凭证选择窗口

（2）输入凭证过滤条件（也可以采用默认的条件），单击"确认"按钮，系统列出符合条件的凭证记录，如图4-24所示。

（3）在所列出的记录中，双击需签字的凭证，系统打开该张凭证，出纳人员确认该张凭证没有问题，则单击"签字"按钮，在该张凭证的出纳签字栏中出现该出纳员的名字，如图4-25所示。

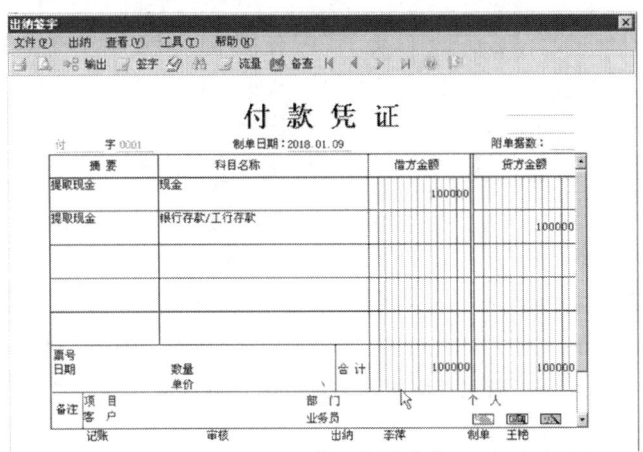

图 4-24 符合出纳签字条件的凭证列表

图 4-25 经出纳签字后的记账凭证

【补充阅读资料 4-8】如果出纳对所有出纳凭证都认为无误,可以采用批量签字的方式来提高工作效率,可以在出纳签字窗口单击"出纳"按钮,在下拉菜单中选择"成批出纳签字"选项。凭证一经签字,就不能被修改、删除,只有取消签字后才可以进行修改或删除,取消签字只能由出纳本人进行。已签字的凭证要取消签字,可单击"取消"按钮,也可用"成批取消签字"来成批取消。

2. 主管签字

主管签字与出纳签字的操作步骤和方法是一致的。以财务主管"王同"身份登录,执行"凭证"|"主管签字"命令,同样出现"主管签字"对话框,单击"确认"按钮,出现应由主管签字的凭证列表,执行"确认"|"签字"命令,即可完成主管签字。主管签字后在凭证的右上角加盖主管"王同"的印章,如图 4-26 所示。

3. 凭证审核

审核凭证是具有审核权的人按照财会制度,对制单员填制的记账凭证进行检查核对。只有具有审核权的人才能使用本功能,以财务主管"王同"的身份登录(本教材为了简便没有另设审核员)。

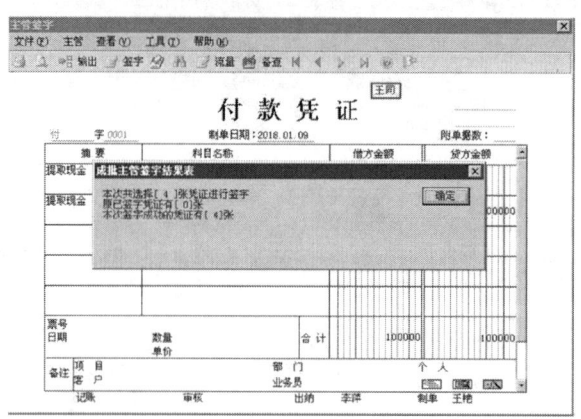

图 4-26 主管签字窗口

操作步骤如下所述。

（1）执行"总账"窗口中的"凭证"|"审核凭证"命令，弹出"审核凭证"条件过滤对话框，单击"确认"按钮后，出现待审核的凭证列表，双击要审核的凭证后，再单击"审核"按钮即可以完成对该张凭证的审核，在凭证下部审核的位置上签有"王同"字样，如图 4-27 所示。

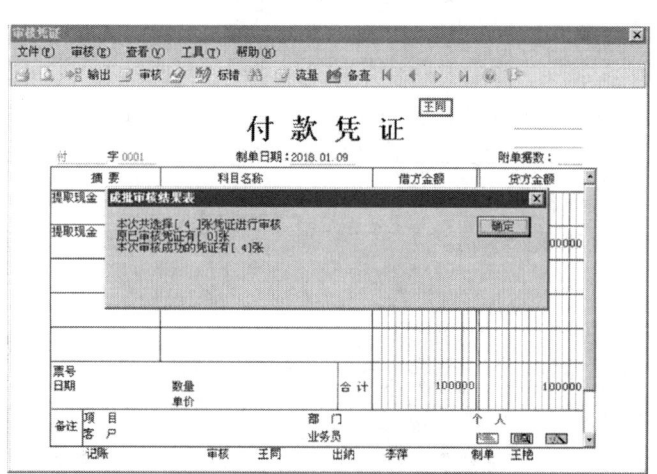

图 4-27 "审核凭证"对话框

（2）当完成审核后，系统自动打开下一张未审核的凭证。操作员也可以选择"成批审核"的功能进行凭证的成批审核。

（3）如果发现凭证有错，可单击"标错"按钮，进行先行标错，再由制单人自行修改，如图 4-28 所示，如再次单击"标错"按钮则取消该张凭证的标错。执行审核后，系统将自动翻至下一张凭证，凭证审核后不能修改与删除，如要删除或修改，需取消审核后方可进行。

第 4 章 总账系统

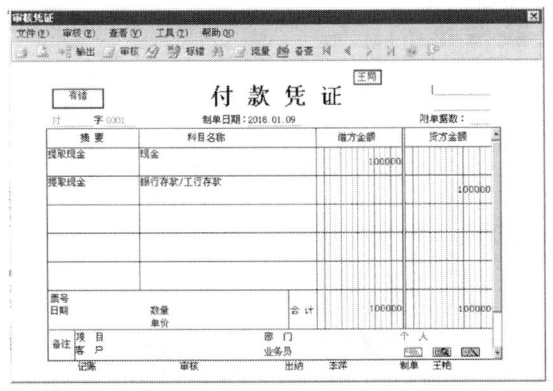

图 4-28 凭证标错窗口

【补充阅读资料 4-9】按照会计制度，制单人与审核人不能为同一人，否则系统会给出"制单人与审核人不能同为一人"的提示，在此需要以另一操作员的身份重新登录系统方可进行审核；在进行凭证审核之前，如设置了出纳凭证需由出纳签字，则这些需要出纳签字的凭证就必须先由具有出纳签字权限的操作员进行签字后，才能进入凭证审核。在平时进行练习时，需要设立两个不同的操作员，执行审核工作时需重新注册，以另外一个操作员的身份登录，再执行审核。

4．凭证打印

打印凭证有如下两种方法。
（1）在"填制凭证"窗口，直接单击"打印"按钮，以打印当前凭证。
（2）选择总账窗口"凭证"菜单下的"凭证打印"功能，如图 4-29 所示。

录入需打印的凭证范围，单击"打印"按钮开始打印，在此可单击"打印设置"按钮进行打印方面的设置。

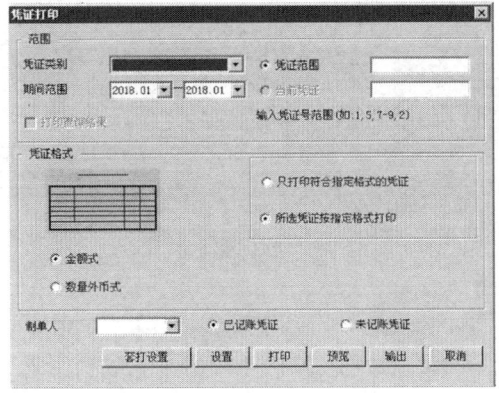

图 4-29 凭证打印设置窗口

任务16 凭证记账及取消记账

1. 凭证记账

记账是将所做的凭证记录到具有账户基本结构的账簿中去,也称为登账。

操作步骤如下所述。

(1) 打开"凭证"菜单,单击"记账"按钮,弹出"记账"对话框,如图4-30所示。

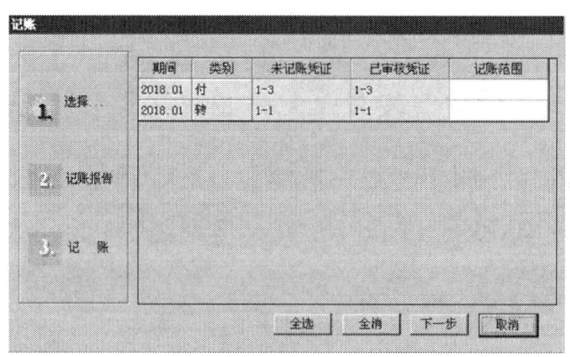

图4-30 "记账"对话框

(2) 系统提示"1、选择本次记账范围",在"选择本次记账范围"栏中输入所需记账的凭证范围(只有经过审核的凭证才能进行记账),范围之间用"-"或","隔开均可,一般可以用"全选",即对所有审核的凭证全部记账。

(3) 单击"下一步"按钮进入到"2、记账报告",如图4-31所示。

图4-31 记账平衡表

(4) 单击"打印"按钮,将记账报告打印出来,单击"下一步"按钮,进入"3、记账",单击"记账"按钮,系统开始记账工作,如图4-32所示,顺利完成后,系统出现"记账完毕"提示,然后单击"确定"按钮退出记账工作。

第 4 章 总账系统

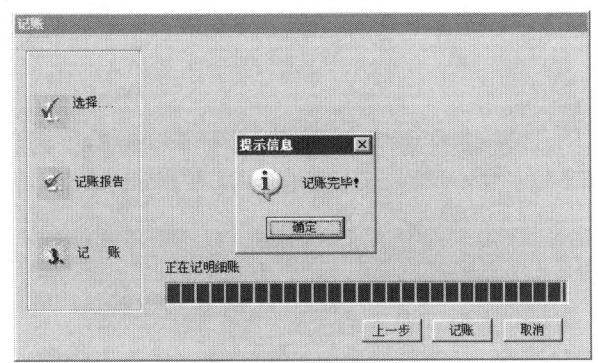

图 4-32 记账完毕提示窗口

【小知识 4-3】取消记账

记账结束后凭证就不能修改和删除了，如果发现凭证存在问题，首先需要恢复记账前状态，然后取消所有的审核和签字，才能对凭证进行修改，这里可以使用记账前的备份进行恢复。为了方便用户，ERP-U8 中有一个功能可以取消记账操作，这是一个隐藏的功能，需激活后方能执行。

2．取消记账

操作步骤如下所述。

（1）以账套主管的身份登录系统（只有账套主管才能取消记账），打开"期末"菜单，单击"对账"按钮，弹出"对账"窗口，按 Ctrl+H 组合键，弹出"恢复记账前状态功能已被激活"窗口，此时在"凭证"菜单下同时出现了一个新的菜单"恢复记账前状态"（在对账状态下，如果再按 Ctrl+H 组合键，或者退出用友系统后再进入，都将使该菜单隐藏），如图 4-33 所示。

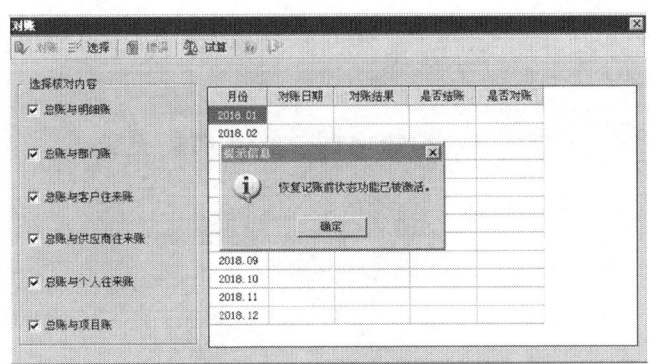

图 4-33 恢复记账前状态功能已被激活窗口

（2）打开"凭证"菜单，单击"恢复记账前状态"，弹出"恢复记账前状态"窗口，如图 4-34 所示。

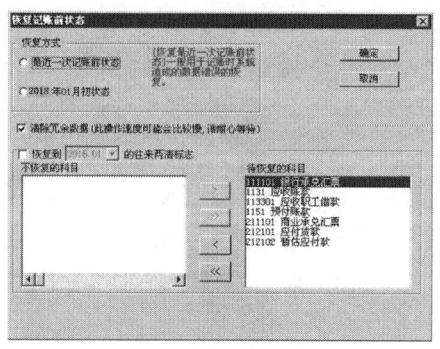

图 4-34 "恢复记账前装态"窗口

（3）选择所需要的恢复方式，单击"确定"按钮，出现"恢复记账完毕"提示，单击"确定"按钮退出。

4.3 出纳

任务 17 出纳管理

1．出纳账查询

（1）现金日记账查询。

操作步骤如下所述。

1）打开"出纳"对话框，选择"现金日记账"选项，弹出"现金日记账查询条件"对话框，如图 4-35 所示。

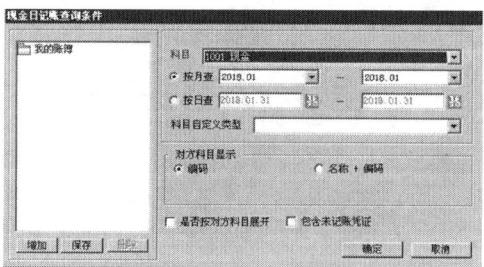

图 4-35 "现金日记账查询条件"对话框

2)在此输入所需要查询条件,然后单击"确认"按钮,系统列出所有符合条件的记录,如图4-36所示。双击具体的记录或选定好记录后,然后选择"凭证"菜单就可以打开产生该记录来源的凭证。

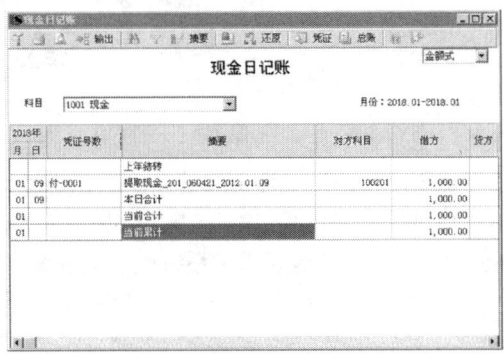

图 4-36 "现金日记账"窗口

(2)银行日记账查询。

操作步骤:单击"出纳管理",选择"银行日记账"选项,弹出"银行日记账"查询对话框,如图4-37所示。

图 4-37 "银行日记账"窗口

(3)资金日报查询。

资金日报表是反映企业现金、银行存款每日发生额及余额情况的报表。

操作步骤如下所述。

1)打开"出纳管理",单击"资金日报",弹出"资金日报表查询条件"窗口,如图4-38所示。

2)输入查询条件,然后单击"确认"按钮即可查询出符合条件的记录,如图4-39所示。

图 4-38 "资金日报表查询条件"窗口

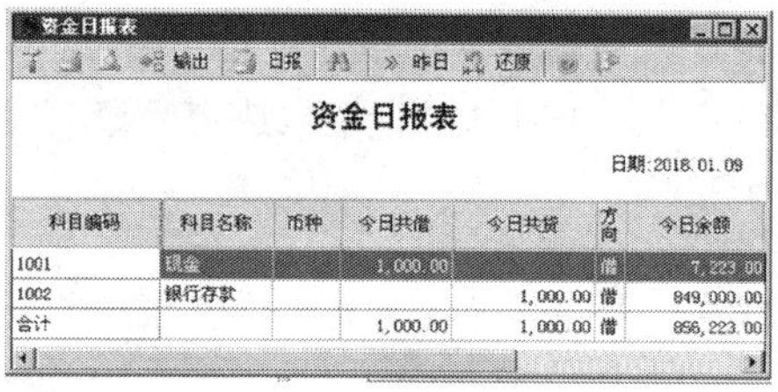

图 4-39 资金日报表

(4) 支票登记簿。手工记账时,出纳员通常要建立支票领用登记簿,用来登记支票领用情况,用友软件也为出纳员提供了"支票登记簿"功能,以供其详细登记支票领用人、领用日期、支票用途、是否报销等情况。当应收、应付系统或资金系统有支票领用时,自动填写。

资料:① 1 月 9 日,出纳员李萍用现金支票提出现金 1 000 元备用,支票号为 No. 076455。当日报销。

② 1 月 12 日,出纳员李萍通过转账支票(支票号 No.060422)缴纳上月应交未交所得税 37 412.50 元、增值税 79 522 元、城建税 5 566 元和教育费附加 2 385 元。报销日期为 1 月 16 日。

③ 1 月 13 日,辅助车间主任周正用转账支票(No.060423)一张。辅助车间购买修理用品 10 500 元,尚未报销。

操作步骤如下所述。

1) 打开"出纳管理",单击"支票登记簿",弹出"银行科目选择"对话框,在此选择需要录入支票的相关信息,然后单击"保存"按钮,系统弹出所选科目的支票登记记录,如图 4-40 所示。

2) 单击"增加"按钮可新增支票记录。

图 4-40 "支票登记簿"窗口

2. 银行对账

【小知识 4-4】自动对账与手工对账

系统提供自动对账和手工对账两种方式。自动对账是由系统自动进行银行对账,系统根据银行日记账未达账项与银行对账单进行自动核对、勾销,一般情况下是"结算方式+结算号+方向+金额",或者"方向+金额"。

手工对账是对自动对账的补充,执行完自动对账后,对一些特殊的已达账项尚未勾对出来而被视做未达账项,这时可以通过手工对账进行调整勾销。

资料:根据 2017 年年末对账结果,企业银行日记账的账面余额为 850 000 元,其中有一笔未达账项:2017 年 12 月 30 日企业收到一张转账支票,票号为 498 721 的货款 3 000 元已记入企业日记账,但开户银行尚未入账。开户银行的存款余额为 820 000 元,其中有两笔未达账项:1. 开户行代收一笔货款 2 000 元,票号:49321,结算方式为银行汇票,企业尚未收到。2. 银行代付企业电费 29 000 元,票号:93819,结算方式为其他,企业尚未入账。

操作步骤如下所述。

(1)录入日记账对账单未达账项,如果是第一次使用银行对账,需录入日记账对账单未达账项。打开"出纳管理"下的"银行对账"对话框,选择"银行对账期初录入"选项,弹出"银行科目选择"窗口,如图 4-41 所示。

(2)选择需要录入银行对账期初的科目,然后单击"确认"按钮,打开该科目的"银行对账期初"对话框。

(3)在单位日记账和银行对账单栏中输入调整前的余额数据。

(4)单击"对账单期初未达项"或"日记账期初末达项"按钮进行记录录入,在此仅以"对账单期初未达项"为例进行说明,单击"对账单期初未达项"按钮,如图 4-42 所示。

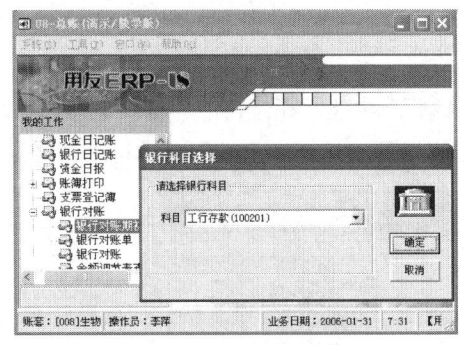

图 4-41 "银行科目选择"窗口

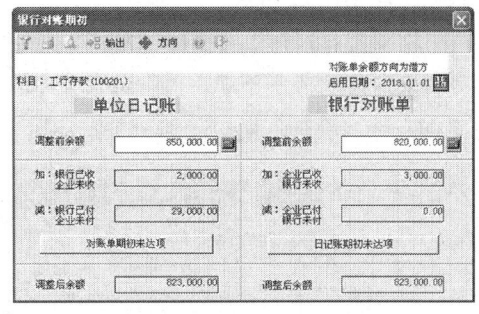

图 4-42 银行对账单

(5)在打开的银行对账单窗口,单击"增加"按钮,输入记录,记录录入完毕单击"保存",以保存新增数据,单击"退出"按钮完成操作。

(6)录入银行对账单,打开"出纳管理"下的"银行对账"对话框,选择"银行对账单"选项,弹出"银行科目选择"对话框,选择银行对账单科目,如图 4-43 所示。

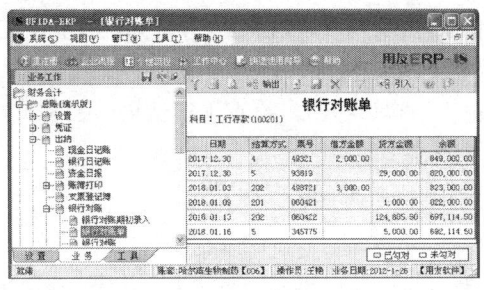

图 4-43 银行对账单窗口

资料:2018 年 1 月末企业收到银行对账单如表 4-2 所示。

表 4-2　哈尔滨生物制药厂银行对账单

日　　期	结算方式	票　　号	借方金额（元）	贷方金额（元）	余额（元）
					820 000
2018-01-03	202	498721	3 000		823 000
2018-01-09	201	076455		1 000.00	822 000
2018-01-13	202	060422		124 885.50	697 114.5
2018-01-16	5	345775		5 000	692 114.5

注：票号 345775 的付款业务为由银行代收代缴的供水公司水费。

（7）单击"确认"按钮，弹出"银行对账单"窗口，在"银行对账单"窗口中，单击"增加"按钮，以增加新纪录，录入完毕，单击"保存"按钮、"退出"按钮。

（8）自动对账，打开"出纳管理"下的"银行对账"窗口，再单击"银行对账"，打开"银行科目选择"窗口，选择需要对账的银行科目，然后单击"确认"按钮，弹出"自动对账"窗口，如图 4-44 所示。

（9）在"银行对账"窗口中，单击"对账"按钮，弹出"自动对账"窗口，在"截止日期"处输入对账的截止日期，也可单击旁边的"日历"按钮，在"日历"窗口中选择日期，选择对账条件，确认日期相差的天数，最后单击"确认"按钮，系统即显示自动对账结果。

图 4-44　银行对账窗口

（10）对于已达账项，系统会在银行存款日记账和银行对账单双方的"两清"栏上标上红色圆圈标志，对于一些无法自动对账勾销的账项，在此可用到手工对账功能。

（11）分别在"两清"栏，双击鼠标，打上红钩，进行手工调整。

（12）对账完毕，单击"检查"按钮，检查平衡结果，如果有错，需进行调整，检查完毕，单击"退出"按钮，对账完毕。

3．余额调节表

对账完毕后，系统自动生成银行存款余额调节表，此表是指先前输入截止到对账日期的余额调节表，若无对账截止日期，则为最新余额调节表。

打开"出纳管理"菜单，选择"余额调节表"功能，弹出"银行存款余额调节表"窗口，如图 4-45 所示。

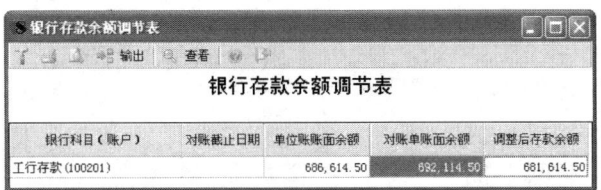

图 4-45 "银行存款余额调节表"窗口

4.4 账表

【补充阅读资料 4-10】制单、审核、记账（如果在查询或打印时选择包含未记账功能也可）步骤结束后，系统就可以形成正式的会计账簿，可以进行查询、统计、打印等操作。

任务 18 账表查询

1. 余额表查询

操作步骤如下所述。

（1）打开"账表"下的"科目账"，单击"总账"，弹出"总账查询条件"对话框，如图 4-46 所示。

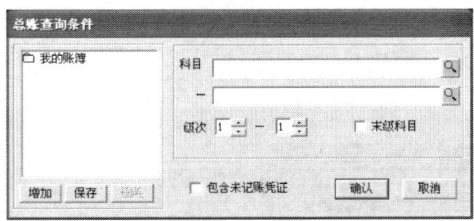

图 4-46 总账查询条件窗口

（2）在科目一栏中输入所需要查询的科目，也可单击"放大镜"按钮进入科目浏览窗口进行选择，选中"包含未记账凭证"复选框。

【补充阅读资料 4-11】如果经常需要查询一个固定的科目，而且都包含相同的查询条件，并且每次进行查询时都需输入条件，很烦琐。可单击"保存"按钮，系统弹出"我的账簿"窗口，给需要查询的内容取一个标识名，然后单击"确定"按钮，系统会将刚才输入的条件保存起来，以后打开"总账查询"功能，单击所查内容的标识名，系统会将标识名所代表的条件内容自动带入。

（3）条件输入完成，单击"确定"按钮，系统将符合条件的记录列出来，如图 4-47 所示。

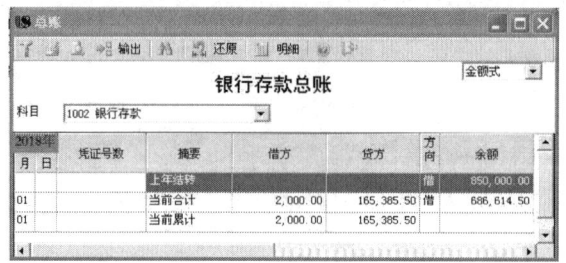

图 4-47　"银行存款总账"窗口

（4）可在总账查询窗口的记录上双击，直接联查到该记录的明细账，在明细账窗口直接双击指定记录，可联查到该记录的原始凭证。

2. 往来账管理

往来账管理是一家公司重要的业务组成部分之一，在用友软件的总账模块中，提供了往来账管理的功能，包括客户往来、供应商往来和个人往来的管理。

（1）客户往来账。

1）打开"账表"下的"客户辅助账"，单击"客户往来两清"，弹出"客户往来两清"对话框，如图 4-48 所示。

2）在"客户往来两清"对话框窗中，输入所需要进行两清的科目、客户、截止日期，该窗口下面的日期、部门、项目、业务员是两清的依据。

3）条件录入完毕，单击"确定"按钮，系统打开符合条件的记录。在此单击"自动"按钮，即可进行自动勾对，系统会提示勾对的结果，被勾对记录的两清栏已被做上了标记，如图 4-49 所示。单击"取消"按钮将两清操作取消，也可以单击"检查"按钮进行两清平衡检查。

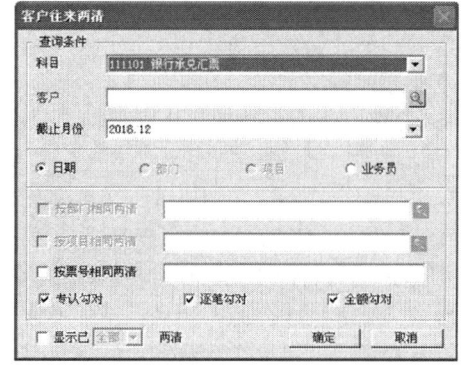

图 4-48　"客户往来两清"对话框

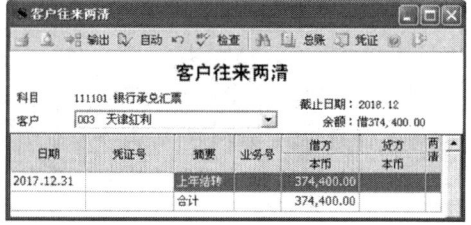

图 4-49　客户往来两清窗口

（2）往来催款单。企业会定期对往来账单进行整理，并为每个往来的客户整理一张对账单，称为"催款单"。

1）打开"账表"下的"客户往来辅助账"，单击"客户往来催款单"，打开"客户往来催款"对话框，如图4-50所示。

2）输入其条件，查询科目"应收账款"；客户"长春百华"，在此可以选择是否包含已做了两清的部分，在客户往来催收单中单击"设置"按钮来设置函证信息，如图4-51所示。

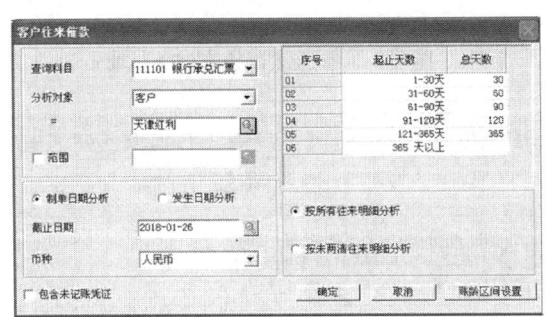

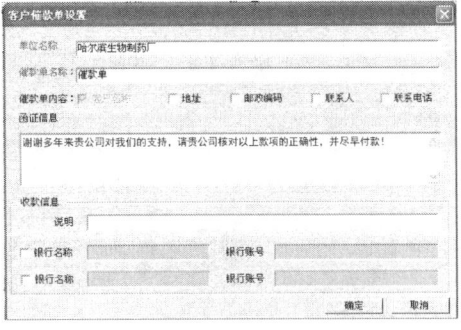

图 4-50　"客户往来催款"对话框　　　　　图 4-51　客户催款单

3）在函证信息中输入需要给客户的说明，然后单击"确定"按钮，结果在"预览"中可以见到，如图4-52所示。

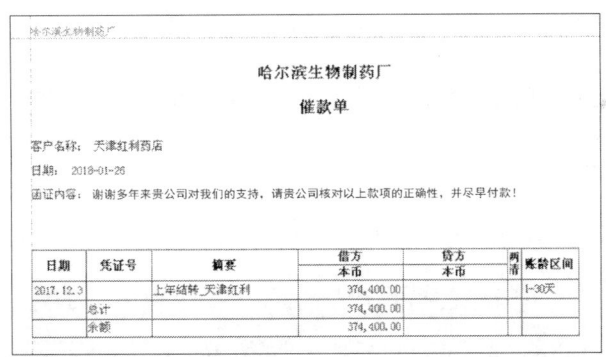

图 4-52　客户往来催收单

3．个人往来账

（1）打开"账表"下的个人往来余额查询表，如图4-53所示。

（2）选择具体需要查询的内容，如查询"个人往来明细账"中的"个人明细账查询"，系统弹出"个人余额表查询条件"对话框，如图4-54所示。

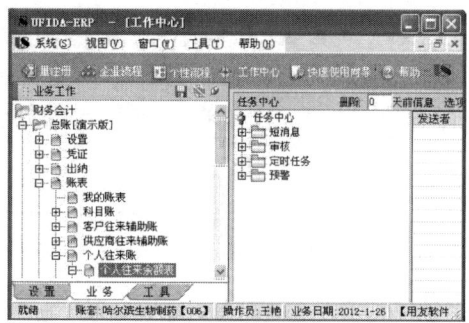
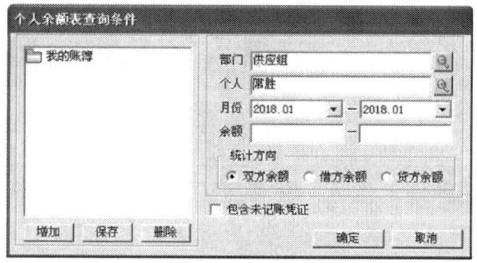

图 4-53　个人往来余额查询表　　　　图 4-54　个人余额表查询条件窗口

（3）在此输入查询条件，然后单击"确定"按钮，系统列出符合条件的记录（如果所选定的个人没有业务发生，系统会自动提示该个人无业务发生），如图 4-55 所示。

图 4-55　个人往来__科目余额表

在选定的记录上双击鼠标左键或选择"凭证"菜单，就可以打开该记录的相关业务凭证。

4．部门辅助账

（1）打开"账表"，单击"部门辅助账"，打开部门辅助账查询窗口，如图 4-56 所示。

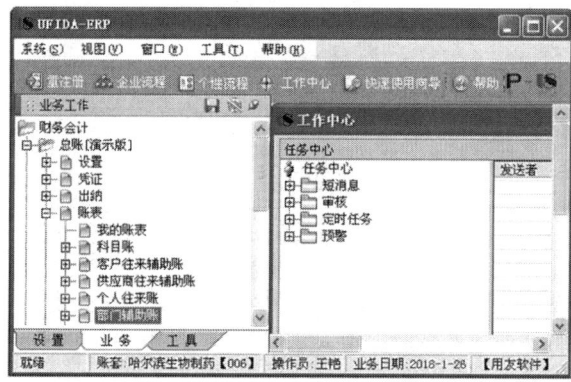

图 4-56　部门辅助账查询窗口

(2) 选择具体需要查询的内容,打开"部门总账"下的"部门三栏",弹出"部门明细账条件"对话框,如图 4-57 所示。

(3) 在此输入查询条件,系统列出符合条件的记录,选择"明细"菜单,系统打开所选定记录的相关明细账,如图 4-58 所示。

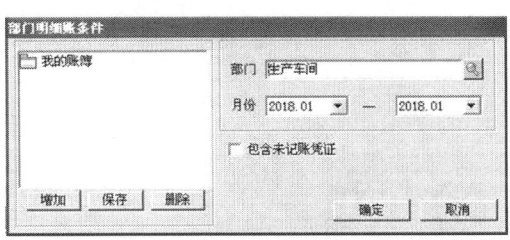
图 4-57 "部门明细账条件"对话框

图 4-58 部门明细账查询窗口

本章小结

本章是财务软件应用的核心部分,当企业启用了其他模块以后,总账部分的工作量并不大,首先它用来处理一些常用凭证,如提现金、购买办公用品等不涉及其他系统的业务;其次它要对其他系统传递来的凭证进行审核、记账;期末对一些转账业务进行转账处理、结账等。关于期末处理我们将在第 10 章中学习。

基本训练

□ 知识题

1．总账系统的主要功能有哪些?
2．会计科目有哪些辅助核算项目?
3．凭证管理有哪些功能?
4．出纳管理工作有哪些?
5．在账簿管理中有哪些账表可以查询?

□ 能力题

1．将书后的附录 A "应用案例"中的业务进行总账处理,练习凭证的填制、修改、删除、签字、审核等功能。
2．练习所有的会计凭证记账、取消记账、重复记账。
3．练习各种账表的查询。

第 5 章

工 资 管 理

通过本章学习,了解工资管理系统的功能和使用方法,掌握工资类别的建立、工资项目设计、计算公式录入、人员工资变动、代发银行设置、代扣个人所得税、工资费用分摊等工资的核算和发放工作。

5.1 工资管理系统的启动

【小知识 5-1】工资管理系统的作用

工资管理系统适用于企业、行政、事业单位及科研单位等各个行业,并提供了同一企业存在多种工资核算类型的解决方案。本系统可以根据不同企业的需要设计工资项目、计算公式,可以方便地录入、修改各种工资数据和资料;自动计算个人所得税,结合工资发放形式进行找零设置或向代发工资的银行传输工资数据;自动计算、汇总工资数据,对形成工资、福利费等各项费用进行月末、年末账务处理,并通过转账方式向总账系统传输会计处理结果,向成本管理系统传输工资费用数据。

操作步骤如下所述。

(1) 执行"开始"|"所有程序"|"用友 ERP-U8"|"企业应用平台"命令,如图 5-1 所示。

(2) 在弹出的如图 5-2 所示的"登录"对话框中选择操作员:001;账套:哈尔滨生物制药;会计年度:2018 年;操作日期:2018 年 1 月 1 日,单击"确定"按钮。

【补充阅读资料 5-1】工资管理系统的启动与注册是在账套建立后进行的,所以注册工资管理系统时可直接选择设置好的操作员及账套。此时,如要更改密码,可单击"改密码",输入新口令,在"确认新口令"文本框中再次输入新口令,并单击"确定"按钮。

图 5-1　企业应用平台启动窗口

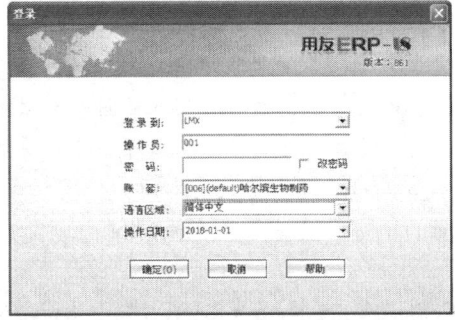

图 5-2　"登录"对话框

(3)进入"用友企业应用平台"窗口,如图 5-3 所示。执行"人力资源"|"薪资管理"命令,便进入工资管理系统。

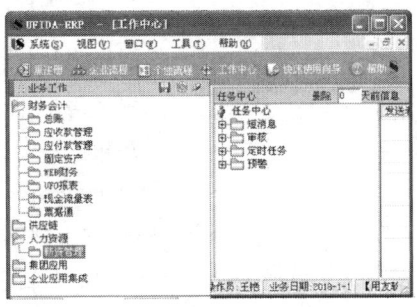

图 5-3　"用友企业应用平台"窗口

5.2　工资管理系统的初始设置

任务 19　建立工资账套

【小知识 5-2】建立工资账套

工资管理系统启用之后,如果是初次进入,系统将自动启动建账向导。系统提供的工资系统建账向导共分为四步,即参数设置、扣税设置、扣零设置和人员编码,如图 5-4 所示。以后启动工资核算系统时,系统则不再提示。

1. 参数设置

【小知识 5-3】参数设置

工资管理系统提供单类别工资核算和多类别工资核算。如果企业中所有人员的工资统一管理，而人员的工资项目、工资计算公式也全部相同，则可以选择"单个"工资类别；如果企业每月多次发放工资，或者单位中有多种不同类别的人员，如在职人员、退休人员等，工资项目不同，计算公式也不同，但需要进行统一工资核算管理，则应该选择"多个"工资类别。

操作步骤：在如图 5-4 所示的工资参数设置窗口中选择本账套所需处理的工资类别个数为"多个"，工资核算本位币为"人民币"，"不核算计件工资"，单击"下一步"按钮，进入建立工资套向导二——扣税设置。

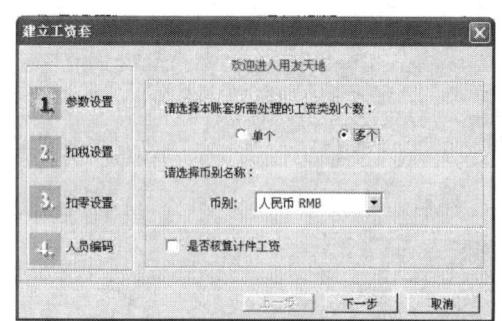

图 5-4 工资参数设置窗口（一）

2. 扣税设置

选择"从工资中代扣个人所得税"，表示在工资核算时系统会自动计算个人应交所得税，并从工资中扣除。

操作步骤：如果要选择"从工资中代扣个人所得税"，用鼠标选中"是否从工资中代扣个人所得税"前的复选框，打上"√"标记，单击"下一步"按钮，进入建立工资套向导三——扣零设置，如图 5-5 所示。

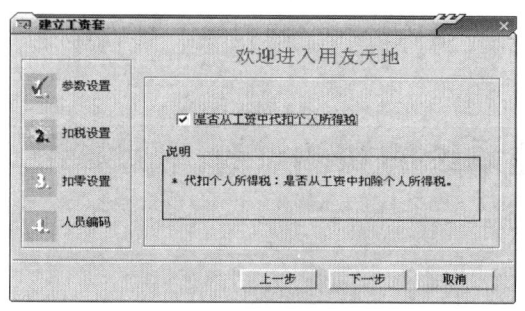

图 5-5 工资参数设置窗口（二）

3. 扣零设置

【小知识 5-4】扣零设置

扣零设置通常在发放现金工资时使用。若选择进行扣零处理，系统在计算工资时将依据所选择的扣零类型将零头扣下。扣零至元：工资发放时不发 10 元以下的元、角、分；扣零至角：工资发放时不发 1 元以下的角、分，并在下月把积累成整数的工资补发。如果采用银行代发工资则无须做此设置。

操作步骤：如果选择"扣零"，可选中"扣零"前面的复选框，选择"扣零至元"或"扣零至角"，如图 5-6 所示。如不选择"扣零"，直接单击"下一步"按钮，进入建立工资套向导四——人员编码设置。

4．人员编码

人员编码是单位人员的编码长度，人员编码长度应结合企业员工人数而定。工资档案中的人员编码的设置必须符合人员编码规定。在本系统中以数字作为人员编码，用户可以根据需要自由定义人员编码长度，但总长度不能超过 10 位字符。

操作步骤如下所述。

（1）本例人员编码与公共平台的人员编码一致，无须重新设置，如图 5-7 所示。

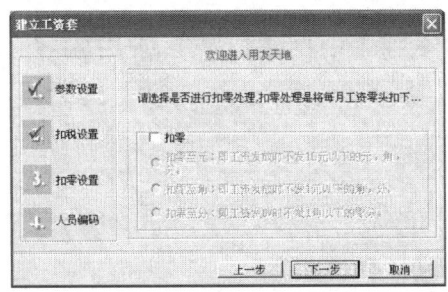

图 5-6 工资参数设置窗口（三）

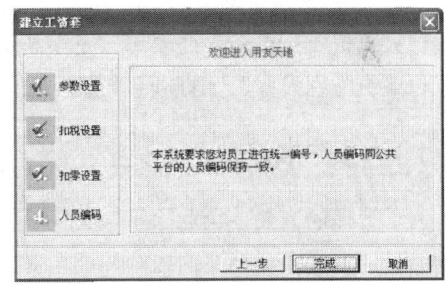

图 5-7 工资参数设置窗口（四）

【补充阅读资料 5-2】人员档案设置后，人员编码长度便不能再修改，考虑企业人员以后的变动情况，设置人员编码长度要留有余地，而且人员编码长度中不含所属部门编码在内。

（2）单击"完成"按钮，结束工资账套建立。如果在建账过程中，参数设置中选择"多个工资类别"，则系统提示"未建立工资类别"，如图 5-8 所示。

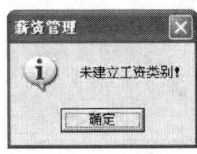

图 5-8 工资类别设立提示窗口

【补充阅读资料 5-3】单击"确定"按钮，系统自动启动建立工资类别向导，如图 5-9 所示。可以单击"确定"按钮，建立工资账套，也可以单击"取消"按钮，返回工资管理窗口，待基础设置完成后再建立工资类别，所以初次启用后，一般先单击"取消"按钮，待完成公共信息设置后再进行工资类别设置。

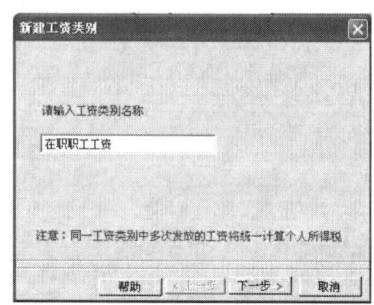

图 5-9 新建工资类别窗口

任务 20 基础设置

建立工资类别以后，还要对工资系统运行所需的基础信息进行设置，包括人员附加信息设置、人员类别设置、工资项目设置、银行名称设置、部门设置。

1. 人员附加信息设置

为了管理的需要，企业除了设置人员姓名、人员类别等基本信息外，还可以增加人员的辅助信息，丰富人员档案的内容，便于对人员进行更加有效的管理。

资料：设置的人员附加信息有性别、技术职称、学历、职务等。

操作步骤如下所述。

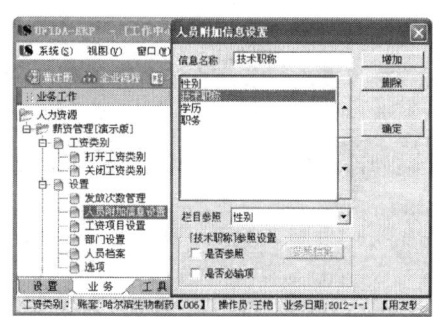

图 5-10 "人员附加信息设置"窗口

（1）在工资管理系统界面执行"设置"|"人员附加信息设置"命令，打开"人员附加信息设置"窗口。

（2）单击"增加"按钮，在"信息名称"文本框中输入要增加的人员附加信息名称，如"性别"，也可以从"参照"的下拉列表中选择所需要的项目名称。

（3）再次单击"增加"按钮，系统将保存新增加的名称，并可继续增加下一个信息名称。

（4）如要删除增加的信息名称，则将光标放在要删除的行上，单击"删除"按钮即可，如图 5-10 所示。

【补充阅读资料 5-4】人员附加信息的设置决定了人员档案中附加信息的项目，对已使用过的人员附加信息不可删除，但可以修改；如果让信息名称按顺序排列，可以利用右边的上下按钮进行排序；人员附加信息最多可以增加到 100 个。

2. 工资项目设置

【补充阅读资料 5-5】 此次工资项目的设置，是在不打开任何工资类别的情况下进行的，在窗口的左下角显示的是账套名称，而不是工资类别。因为在此设置的工资项目是本单位各个工资类别所用工资项目的集合，它将形成各个工资类别中工资项目的设置选项。进入某个工资类别后还要设置本工资类别的具体工资项目，而这些工资项目都来自前面设置的工资类别项目集合。系统提供的固定工资项目不可删除，不能重命名，如"应发合计""实发合计"等；已使用的工资项目数据类型不能修改、工资项目不允许删除，且已使用的工资项目也不能重命名。

资料：企业共有两个工资类别，分别如表 5-1 和表 5-2 所示，要在此增加这两个工资类别所需要的全部工资项目。

表 5-1 在职职工工资项目表

编号	月份	姓名	工龄	基本工资	岗位工资	奖金	交通补助	住房补贴	应发合计	日工资	病假天数	病假扣款	事假天数	事假扣款	住房公积金	计税基数	代扣所得税	扣款合计	实发合计

表 5-2 离退休人员工资项目表

编号	月份	基本工资	生活补助	应发合计	扣款合计	实发合计

操作步骤如下所述。

（1）执行"设置"|"工资项目设置"命令，在"工资项目设置"对话框中显示系统提供的固定工资项目，如"应发合计""扣款合计""实发合计"，如果建账时选择了"代扣个人所得税"，则系统提供"代扣税"工资项目。

（2）单击"增加"按钮，在工资项目列表后面出现一空行，可相应增加工资项目。

（3）工资项目名称输入可采用以下方法：在"名称参照"下拉列表中显示系统提供的常用工资项目，如果存在，可直接选择；"名称参照"下拉列表中如果不存在新增加的工资项目，可在工资项目名称空行中直接输入。

（4）工资项目类型：双击"类型"空格，在下拉列表中选择"数字"或"字符"选项。

（5）工资项目的长度是指数字或字符的长度，可通过上下箭头选择。如果数据为"数字型"，要选择小数位数，且小数点占一位，如为"字符型"，小数位数为空。

（6）增减项：工资项目为"增项"，直接计入应发合计；工资项目为"减项"，直接计入扣款合计；如设为"其他"，不计入应发合计，也不计入扣款合计。如数据为"字符型"，增减项自动设为"其他"。

（7）排列工资项目顺序：单击右侧"上移""下移"按钮，可对工资项目顺序进行排列。

（8）如要删除工资项目，可单击要删除的行，单击"删除"按钮。

（9）如对工资项目名称重命名，可选择要更改的工资项目，单击"重命名"，进行修改。

（10）工资项目设置后，要单击"设置"按钮进行保存，否则单击"取消"按钮。具体操作如图 5-11 所示。

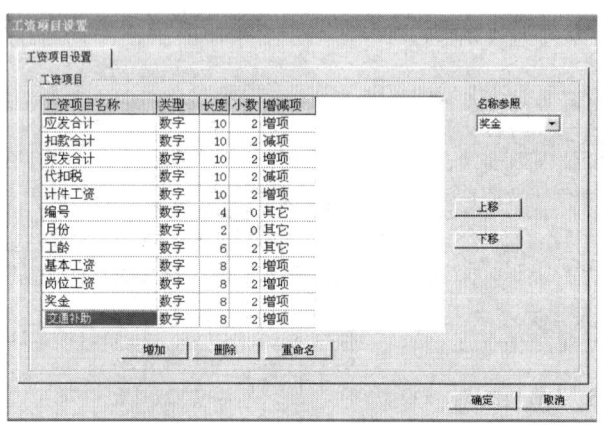

图 5-11 增加工资项目窗口

任务 21 工资类别的管理

【小知识 5-5】工资类别

工资类别是根据不同情况而设置的工资数据管理类别。系统提供处理单类别工资和多类别工资的核算，新建账套时如在系统选项中选择多个工资类别，可进入此项功能。如附录 A"应用案例"中的工资类别分为"职工工资"和"离退休人员工资"两种，这两个工资类别同时对应一套账务系统，即"生物科技有限公司"。

资料：工资类别个数：2 个（在职职工工资和离退休人员工资），核算币种：人民币 RMB，实行代扣个人所得税，人员编码长度：8 位。

1．建立工资类别

操作步骤如下所述。

（1）执行"工资类别" | "新建工资类别"命令，打开"新建工资类别"对话框，在"请输入工资类别名称"文本框中输入在职职工工资，如图 5-12 所示。

（2）单击"下一步"按钮，选择新建工资类别所包括的部门。

（3）选中"选定下级部门"，则表示所选择部门的下属部门全部被选中，如不是全选，可单击"+"号，自行选择所包括的下级部门，如图 5-13 所示。

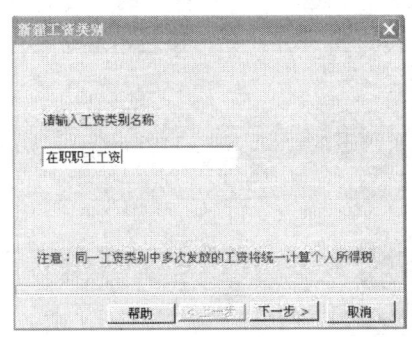

图 5-12 "新建工资类别"对话框

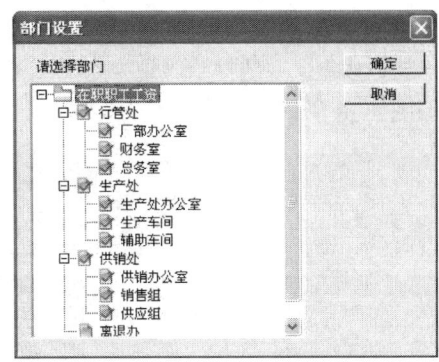

图 5-13 部门选择窗口

（4）单击"完成"按钮，并选择当前工资类别的启用日期，如图 5-14 所示。

【补充阅读资料 5-6】工资类别名称最长不得超过 15 个汉字或 30 个字符。工资类别的设置可以在建立工资账套后系统提示"未建立工资类别"时直接按向导进行设置，也可以在公共信息设置后进行。工资类别的启用日期如需要调整，可选择"系统"的"更改业务时间"选项进行修改，启用日期一旦确定后将不能再修改。

图 5-14 启用日期提示窗口

2．打开工资类别

新建工资类别后，系统将直接进入新建的工资类别。

关闭后再次进入工资系统时，可通过执行"工资类别"|"打开工资类别"命令，进入"打开工资类别"对话框，选择要进入的工资类别，单击"确认"按钮，即可打开工资类别，如图 5-15 所示。

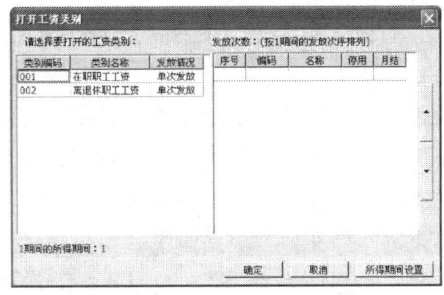

图 5-15 "打开工资类别"对话框

3．删除工资类别

在工资类别关闭的情况下，单击"删除工资类别"，选择要"删除"的工资类别名称，单击"确认"按钮，系统提示"是否删除工资类别002"，单击"是"按钮，完成工资类别的删除，如图5-16所示。

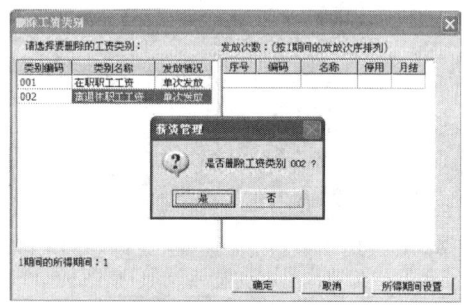

图 5-16　删除工资类别提示窗口

任务 22　人员档案的建立

【小知识 5-6】人员档案

人员档案用于登记工资发放人员的姓名、职工编号、所在部门、人员类别和附加信息等，设置人员档案有利于加强企业各部门对职工情况的了解。增加人员档案需打开相应的工资类别，即不同类别的人员对应不同的工资类别，如"李伟"对应的工资类别是"职工工资"，而"康玉"对应的工资类别则是"离退休人员工资"。

1．增加人员

资料：部门档案、人员档案见企业概况（全部人员均为中方人员，计税，通过工商银行代发工资，个人账号为8位，其编码与职员档案编码相同）。

操作步骤如下所述。

（1）执行"工资类别"|"打开工资类别"命令，选择"职工工资"类别，单击"确认"按钮。

（2）选择"人员档案"选项，打开"人员档案"对话框，如图5-17所示。

（3）单击"增加"按钮，打开"人员档案明细"对话框，如图5-18所示。

（4）选择"基本信息"选项卡，输入人员编号、人员姓名等信息。人员编号：要与工资账套建立时设置的人员编码相符，即8位；人员姓名：可直接输入，也可参照基础信息中的"职员档案"所登记的资料进行选择；部门编码和部门名称：在部门名称后面的下拉列表中选择所属的部门，部门编码会自动显示；人员类别：必须选择，可直接输入，也可通过下拉列表选择;进入日期:新增加人员进入本单位的日期不应大于当前系统注册日期。

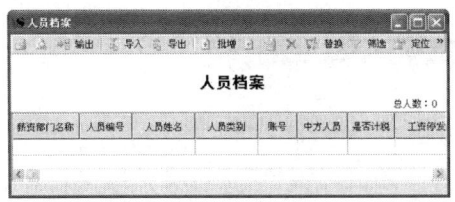

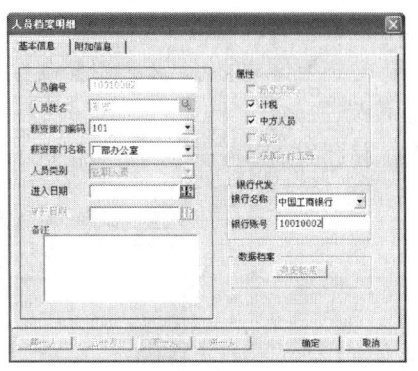

图 5-17 "人员档案"对话框　　　　图 5-18 "人员档案明细"对话框

(5)选择属性:计税、中方人员。

(6)选择代发工资银行的名称和银行账号:银行名称在公共信息中已经设置,此处可在下拉列表中直接选择,银行账号长度在公共信息中设置为"8"位,此处输入的银行账号长度必须符合设置,否则系统将提示"银行账号长度不够",不予保存。

(7)选择"附加信息"选项卡,右侧呈现在"人员附加信息"设置中所列的项目名称,可以按其输入相关信息,如图 5-19 所示。

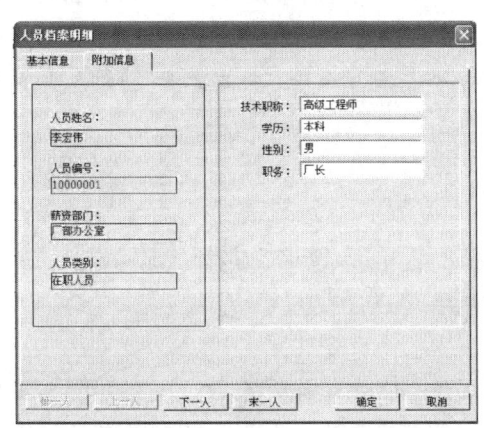

图 5-19 人员附加信息设置窗口

(8)输入完毕,单击"确认"按钮,保存此次设置,并进行下一人员的设置。

【补充阅读资料 5-7】为了便于以后的操作,各部门的人员编码不能重复,且与人员名称必须一一对应。部门名称必须是末级部门,在部门名称右侧的下拉列表中也只显示末级部门。因工资账套设立时选择不核算计件工资,所以"核算计件工资"一项未被激活,同样,因设置工资账套时选择"代扣个人所得税",所以"计税"处于激活状态。

2. 人员档案的修改

操作步骤如下所述。

（1）选择要修改的行，单击"修改"图标，打开"人员档案明细"对话框，对需要修改的信息直接进行修改。

（2）修改完成后单击"确定"按钮予以保存即可，如图 5-20 所示。

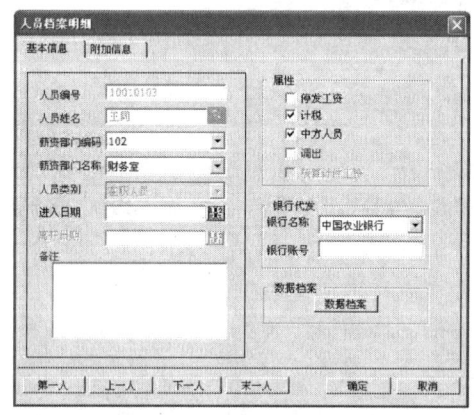

图 5-20　"人员档案明细"对话框

【补充阅读资料 5-8】只有在修改人员档案时，属性"停发工资"和"调出"两项才被激活。如果属性选择"调出"，其他信息均不可修改，人员档案中将显示"工资停发"，调出人员编码可再次使用；如果属性选择"停发工资"，该人员不再进行工资发放，但保留人员档案，以后可恢复发放。

3. 人员档案的删除

选择要删除的人员所在行，单击"删除"按钮，删除人员的所有档案信息不能再恢复。

4. 数据替换

当一个人员或几个人员的档案信息需要修改时，可按照图 5-20 所示进行修改。当一个部门或所有人员某个工资项目需要修改时，可通过"数据替换"功能提高工作效率。

操作步骤如下所述。

（1）在人员档案界面单击"替换"按钮，打开"数据替换"对话框，如图 5-21 所示。

（2）在"将项目"文本框中输入被替换的项目名称，如中方人员、人员类别、计税等。

（3）在"替换成"文本框中输入替换的内容。

（4）输入替换条件。假如将"销售组"的"人员类别"替换成"工人"。"将项目"选择"人员类别"，"替换成"输入"工人"，条件对话框中"项目"选择"部门"，"关系运算"符中选择"="号，值中选择"销售组"，单击"确定"按钮完成替换，如图 5-21 所示。

注：人员档案可以采取从基础设置中提取的方式进行批增。这样无须重复录入人员档案，从而减少重复劳动。

操作步骤如下所述。

（1）执行"工资类别"|"打开工资类别"命令，选择"职工工资"类别，单击"确认"按钮。

（2）单击"人员档案"，打开"人员档案"对话框，单击"批增"按钮，可以根据基础档案中录入的人员信息进行批增，"人员类别"选择"在职人员"，如图 5-22 所示。

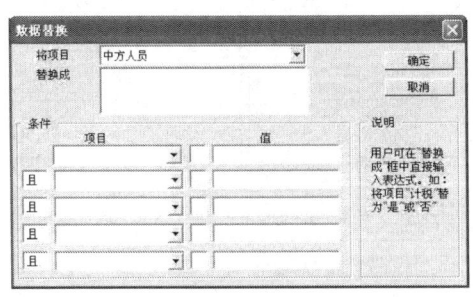
图 5-21　"数据替换"对话框

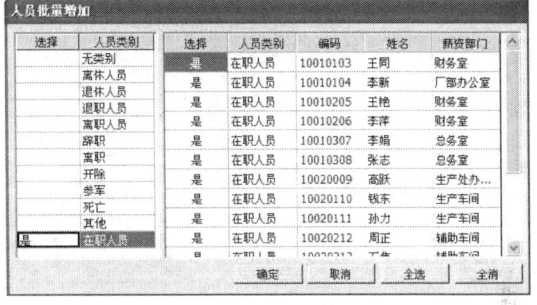
图 5-22　人员档案批增窗口

任务 23　工资项目和公式的设置

1．工资项目的设置

【小知识 5-7】工资项目

在建立公共信息时，已经根据本单位各工资类别所需的全部工资项目进行了设置。由于各工资类别的工资项目有所不同，所以进入某一工资类别后，需要选择本类别所需要的工资项目，然后再进行公式的设置。

操作步骤如下所述。

（1）打开"在职职工工资"类别，选择"工资项目设置"选项卡，进入"工资项目设置"对话框。

（2）在"工资项目设置"选项卡中增加本工资类别所需要的工资项目，系统提供"应发合计""扣款合计""实发合计"和"代扣税" 4 个工资项目。单击"增加"按钮，在最后一行下面出现一空行，在右侧"名称参照"下拉列表中选择表 5-1 中所需要的工资项目，如图 5-23 所示。

【补充阅读资料 5-9】增加工资项目名称时，只能从"名称参照"下拉列表中选择，选择的工资项目名称、数据类型、数据长度和小数等都为不可修改状态。"名称参照"中所提供的工资项目是在基础设置中根据所有工资类别事先设置的，如果所需要的工资项目下拉列表中不存在，必须关闭本工资类别，到公共信息设置中添加，然后再打开工资类别进行选择。

单击界面上的向上、向下移动箭头可调整工资项目的排列顺序，工资项目按"应发合计""扣款合计""实发合计"顺序排列较科学，在此设置的工资项目的顺序将决定工资表中的项目顺序。

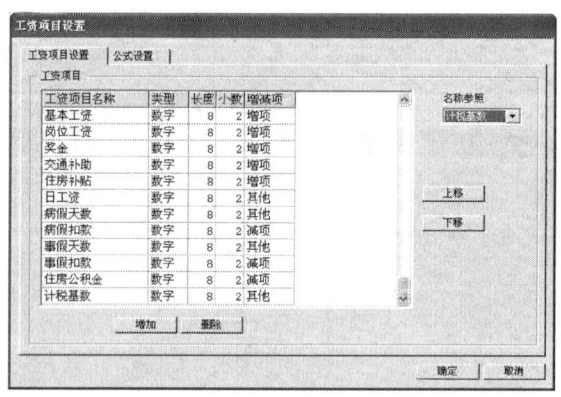

图 5-23　"工资项目设置"对话框

2. 公式设置

定义工资项目的计算公式是指对工资核算生成的结果设置计算公式。设置计算公式可以直观表达工资项目的实际运算过程，灵活地进行工资计算处理。

资料：住房公积金 =（基本工资+岗位工资+奖金）×10%

住房补贴 =（基本工资+岗位工资+奖金）×3%

计税基数 =（基本工资+岗位工资+交通补助+奖金–住房公积金–住房补贴）

操作步骤如下所述。

（1）在如图 5-24 所示的"公式设置"页签中单击"增加"按钮，出现一空行，在下拉列表中选择"住房公积金"选项。

（2）在"住房公积金公式定义"栏中，先选择"运算符"中的"("；再在"工资项目"下拉列表中选择"基本工资"选项；选择"运算符"中的"+"；选择"工资项目"下拉列表中的"岗位工资"；选择"运算符"中的"+"；选择"工资项目"下拉列表中"奖金"选项；选择"运算符"中的")"；在运算符中选择"*"；最后输入"0.1"，完成住房公积的公式录入。

（3）单击"公式确认"按钮，系统将对公式进行逻辑合法性检查并保存，对不符合逻辑的公式，系统将给出错误提示。

（4）"住房补贴"和"计税基数"公式的录入方法同上。

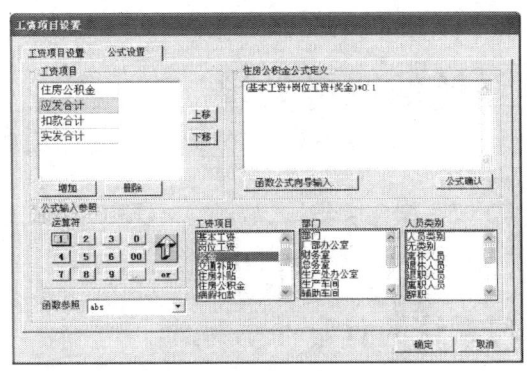

图 5-24　公式设置窗口

【补充阅读资料 5-10】选择"公式设置"选项卡后，在工资项目中列示有"应发合计""扣款合计""实发合计"三个固定工资项目，其计算公式是系统根据工资项目中设置的"增减项"自动计算的，不需要我们设置。工资项目中的顺序决定系统执行工资计算的先后顺序，先得到的数先设置公式，因此要注意公式的排列顺序。

3．数据批量增加

资料：岗位工资标准为管理人员 800 元、技术人员 750 元、其他人员 700 元。

其公式表述为：iff［人员类别="管理人员"，800，iff（人员类别="技术人员"，750，700）］

操作步骤如下所述。

（1）执行"工资项目"|"公式设置"命令，单击"增加"按钮，增加工资项目"岗位工资"；单击"公式定义"栏，光标显示在公式定义栏中。

（2）在"公式输入参照"栏中选择相应的"函数""运算符""工资项目""人员类别"等，如图 5-25 所示。

（3）输入公式后单击"公式确认"按钮，系统将对公式进行逻辑合法性检查，对不符合逻辑的系统将给出错误提示。

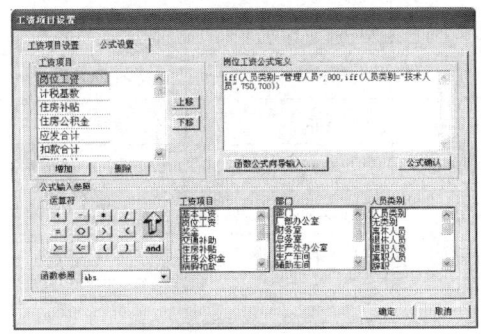

图 5-25　岗位工资输入窗口

5.3 工资管理系统的业务处理

工资管理系统的业务处理主要包括个人工资数据,以及某些工资项目的增减设置,工资费用的分摊和月末处理等。

任务 24 工资管理系统的日常业务处理

1. 工资变动管理

工资变动用于日常工资数据的调整变动及工资项目增减等。第一次使用工资系统时,需先进行工资项目设置,然后再录入相应数据。

【补充阅读资料 5-11】工资变动中各工资项目数据的输入方法有很多种,对于初次使用本系统,所有人员数据都需要输入,一般可直接输入;只输入某列数据,可采用过滤器,将要输入行显示在最前面,方便录入;某个人数据变动也可以选择"页编辑"进行修改。

资料:职员情况(见表 5-3)。

表 5-3 职员情况

编 号	职员名称	所属部门	人员类别	工 龄	基本工资(元)
10000001	李宏伟	厂部办公室	管理人员	20	1 000
10010002	孙志	厂部办公室	管理人员	20	715
10010103	王同	厂部办公室	管理人员	18	650
10010104	李新	厂部办公室	管理人员	17	650
10010205	王艳	财务室	管理人员	20	825
10010206	李萍	财务室	管理人员	15	650
10010307	李娟	总务室	管理人员	18	650
10010308	张志	总务室	工 人	19	500
10020009	高跃	生产处	管理人员	17	600
10020110	钱东	生产车间	技术人员	18	800
10020111	孙力	生产车间	工 人	5	400
10020212	周正	辅助车间	技术人员	17	680
10020213	石焦	辅助车间	工 人	7	400
10030014	郑军	供销处	供销人员	16	700
10030115	李刚	销售组	供销人员	16	620

续表

编　　号	职员名称	所属部门	人员类别	工　龄	基本工资（元）
10030116	孙美	销售组	供销人员	15	600
10030217	王欣	供应组	供销人员	15	450
10030218	常胜	供应组	供销人员	15	400
10040001	李海	离退办	离休人员	30	800
10040002	王宏	离退办	离休人员	31	750
10040003	康玉	离退办	离休人员	35	750

奖金：管理人员 300 元、供销人员 200 元；交通补助：管理人员 300 元、供销人员 800 元。

（1）直接录入。

操作步骤如下所述。

1）在工资系统界面执行"业务处理"|"工资变动"命令，打开"工资变动"对话框，如图 5-30 所示。

2）在"工资变动"对话框各工资项目栏输入相应的数据，如基本工资录入时就需要在每个人的基本工资录入处录入相应数据，如图 5-26 所示。

（2）公式录入。

操作步骤如下所述。

"岗位工资"和"奖金"项目在前面"公式设置"中已经定义了公式，在此可单击"计算"按钮，对数据进行计算，不需直接输入，如图 5-27 所示。

图 5-26　基本工资录入窗口 　　　　图 5-27　工资变动表

（3）过滤器录入。

操作步骤如下所述。

1）单击"过滤器"下拉按钮，选择"<过滤设置>"选项，打开"项目过滤"对话框，如图 5-28 所示。

2）选择要显示的工资项目名称，如"奖金""住房公积金"，单击">"符号，显示在"已选项目"栏内。

3)单击"确认"按钮,然后直接录入相关数据,如图5-29所示。

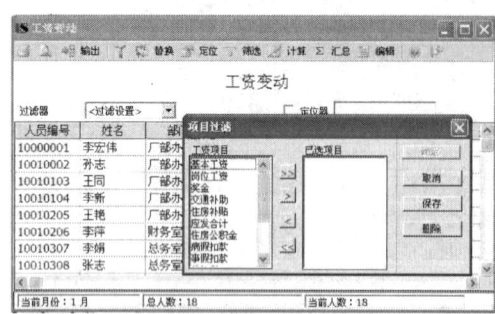

图 5-28 "项目过滤"对话框　　　　图 5-29 过滤器方式录入窗口

(4)页编辑器录入。对个人数据的增加和修改,可通过"页编辑"。

操作步骤如下所述。

1)执行"工资变动"|"编辑"命令,打开"工资数据录入——页编辑"对话框,如图5-30所示。

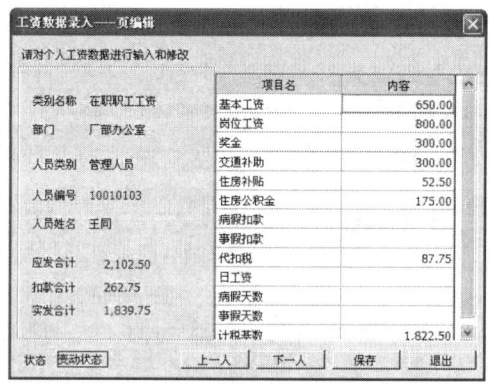

图 5-30 "工资数据录入——页编辑"对话框

2)在相关项目中录入数据后,单击"确认"按钮。

2. 工资分钱清单

【小知识5-8】工资分钱清单

工资分钱清单是按单位计算的工资发放分钱票面额清单,会计人员据此从银行取款并发给各部门。执行此功能必须在个人数据输入调整完之后,如果个人数据在计算后又做了修改,须重新执行本功能,以保证数据正确。采用银行代发工资的企业一般无须进行此设置。

操作步骤如下所述。

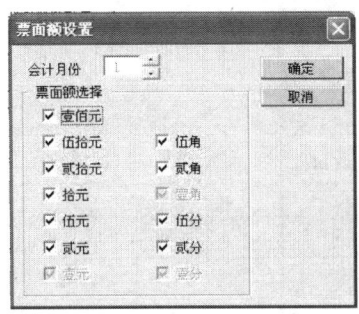

图 5-31　"票面额设置"对话框

（1）在工资系统界面执行"业务处理"|"工资分钱清单"命令，打开"票面额设置"对话框，如图 5-31 所示。

（2）对票面额进行设置，单击"确定"按钮。

3．扣缴所得税

本系统提供个人所得税自动计算功能，不仅减轻用户的工作负担，还提高了工作效率。

操作步骤如下所述。

（1）执行"业务处理"|"扣缴所得税"命令，打开"栏目选择"对话框，如图 5-32 所示。

（2）"标准栏目"栏显示"个人所得税扣缴申报表"项目，如果标准栏目不能满足要求，也可从系统提供的"可选栏目"栏中选择新栏目。

（3）"所得项目"选择"工资"，"对应工资项目"选择"计税基数"。

（4）单击"确认"按钮，系统显示"是否重算数据"，单击"是"按钮，进入"个人所得税扣缴申报表"界面，如图 5-33 所示。

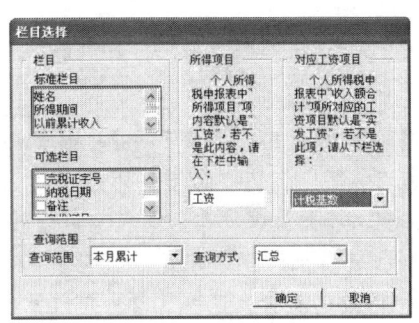

图 5-32　"栏目选择"对话框

图 5-33　个人所税扣缴申报表

（5）对扣税基数和税率进行调整。

资料：扣税基数为 3 500 元。

操作步骤如下所述。

1）单击"个人所税扣缴申请表"上方的"税率"按钮，打开"税率表调整"窗口，如图 5-34 所示。

2）在"基数"处录入 3 500，如需调整其他项目，可以在此一并调整。单击"确定"按钮完成设置。

【补充阅读资料 5-12】若用户修改了"税率表"或重新选择了"收入额合计项"，则用户在退出个人所得税功能后，需要到数据变动功能中执行重新计算功能，否则系统将保留用户修改个人所得税前的数据状态。

图 5-34　个人所得税扣税基数调整窗口

4．选项设置

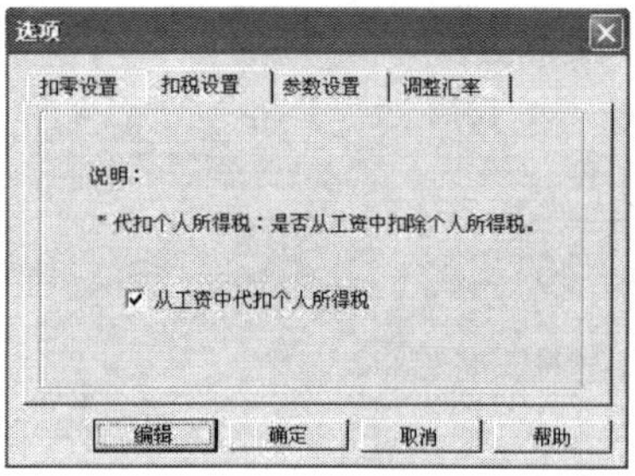

系统在建立新的工资类别后，或由于业务的变更，可能会发现一些工资参数与核算内容不符，可以在此进行工资账套参数的修改。具体包括扣零设置、扣税设置、参数设置和调整汇率四个选项卡。

操作步骤如下所述。

（1）执行"设置"|"选项"命令，打开"选项"对话框。

图 5-35　工资选项设置

（2）选择要修改的选项卡，单击"编辑"按钮进行修改，修改后单击"确定"按钮，如图 5-35 所示。

【补充阅读资料 5-13】只有账套主管才能修改工资参数。在未设立工资类别时，"选项"菜单无法打开，建立工资类别后，在没有打开工资类别时，看不到"选项"功能，只有打开某一个工资类别时，才能看到"选项"菜单，修改的参数只是当前所打开的工资类别的参数，其他工资类别的参数并无变化。如果工资类别不是外币工资类别，"调整汇率"选项卡不可用，系统会提示"该工资类别不是外币工资类别"。

5．银行代发

银行代发是指由银行发放企业职工个人工资。这种做法可以有效避免财务部门到银行提取大笔款项所承担的风险，同时也减轻了财务部门发放工资的工作量。

操作步骤如下所述。

（1）执行"业务处理"|"银行代发"命令，首先打开"银行文件格式设置"对话框，如图 5-36 所示。

（2）选择"银行模板"为中国工商银行。

（3）在代发银行所要求的数据内容中输入"单位编号"为 20012010101，"录入日期"为

2018 年 1 月 25 日。

（4）单击"确认"按钮，系统进入"银行代发一览表"界面，如图 5-37 所示。

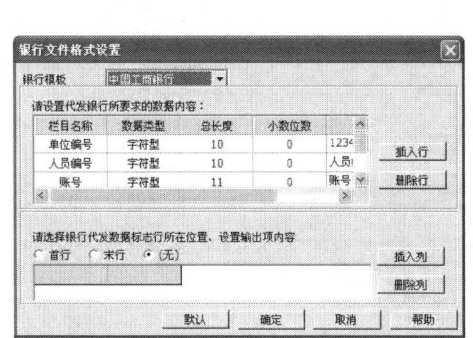

图 5-36　"银行文件格式设置"对话框　　　图 5-37　"银行代发一览表"界面

任务 25　工资分摊及月末处理

1．工资分摊

工资分摊是指对当月发生的工资费用进行工资总额的计算、分配及各种经费的计提，如应付福利费、工会经费，并编制转账会计凭证，传递到总账系统供登账处理之用。

（1）工资分摊设置。

资料：核算部门包括行政科、生产车间、辅助车间、销售组、供应组。其中行政人员工资计入管理费用，车间管理人员工资计入制造费用，工人工资计入本车间的生产成本，销售人员工资计入营业费用。

其他费用计算公式如下：

　　　应付福利费 = 应发合计 × 14%

　　　教育附加费 = 应发合计 × 1.5%

操作步骤如下所述。

1）执行"业务处理"|"工资分摊"命令，打开"工资分摊"对话框，如图 5-38 所示。

2）单击"工资分摊设置"按钮，打开"分摊类型设置"对话框，如图 5-39 所示。

3）单击"增加"按钮，打开"分摊计提比例设置"对话框，输入计提类型名称和计提比例，如图 5-40 所示。

4）单击"下一步"按钮，打开"分摊构成设置"对话框，输入"部门名称""人员类别""借方科目"及"贷方科目"，如图 5-41 所示。

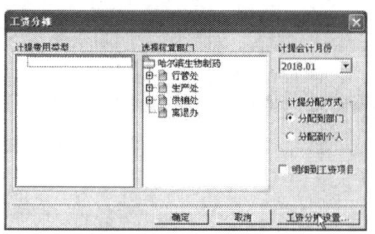

图 5-38 "工资分摊"对话框

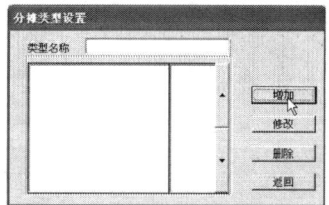

图 5-39 "分摊类型设置"对话框

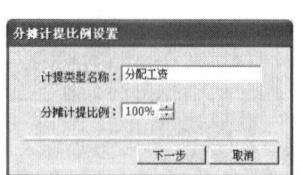

图 5-40 "分摊计提比例设置"对话框

图 5-41 "分摊构成设置"对话框

5）单击"完成"按钮进行下一分摊类型的设置。

（2）生成分配工资费用凭证。

操作步骤如下所述。

1）工资分摊类型设置完成后，单击"返回"按钮，返回"工资分摊"对话框。

2）在"计提费用类型"中显示设置的工资分摊类型，如分配工资总额、应付福利费、工会经费等。设置"计提费用类型""选择核算部门""计提会计月份""计提分配方式"等项内容，选中"明细到工资项目"复选框，如图 5-42 所示。

3）单击"确定"按钮，打开应付工资总额一览表，通过"类型"的下拉列表，可以看到"应付工资总额""应付福利费"等费用的分配，如图 5-43 所示。

（3）生成凭证。

操作步骤如下所述。

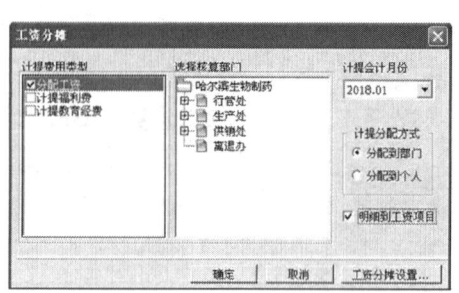

图 5-42 "工资分摊"对话框

图 5-43 分配工资一览表

1）按分摊工资费用步骤进入"应付工资总额一览表"后，在"类型"下拉列表中选择要分配的费用，如"应付工资总额"，根据需要选择"合并科目相同、辅助项相同的分录"，单击"制单"按钮，将生成当前所选择的"工资分摊类型"所对应的凭证，如图 5-44 所示。

2）生成凭证后，选择"凭证字"选项，单击"保存"按钮，凭证左上角显示红字"已生成"，表明该凭证已保存并传递到总账系统。

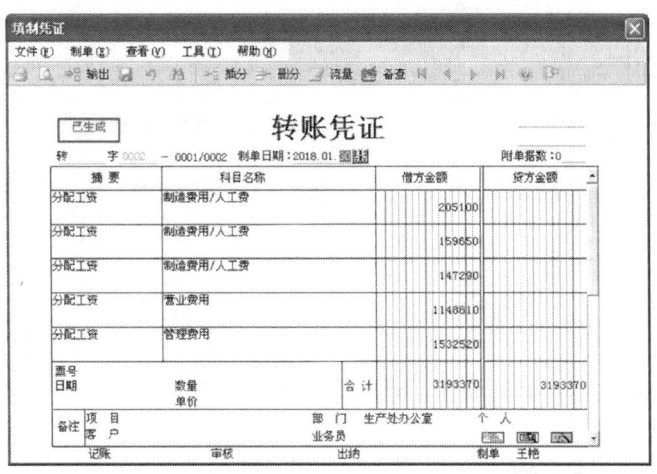

图 5-44　生成的分配工资凭证

3）用同样的步骤生成计提福利费凭证，如图 5-45 所示。

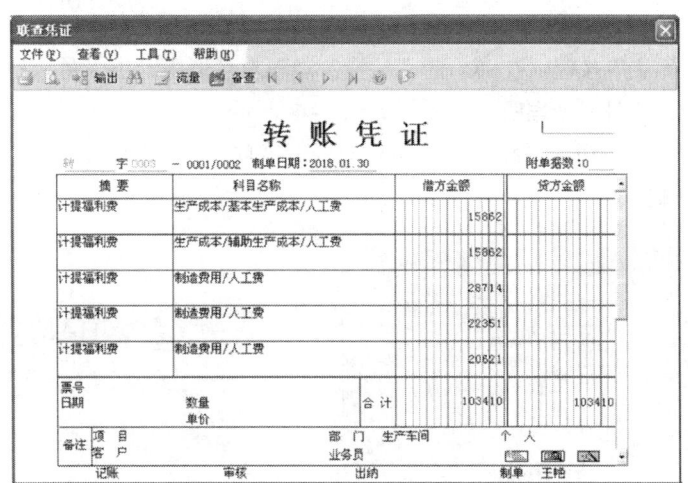

图 5-45　生成的计提福利费凭证

4）用同样的步骤生成计提教育经费凭证，如图 5-46 所示。

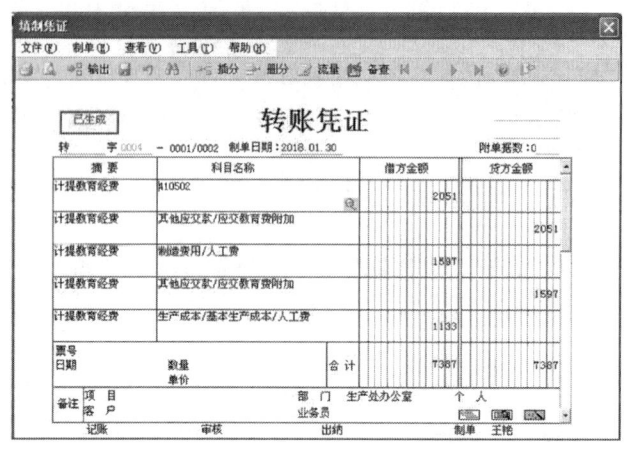

图 5-46 生成的计提教育经费凭证

2. 月末处理

月末处理是将当月数据经过处理后结转至下月。每月工资数据处理完毕后均可进行月末结转。由于在工资项目中,有的项目是变动的,即每月数据均不相同,在每月工资处理时,均需将其数据清为零,而后输入当月的数据,此类项目即为清零项目。如果不进行清零操作,则下月项目将完全继承当月数据。

操作步骤如下所述。

(1) 在工资系统界面,执行"业务处理"|"月末处理"命令,打开"月末处理"对话框,如图 5-47 所示。

(2) 单击"确认"按钮,在弹出的"薪资管理"对话框中给出"月末处理之后,本月工资将不许变动!继续月末处理吗"提示,如图 5-48 所示。

(3) 单击"是"按钮,系统提示"是否选择清零项";如果单击"否"按钮,下月项目将完全继承当月数据。

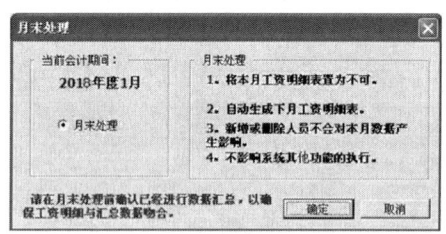

图 5-47 "月末处理"对话框

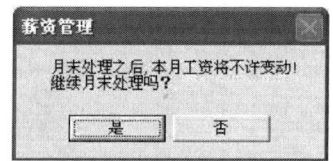

图 5-48 处理提示窗口

(4) 单击"是"按钮,打开"选择清零项目"对话框,可根据企业实际情况选择清零项目,如图 5-49 所示。

（5）单击"确认"按钮后，系统提示"月末处理完毕"，如图 5-50 所示。

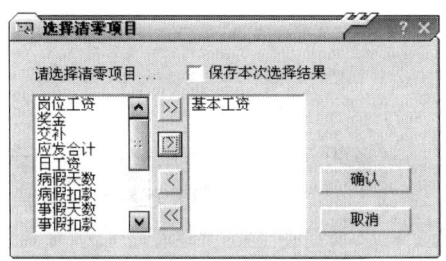

图 5-49 "选择清零项目"对话框

图 5-50 月末处理完毕

5.4 账表分析

"我的账表"主要功能是对工资系统中所有的报表进行管理，产生的工资分析表供决策人使用。工资业务处理完成后，相关工作报表数据同时生成。系统提供了多种形式的报表反映工资核算的结果，有工资表和工资分析表两种报表类型。报表的格式是工资项目按照一定的格式由系统设定的，如果对报表提供的固定格式不满意，可使用系统提供的修改表、新建表的功能。

1．工资表

工资表主要用于本月工资的统计和发放，如图 5-51 所示。工资表包括相应的报表，单位可根据需要查询并进行打印。

2．工资分析表

工资分析表是以工资数据为基础，对部门、人员类别的工资数据进行分析和比较，产生各种分析表，供决策人使用，如图 5-52 所示，单位可根据需要选择要分析的项目，打开查看。

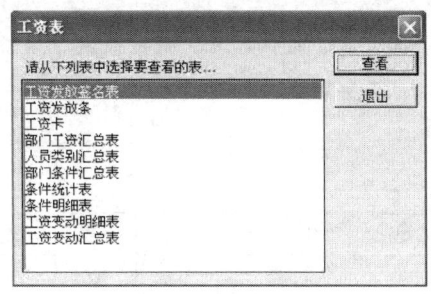

图 5-51 工资表列表

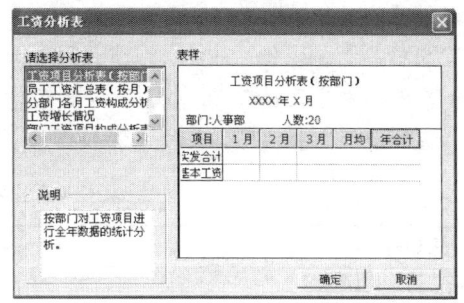

图 5-52 工资分析表列表窗口

本章小结

用友 ERP-U8 应用系统中的工资管理子系统适用于企业、行政单位、事业单位等,它提供了简单、方便的工资核算和发放功能,以及强大的工资分析和管理功能,并提供了同一企业存在多种工资核算类型的解决方案。本系统根据不同企业的需要设计工资项目、计算公式,方便了数据的录入和修改,能够进行工资费用分摊、工资统计分析和个人所得税核算等。可以与总账系统集成使用,将工资凭证传递到总账中;可以与成本管理系统集成使用,为成本管理系统提供人员的费用信息。

基本训练

□ **知识题**

1. 工资管理系统的主要功能有哪些?
2. 如何进行工资类别的管理?
3. 如何设置工资计算公式?

□ **能力题**

根据以下资料启动工资管理系统、建立工资账套、进行初始设置、日常业务处理及期末工资分摊。

资料:远东食品有限公司从 2018 年 1 月 1 日启用工资管理系统,分为正式职工和临时职工两个工资类别;核算币种为人民币;代扣个人所得税;不核算计件工资;人员编码长度 5 位;均为中方人员;通过工商银行代发工资,个人账号与人员编码相同(单位编码 20060101);所得税项目为:工资,对应工资项目:计税基数;设有综合部、生产车间、供销处三个部门;设有基本工资、奖金、补贴、应发合计、日工资、事假天数、事假扣款、病假天数、病假扣款(其中病假每天扣款 30 元、事假每天扣款 50 元)。水费、住房公积金、代扣税、扣款合计、实发合计工资项目。其他工资数据如表 5-4 所示。

表 5-4 其他工资数据　　　　　　　　　　　　　　　　单位:元

人员编码	人员姓名	部门	人员类别	工资类别	基本工资	奖金	补贴	水费
10101	陈爽	综合部	管理人员	正式	1 000	500	300	20
10102	李莉	综合部	管理人员	正式	800	400	200	18

续表

人员编码	人员姓名	部门	人员类别	工资类别	基本工资	奖金	补贴	水费
10103	邓小燕	综合部	管理人员	正式	800	400	200	17
10104	冉明明	综合部	管理人员	正式	800	400	200	21
10201	孙丽丽	生产车间	管理人员	正式	700	400	200	23
10202	任娟	生产车间	技术人员	正式	600	300	200	19
10203	李铁	生产车间	技术人员	正式	600	300	200	18
10204	李秋萍	生产车间	工人	正式	500	300	200	20
10205	崔丞丞	生产车间	工人	正式	500	300	200	6
10301	刘欣	供销部	供销人员	正式	800	300	200	8
10302	张晶	供销部	供销人员	正式	800	300	200	4
20101	吴银杰	供销部	供销人员	临时	400	200	200	12
20102	刘鹤	供销部	供销人员	临时	400	200	200	10

注：本月李铁请事假3天，刘欣请病假2天。

第 6 章

固定资产管理系统

学习目标

通过本章学习，了解固定资产管理系统的功能和建立固定资产账套的方法，掌握固定资产卡片的录入、固定资产的增减和固定资产折旧等日常业务的核算和管理。

6.1 固定资产管理系统的启动

【小知识 6-1】固定资产管理系统的作用

固定资产管理系统适用于各类企业和行政事业单位进行固定资产增加、减少、计提折旧等日常业务的核算和管理，同时可为总账系统提供折旧凭证，并为成本管理系统提供设备的折旧费用依据。

操作步骤如下所述。

（1）执行"开始"｜"所有程序"｜"用友 ERP-U8"｜"企业应用平台"命令，如图 6-1 所示。

（2）弹出如图 6-2 所示的"登录"对话框，选择操作员：001；账套：006 哈尔滨生物制药；会计年度：2018 年；操作日期：2018 年 1 月 1 日，单击"确定"按钮。

（3）进入"用友 ERP-U8 门户"窗口，单击"固定资产"进入该系统，如图 6-3 所示。

第 6 章 固定资产管理系统

图 6-1　启动窗口

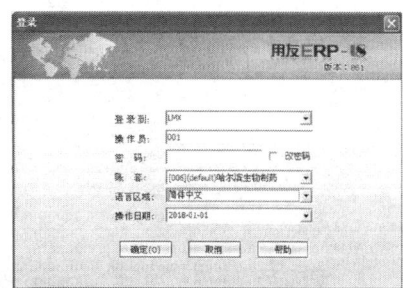

图 6-2　账套登录窗口

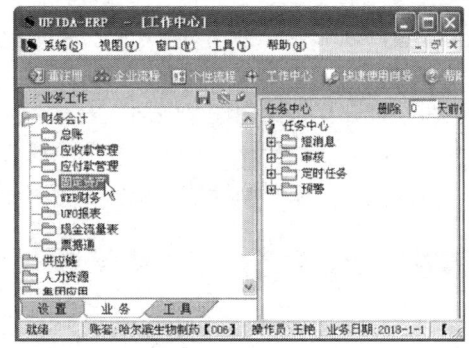

图 6-3　固定资产登录窗口

6.2　固定资产管理系统的初始设置

任务 26　建立固定资产账套

资料：按平均年限法（一）计提折旧，折旧分配周期为 1 个月，类别编码方式为 2112，固定资产编码方式：按"类别编码+部门编码+序号"自动编码，卡片序号长度为 3；要求与账务系统进行对账，固定资产对账科目：1501 固定资产，累计折旧对账科目：1502 累计折旧，在对账不平情况下不允许月末结账；业务发生后立即制单，月末结账前一定要完成制单登账业务；已注销的卡片 5 年后删除；固定资产默认入账科目：1501，累计折旧默认入账科目：1502；当"月初已计提月份=可使用月份–1"时，要求将剩余折旧全部提足。

操作步骤如下所述。

（1）进入固定资产管理系统后，系统提示"这是第一次打开此账套，还未进行过初始化，是否进行初始化？"，单击"是"按钮，如图 6-4 所示。

（2）打开"初始化账套向导"——约定及说明，在"约定及说明"中显示固定资产账套的基本信息和资产管理的基本原则，如图6-5所示。

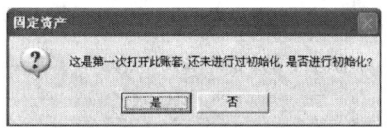

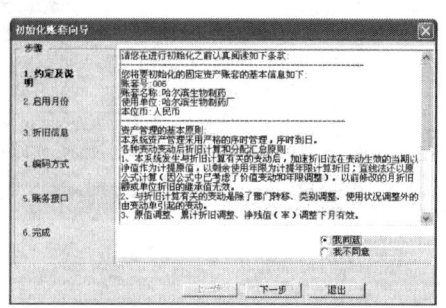

图6-4　固定资产初始化窗口　　　　　图6-5　"初始化账套向导"窗口

（3）单击"下一步"按钮，打开"初始化账套向导"——启用月份，如图6-6所示。

（4）单击"下一步"按钮，打开"初始化账套向导"——折旧信息，在"折旧信息"对话框中选择主要折旧方法、折旧汇总分配周期等相关信息，如图6-7所示。

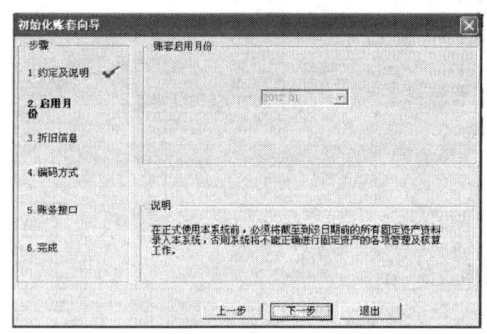
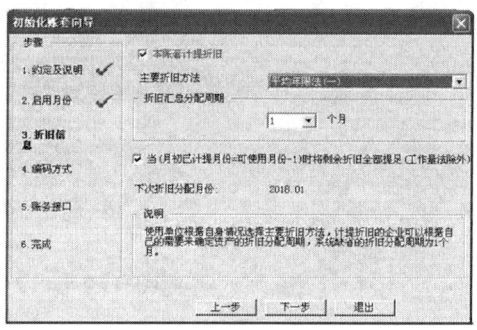

图6-6　初始向导（一）　　　　　　　图6-7　初始向导（二）

（5）单击"下一步"按钮，打开"初始化账套向导"——编码方式，选择资产类别编码长度为2112，采用自动编码，序号长度为3，如图6-8所示。

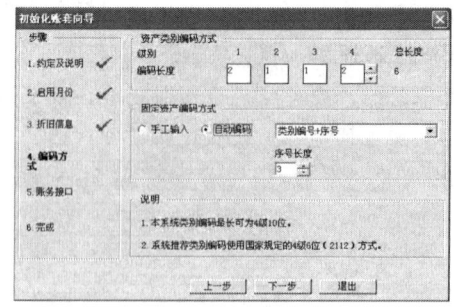

图6-8　初始向导（三）

(6)单击"下一步"按钮,打开"初始化账套向导"——财务接口,选择"与账务系统进行对账"及"在对账不平情况下允许固定资产月末结账"复选框,并对"对账科目"进行设置,如图 6-9 所示。

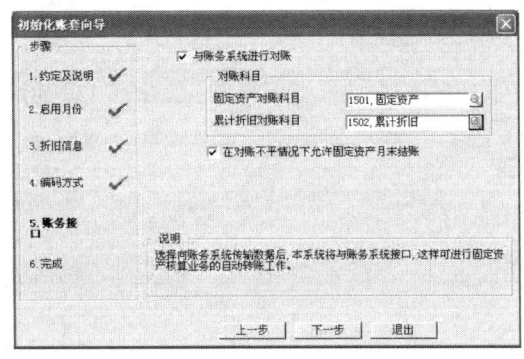

图 6-9 初始向导(四)

【补充阅读资料 6-1】与账务系统对账,是将固定资产系统内所有资产的原值、累计折旧和总账系统中的固定资产科目和累计折旧科目的余额核对,看数值是否相等。可以在系统运行中任何时候执行对账功能,如果不平,肯定在两个系统中出现偏差,应引起注意,予以调整。如果不想与总账系统对账,可不打钩,表示不对账。

(7)单击"下一步"按钮,打开"初始化账套向导"——完成,显示所进行的账套信息的设置,对信息进行检查,如有不正确可以返回改正,设置完成后将不能再修改。如果没有问题,单击"完成"按钮,完成固定资产账套参数的设置,如图 6-10 所示。

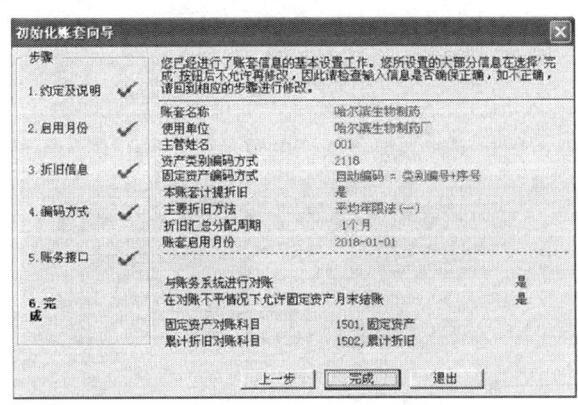

图 6-10 初始向导(五)

(8)单击"完成"按钮后,系统显示如图 6-11 所示的"已经完成了新账套的所有设置工作,是否确定所设置的信息完全正确并保存对新账套的所有设置"提示。

(9)单击"是"按钮,显示如图 6-12 所示的"已成功初始化本固定资产账套"提示,单击"确定"按钮即可。

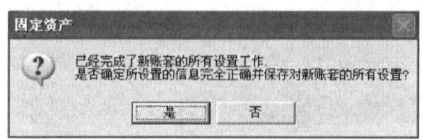

图 6-11 初始向导（六）

图 6-12 初始向导（七）

任务 27 基础设置

进行基础设置是使用固定资产系统管理固定资产的基础，包括选项设置、部门设置、折旧方法、使用状况等。

【小知识 6-2】基础信息的设置

一部分基础信息在建立固定资产账套时已设置完成，还有一部分信息需要在"选项"中设置。如果在建立固定资产账套时设置的参数需要修改，也可以在"选项"中完成，但有些项目可以修改，有些项目则不能修改，不能修改的项目只能通过"重新初始化"功能实现，重新初始化后将清空对该子账套所做的一切工作。

1．选项设置

操作步骤如下所述。

（1）执行"设置"|"选项"命令，打开"选项"对话框，选项界面包括 4 个选项卡，如要修改，单击"编辑"按钮，如图 6-13 所示。

（2）选项卡之一：与账务系统接口。选中"业务发生后立即制单""月末结账前一定要完成制单登账业务"及"固定资产和累计折旧的默认入账科目"为系统默认入账科目。

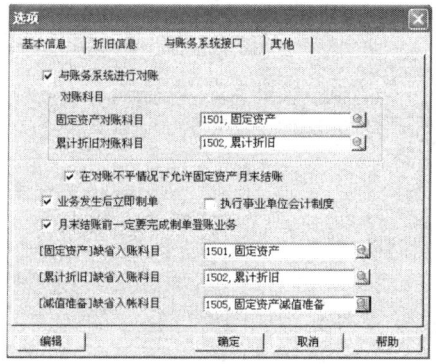

图 6-13 选项设置窗口（一）

（3）选项卡之二：基本信息。均为不可修改，直接单击"确定"按钮，如图 6-14 所示。

（4）选项卡之三：折旧信息。如果不需要修改，单击"确定"按钮，如图 6-15 所示。

（5）选项卡之四：其他。"已发生资产减少卡片可删除时限"为 5 年，根据制度规定已清理的资产的资料应保留 5 年，所以系统设置了该时限，默认为 5 年，只有 5 年后才能将相关资产的卡片和变动单删除（删除是指从系统的数据库中彻底删除）。"自动连续增加卡片"，是指增加卡片保存后自动增加一张新的空白卡片，如图 6-16 所示。

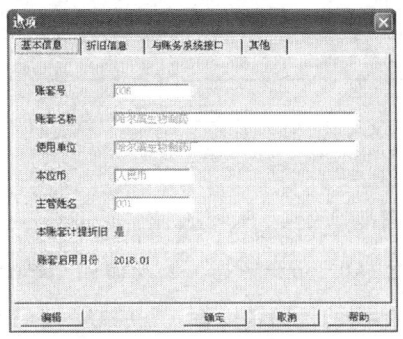

图 6-14　选项设置窗口（二）

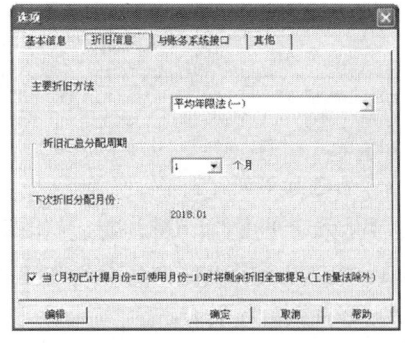

图 6-15　选项设置窗口（三）

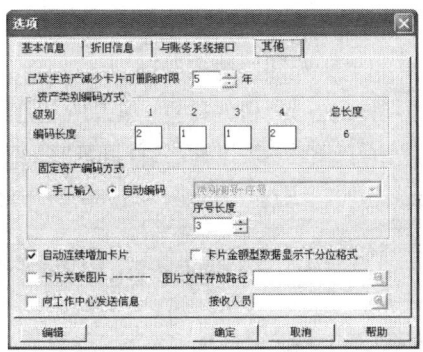

图 6-16　选项设置窗口（四）

2．部门对应折旧科目的设置

【小知识 6-3】部门对应折旧科目

在固定资产管理系统中计提的固定资产折旧需要归入成本或费用，根据不同部门的具体情况可以按部门或类别来归集。当按部门归集折旧费用时，某一部门所属的固定资产折旧费用将归集到一个比较固定的科目，所以部门对应折旧科目设置就是给部门选择一个对应的折旧科目。录入卡片时，该科目自动默认在卡片中，不必一个一个输入，可提高工作效率。期末计提折旧后按部门生成折旧分配表，并按对应折旧科目对折旧费用进行汇总，生成记账凭证。

资料：部门及对应折旧科目如表 6-1 所示。

表 6-1　部门及对应折旧科目表

部　　　门	对应折旧科目	
1 行管处	管理费用	5502
201 生产处办公室	制造费用——折旧费	410504
201 生产车间	基本生产成本——折旧费	41010104
202 辅助车间	辅助生产成本——折旧费	41010204
301 销售组	营业费用	5501
302 供应组	管理费用	5502

操作步骤如下所述。

（1）执行"设置"|"部门对应折旧科目"命令，打开"固定资产编码目录"。

（2）在"固定资产编码目录"中选择部门"行管处"，单击"修改"按钮后，系统自动打开"单张视图"选项卡，在"折旧科目"中输入该部门的折旧费用就计入的账户"5502 管理费用"。系统自动弹出"固定资产"提示窗口，询问该部门的下级部门固定资产折旧是否也计入管理费用，如图 6-17 所示，单击"是"按钮，将行管处的下级部门的折旧科目都替换为"管理费用"。

（3）单击"保存"按钮，如果所选部门为末级部门，该部门折旧科目设置完成，可直接按以上操作步骤进行其他部门对应折旧科目的设置；如果所选部门有下级部门，如"行管处"，系统提示"是否将[行管处]部门所有下级部门的折旧科目替换为[管理费用]"，如图 6-17 所示。

（4）单击"是"按钮之后，单击"刷新"按钮，完成所有下级部门继承上级部门的设置，如图 6-18 所示。

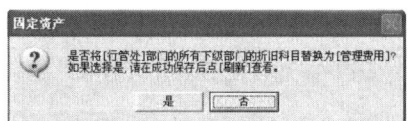

图 6-17　折旧对应科目设置提示

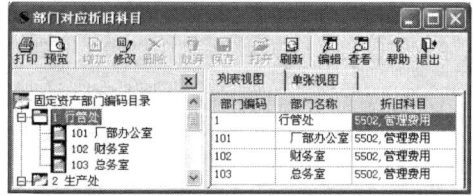

图 6-18　折旧科目设置显示窗口

【补充阅读资料 6-2】设置折旧科目时要选择末级部门，因为不同部门所计入的折旧科目会有所不同，如附录 A "应用案例"中"生产处"的折旧费计入"制造费用"，而"辅助生产车间"折旧费计入"生产成本—辅助生产成本—折旧费"，再者录入卡片时也要选择明细级部门，所以设置到末级才有意义。

3．资产类别的设置

固定资产的种类繁多，规格不一，要强化固定资产管理，及时、准确地做好固定资产核算,必须建立科学的固定资产分类体系,为核算和统计管理提供依据。企业可根据自身的特点和管理要求,确定一个较为合理的资产分类方法。

资料:资产类别如表 6-2 所示。

表 6-2 资产类别表

编码	类别名称	使用年限	净残值率	单位	计提属性
01	房屋及建筑物	30	4		总计提
011	房屋	30	4		总计提
012	构筑物	30	4		总计提
02	通用设备	10	4		正常计提
021	生产用设备	10	4		正常计提
022	非生产用设备	10	4		正常计提
03	交通运输设备	10	4		正常计提
031	生产用运输设备	10	4	辆	正常计提
032	非生产用运输设备	10	4	辆	正常计提
04	电子设备及其他通信设备	6	4		正常计提
041	生产用设备	6	4	台	正常计提
042	非生产用设备	6	4	台	正常计提

操作步骤如下所述。

(1) 执行"设置"|"资产类别"命令,打开"固定资产分类编码表"进行固定资产的分类编码设置,初次使用本系统时,资产类别是空的,需要根据企业实际情况进行设置。

(2) 单击"增加"按钮,首先要对固定资产的上级类别进行设置,如本例中需要设置"房屋及建筑物"、"通用设备"、"交通运输设备"和"电子设备及其他通信设备",如图 6-19 所示。

(3) 输入相关内容后单击"保存"按钮。

(4) 上级固定资产类别增加完成后才能增加下级固定资产类别,如单击"固定资产分类编码表"中的"房屋及建筑物",在右边单张视图中可输入"房屋及建筑物"的下级名称:房屋,完成后单击"保存"按钮,如图 6-20 所示。

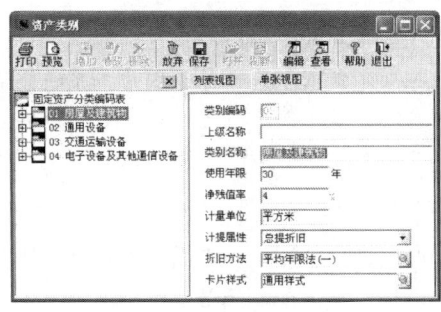

图 6-19 资产类别设置(一)

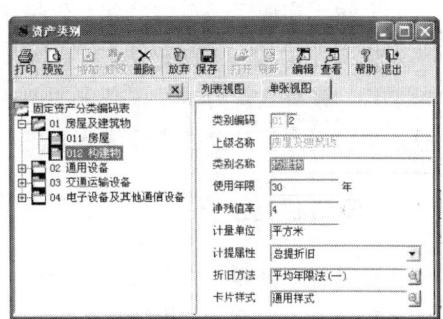

图 6-20 资产类别设置(二)

4. 增减方式设置

【小知识 6-4】增减方式设置

设置增减方式主要是固定资产有增减业务时使用。在增减方式设置中可以输入增减对应入账科目，当固定资产增加时录入固定资产卡片，系统会自动生成记账凭证。系统提供增加的方式主要有：直接购入、投资者投入、捐赠、盘盈、在建工程转入、融资租入；减少的方式主要有：出售、盘亏、投资转出、捐赠转出、报废、毁损、融资租出等。

操作步骤如下所述。

（1）执行"设置"|"增减方式"命令，打开"增减方式"对话框，对话框中显示了"增加方式"和"减少方式"，在右侧"列表视图"中显示具体增加、减少的方式，如图 6-21 所示。

（2）固定资产的增减方式，用户也可以根据情况自行增加或减少。

（3）单击其中一种增减方式，右侧显示其"单张视图"，在"对应入账科目"中输入与固定资产对应的科目，如"直接购入"的"对应入账科目"是"100201，工行存款"，如图 6-22 所示。

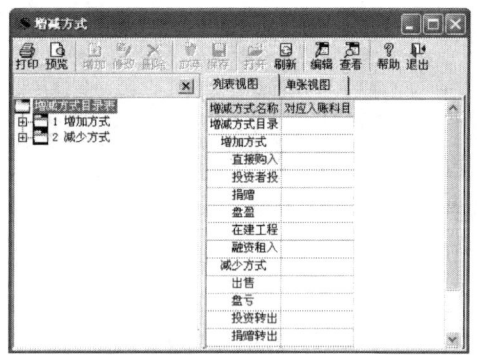
图 6-21　固定资产增减方式设置

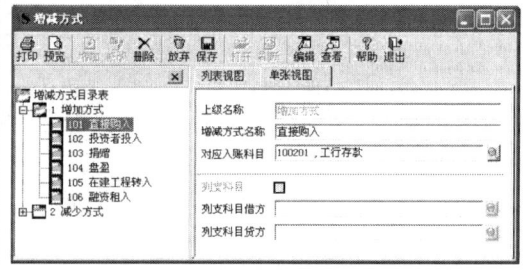
图 6-22　对应科目设置窗口

（4）输入完成后，单击"保存"按钮。

【补充阅读资料 6-3】在固定资产增减方式中设置的对应入账科目是为了生成凭证时默认。系统默认的增减方式中"盘盈、盘亏、毁损"不能修改和删除，因为本系统提供的报表中有固定资产盘盈盘亏报告表。

5. 使用状况设置

从固定资产核算和管理的角度来说，需要明确资产的使用状况，一方面可以正确地计算和计提折旧，另一方面便于统计固定资产的使用情况，提高资产的利用效率。

【小知识 6-5】使用状况

固定资产管理系统提供的使用状况分为两级。使用中、未使用和不需用为一级使用状况，使用中固定资产中设置在用、季节性停用、经营性出租、大修理停用四个二级使用状况。一级使用状况不能增加、修改和删除，但可以在一级使用状况下面增加二级使用状况。

操作步骤如下所述。

（1）执行"设置"｜"使用状况"命令，进入"使用状况"界面，本系统固定资产使用状况分为上、下两级，上级为"使用中""未使用"和"不需用"三种，用户不能修改和删除。

（2）如要增加使用状况，可在一级使用状况的下面增加二级使用状况，即在"使用状况目录表"中选择使用状况，单击"增加"按钮，显示"单张视图"，在此输入二级使用状况的名称，单击"保存"按钮，如图 6-23 所示。

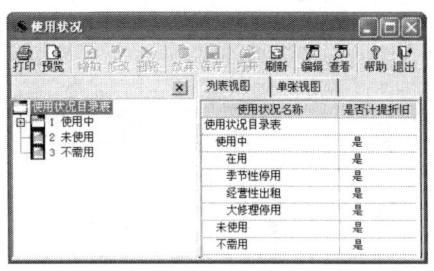

图 6-23 使用状况设置窗口

6．折旧方法设置

折旧方法设置是系统自动计算折旧的基础。系统给出了常用的 6 种方法：不提折旧、平均年限法（一）、平均年限法（二）、工作量法、年数总和法、双倍余额递减法（一）、双倍余额递减法（二）。这几种方法是系统设置的折旧方法，如图 6-24 所示。

如果这几种方法不能满足企业的使用需要，系统还提供了折旧方法的自定义功能，可以定义适合自己的折旧方法的名称和计算公式。

操作步骤如下所述。

（1）在"折旧方法"界面单击"增加"按钮，打开"折旧方法定义"对话框，如图 6-25 所示。

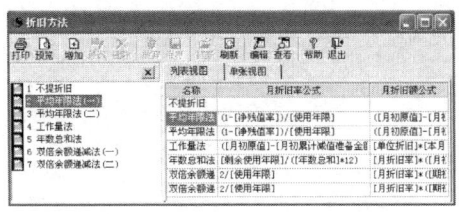

图 6-24 折旧方法设置窗口

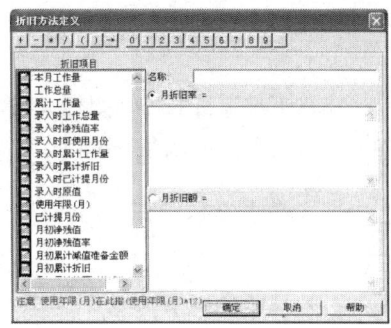

图 6-25 "折旧方法定义"对话框

（2）在"名称"文本框中输入新增加的折旧方法名称，利用左面所给"折旧项目"输入"月折旧率"和"月折旧额"的计算公式。

（3）单击"确定"按钮，完成自定义折旧方法的设置。

任务 28 固定资产卡片管理

卡片管理是对固定资产系统中所有卡片进行综合管理的功能操作。

1. 卡片项目定义

【小知识 6-6】卡片项目

卡片项目是固定资产卡片上显示的用来记录资产资料的栏目，如原值、资产名称、使用年限、折旧方法等卡片最基本的项目。用友 ERP-U8 固定资产管理系统提供了一些常用卡片必需的项目，称为系统项目。如果这些项目不能满足你对资产特殊管理的需要，你可以通过卡片项目定义来定义自己需要的项目，定义的项目称为自定义项目。

操作步骤如下所述。

（1）执行"卡片"|"卡片项目"命令，打开"卡片项目"对话框，如图 6-26 所示。

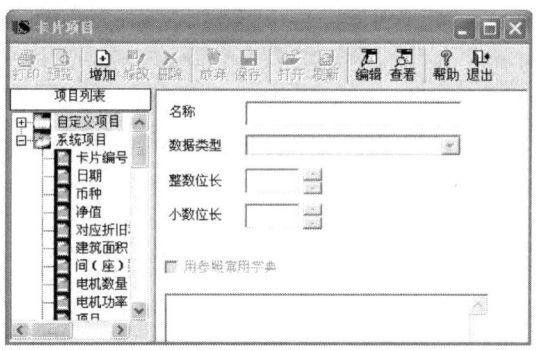

图 6-26 "卡片项目"对话框

（2）输入卡片项目名称、数据类型、字符数，如果是数字型，输入小数位长。

（3）输入后单击"保存"按钮，完成自定义项目设置。

2. 卡片样式设置

【小知识 6-7】卡片样式

卡片样式是指卡片的显示格式，包括格式（表格线、对齐形式、字体等），以及所包含的项目和项目的位置等。由于不同的企业使用的卡片样式可能不同，即使同一企业内部对不同的资产也会由于管理的内容和侧重点不同而使用不同样式的卡片，所以本系统提供卡片样式自定义功能。

操作步骤如下所述。

（1）执行"卡片"|"卡片样式"命令，打开"卡片样式"对话框，可以对卡片样式进行定义、修改、删除，如图6-27所示。

（2）如果想要增加新的卡片样式，可通过"增加"按钮来完成操作。由于卡片样式定义比较复杂，尤其有很多系统项目样式上是不可缺少的，否则会影响折旧的计算，因此单击"增加"按钮后，系统提示"是否以当前卡片样式为基础建立新样式"，单击"是"按钮，在此基础上根据需要可以进行修改，完成后即可保存为新的卡片样式。

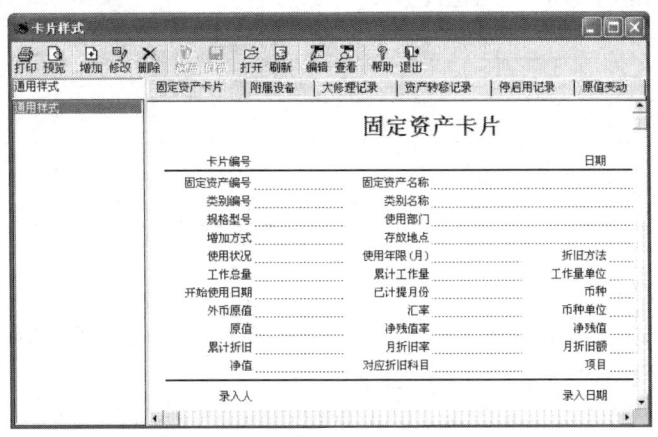

图 6-27　"卡片样式"对话框

3．录入原始卡片

在使用固定资产系统进行核算前，必须将原始卡片资料录入系统，保持历史资料的连续性。原始卡片的录入不限制必须在第一个期间结账前，任何时候都可以录入。

资料：固定资产期初数据表（见表6-3）。

表6-3　固定资产期初数据表

固定资产编号	固定资产名称	类别编号	所在部门	增加方式	使用年限	开始使用日期	原 值	累 计 折 旧	对应折旧科目名称
1	办公楼	011	行管处	在建工程转入	30	1994.3.1	1 500 000	522 450	管理费用
2	厂房	011	生产车间	在建工程转入	30	1994.3.1	1 200 000	417 960	制造费用
3	厂房	011	辅助车间	在建工程转入	30	1994.3.1	500 000	174 150	辅助生产成本
4	分离机	021	生产车间	购入	10	2006.1.1	80 000	21 120	制造费用

续表

固定资产编号	固定资产名称	类别编号	所在部门	增加方式	使用年限	开始使用日期	原值	累计折旧	对应折旧科目名称
5	提取机	021	生产车间	购入	10	2006.1.1	180 000	47 520	制造费用
6	合成机	021	生产车间	购入	10	2006.1.1	20 000	5 280	制造费用
7	分析仪	021	生产车间	购入	10	2002.3.1	70 000	18 480	制造费用
8	专用天平	021	生产车间	购入	10	2002.3.1	15 000	1320	制造费用
9	清洗机	021	生产车间	购入	10	2002.3.1	50 000	13 200	制造费用
10	消毒机	021	辅助车间	购入	10	2002.3.1	100 000	26 400	辅助生产成本
11	原料库	011	总务	在建工程转入	30	1994.3.1	100 000	34 830	管理费用
12	成品库	011	总务	在建工程转入	30	2004.3.1	250 000	87 075	管理费用
13	轿车	032	厂办	购入	10	2004.1.1	250 000	18 000	管理费用
14	复印机	042	厂办	购入	6	2004.10.1	12 000	1 596	管理费用
15	计算机	042	财务室	购入	6	2004.10.1	6 000	798	管理费用
							4 333 000	1 390 179	

操作步骤如下所述。

（1）执行"卡片"|"录入原始卡片"命令，打开"资产类别参照"对话框，选择固定资产类别后，单击"确认"按钮，如图6-28所示。

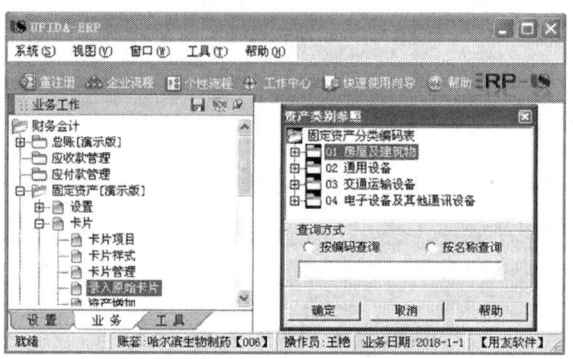

图6-28　原始卡片录入窗口

（2）确认后打开"固定资产卡片"对话框，固定资产卡片中有许多选项卡，应打开"固定资产卡片"选项卡。

① 固定资产编号：按初始设置"类别编码+部门编码+序号"自动生成。

② 固定资产名称：直接输入，如"办公楼"。

③ 类别编号：类别编号有两种选择方法。一种是如图6-28所示在资产类别参照中直接

选择要录入资产的类别，如"011 房屋"，打开"固定资产卡片"时类别编号即 011，无须再选择。另一种是在"固定资产卡片"中"类别编号"后面单击，选择需要录入固定资产的类别。

④ 类别名称：根据选择的类别编号来显示。

⑤ 部门名称：单击"部门名称"后面的空白处，如图 6-29 所示，单击"部门名称"，显示如图 6-30 所示的"本资产部门使用方式"窗口，选中"单部门使用"单选按钮，单击"确定"按钮，显示如图 6-31 所示的"部门参照"窗口，从中选择部门名称。

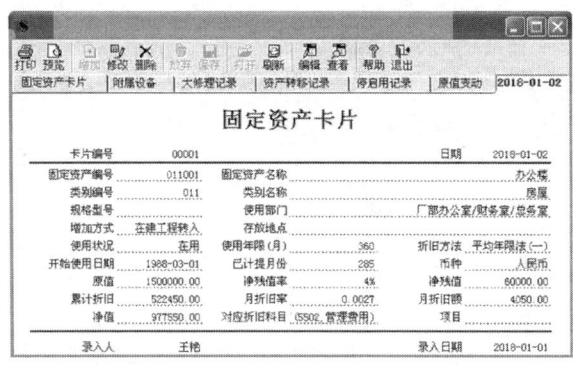

图 6-29　部门选择设置窗口（一）

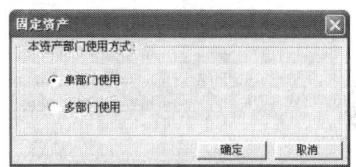

图 6-30　部门选择设置窗口（二）

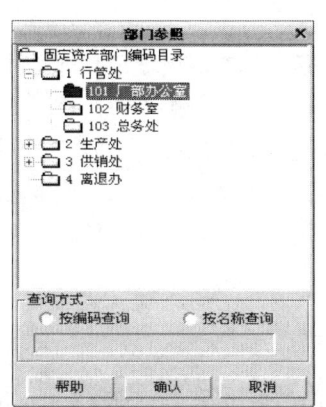

图 6-31　部门选择设置窗口（三）

⑥ 增加方式：采取单击空白处选择"在建工程转入"选项。

⑦ 使用状况：选择"在用"选项。

其他项目如开始使用日期、原值、累计折旧直接输入，使用年限、折旧方法及对应折旧科目等项目根据以前初始设置自动引入。

（3）输入完成后，单击"保存"按钮，系统提示"数据成功保存"，同时进入下一张固定资产卡片的录入界面。

（4）此时，如发现录入内容有错误，可单击"取消"按钮，取消现在的操作。单击"编辑"按钮，通过"上一个"或"下一个"来选择要修改的固定资产卡片，修改后单击"保存"按钮即可，如图6-32所示。

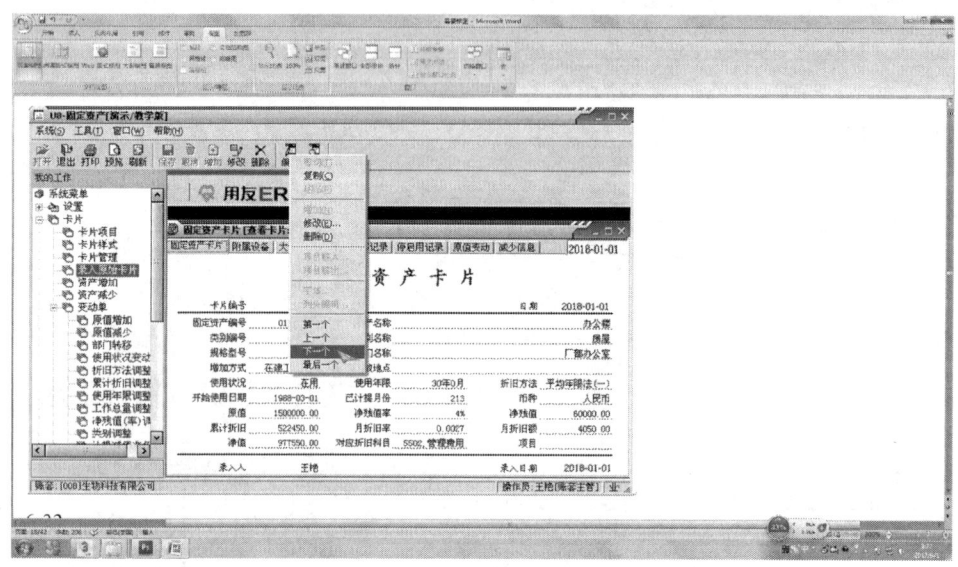

图 6-32　固定资产卡片编辑窗口

（5）固定资产卡片录入完成后，如有附属设置，可通过后面的选项来登记。

【补充阅读资料 6-4】录入固定资产卡片时，固定资产类别要选择末级，如选择"011 房屋"，选择"01 房屋及建筑物"系统则不识别。开始使用日期要用系统能够识别的格式输入，如 1998-3-1，而 1998.3.1 则不识别，系统提示错误信息。其他页签录入的内容只是为管理卡片设置，不参与计算。原值、累计折旧、累计工作量录入的一定是卡片录入月月初的价值，否则将会出现计算错误。

4．卡片管理

卡片管理是对固定资产系统中所有卡片进行综合管理的功能操作，包括卡片的查询、修改、删除、打印等。

操作步骤如下所述。

（1）执行"卡片"|"卡片管理"命令，打开"卡片管理"对话框，如图 6-33 所示，显示所有固定资产的原值、使用年限、净残值率等信息。

（2）双击某项固定资产所在行，打开该项固定资产卡片，可进行卡片的修改，如图 6-34 所示。

第 6 章 固定资产管理系统

图 6-33　固定资产卡片管理窗口（一）

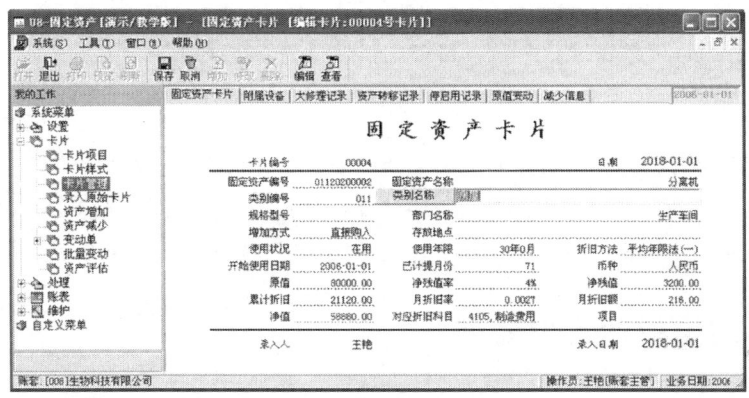

图 6-34　固定资产卡片管理窗口（二）

6.3　固定资产管理系统的业务处理

固定资产管理系统的业务处理主要涉及固定资产变动管理、固定资产折旧、固定资产增减。

任务 29　固定资产变动管理

录入固定资产卡片后，在使用固定资产过程中有时需要对卡片中的项目进行调整，如原值增加、原值减少、部门转移、使用状况变动等，可以通过填制"变动单"完成。

操作步骤（如部门转移）如下所述。

（1）执行"卡片"|"变动单"|"部门转移"命令，打开"固定资产变动单"对话框，如图 6-35 所示。

（2）选择卡片编号或固定资产编号，开始使用日期、固定资产名称和变动前部门自动带出，输入变动后部门及变动原因，单击"保存"按钮。

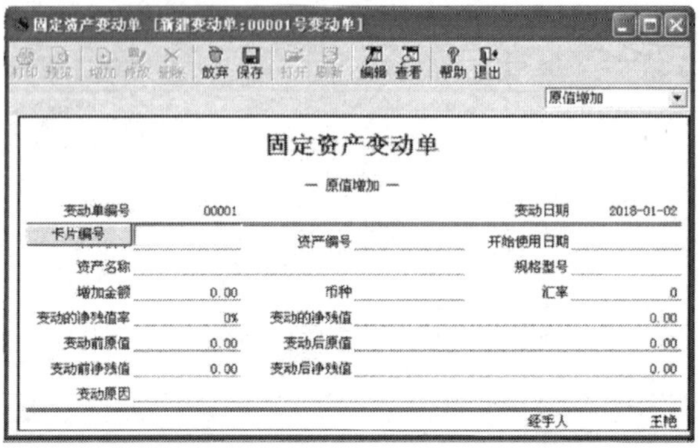

图 6-35　"固定资产变动单"对话框

【补充阅读资料 6-5】其他项目的变动，如原值增减、折旧调整等可通过右侧的下拉菜单来选择并打开变动单，调整后单击"保存"按钮。变动单是相关项目变动的原始凭据，如在"选项"中选择"业务发生后立即制单"，有些项目变动后会自动生成记账凭证。

任务 30　固定资产折旧处理

1. 计提本月折旧

【小知识 6-8】计提折旧

自动计提折旧是固定资产系统的主要功能之一。系统每期计提折旧一次，根据其录入系统的资料自动计算每项资产的折旧额，并自动生成折旧费用分配表及折旧清单，然后制作记账凭证，传递到总账系统完成本期折旧费用计提工作。

操作步骤如下所述。

（1）在固定资产管理系统界面，执行"处理"|"计提本月折旧"命令，系统显示"是否要查看折旧清单"（见图 6-36），单击"是"按钮，系统显示"本操作将计提本月折旧，并花费一定时间，是否要继续"，如图 6-37 所示。

（2）单击"是"按钮后，开始计提折旧，稍后计提折旧完毕，打开"折旧清单"对话框，如图 6-38 所示。在折旧清单中列示所有固定资产本月提取的折旧额，并累加到月初累计折旧项目中。

第 6 章　固定资产管理系统

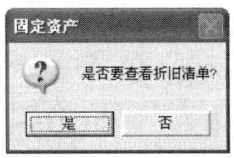 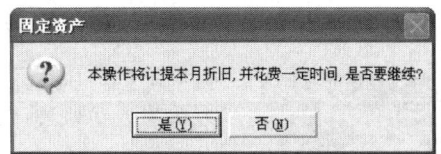

图 6-36　折旧提示窗口（一）　　　　图 6-37　折旧提示窗口（二）

（3）单击"退出"按钮后，系统自动生成折旧分配表。折旧分配表是制作记账凭证，并将计提的折旧额分配到有关成本和费用的依据。折旧分配表有两种类型，即按类别分配和按部门分配，所以生成凭证也有两种，单位可根据情况选择其中一种，如图 6-39 和图 6-40 所示，本"应用案例"采用的是"按部门分配折旧"。

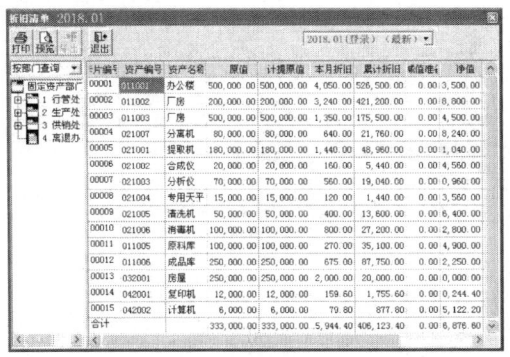 

图 6-38　"折旧清单"对话框　　　　图 6-39　折旧分配表（一）

（4）单击"退出"按钮，因在初始设置中选择"业务发生后立即制单"，所以系统自动生成记账凭证，如图 6-41 所示。

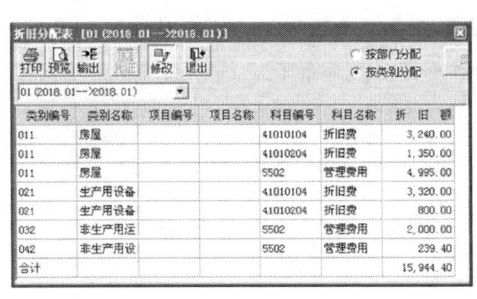 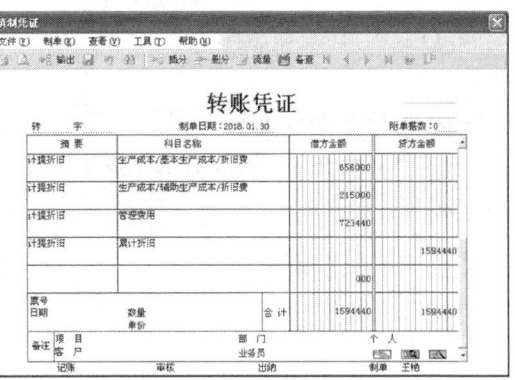

图 6-40　折旧分配表（二）　　　　图 6-41　生成的会计凭证

（5）单击"退出"按钮，系统提示"计提折旧完成"，单击"确定"按钮，如图 6-42 所示。

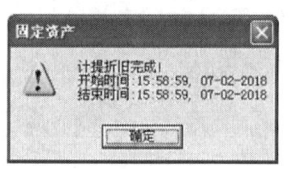

图 6-42 计提折旧完成提示窗口

【补充阅读资料 6-6】本系统在一个期间内可以多次计提折旧，每次计提折旧后，只是将计提的折旧累加到月初的累计折旧，不会重复累计。如果上次计提折旧已制单，并把数据传递到总账系统，则必须删除该凭证才能重新计提折旧。系统生成折旧分配表时，因在初始设置中选择了"业务发生后立即制单"，所以单击"退出"按钮后会自动生成计提折旧的记账凭证，制单工作也可以到"批量制单"中一起完成。

2．折旧清单

折旧清单可以显示所有应计提折旧的固定资产所计提折旧的数额，单期的折旧清单中列示了资产名称、计提原值、本月折旧、累计折旧等信息。全年的折旧清单中可同时列出各资产在 12 个计提期间中的月折旧额、本年累计折旧等信息，如图 6-43 所示。

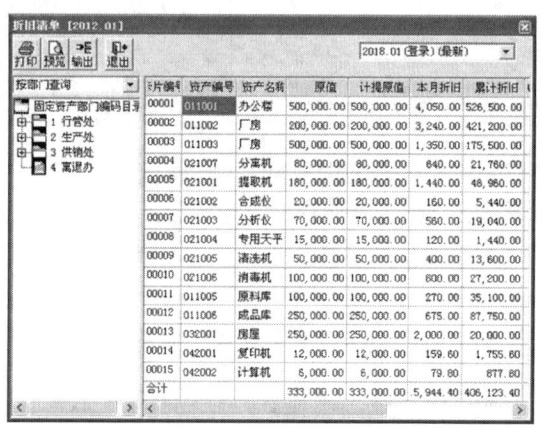

图 6-43 折旧清单

【补充阅读资料 6-7】折旧清单在计提折旧后直接显示出来，当时即可查看各项资产所计提折旧数额。计提折旧完成后，可通过打开固定资产管理系统界面中的"处理"|"折旧清单"来查看。

3．折旧分配表

在计提折旧时系统自动生成折旧分配表，系统根据该表自动生成记账凭证。

【小知识 6-9】折旧分配表

折旧分配表是编制记账凭证，把所计提的折旧额分配到成本和费用中的依据。什么时候生成折旧分配凭证根据你在初始化或选项中选择的折旧分配汇总周期确定，如果选定的是 1

个月，则每期计提折旧后自动生成折旧分配表；如果选定的是 3 个月，则只有到 3 的倍数的期间，即第 3、6、9、12 期间计提折旧后才自动生成折旧分配凭证。

计提折旧后对折旧分配表相关内容如有修改，可通过此功能实现。

任务 31　固定资产增减

1．固定资产增加

【小知识 6-10】固定资产增加

固定资产增加属于"新卡片录入"，与"原始卡片录入"相对应。当固定资产开始使用日期的会计期间=录入会计期间时，才能通过"资产增加"录入。在系统日常使用过程中，可能会购进或通过其他方式增加企业资产，就可以通过"资产增加"操作录入系统。

资料：（1）1 月 10 日，因经营需要，经申请批准后购买货车一辆，全部支出 120 000 元，由生产车间使用，预计使用 8 年。

（2）1 月 15 日，财务室购买笔记本电脑一台，价值 12 000 元，预计使用 4 年。

操作步骤如下所述。

（1）执行"卡片"|"资产增加"命令，打开"资产类别参照"对话框，选择要录入的卡片所属的资产类别，如图 6-44 所示。

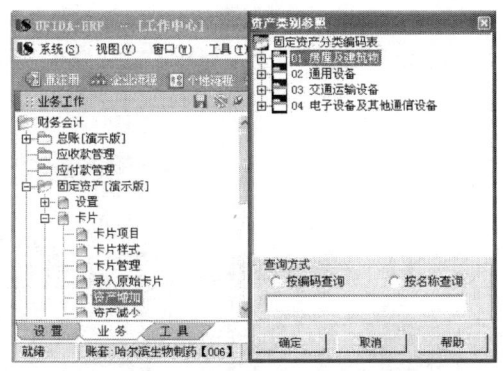

图 6-44　"资产类别参照"对话框

（2）单击"确认"按钮，进入"固定资产卡片"窗口，与"原始卡片录入"过程基本相同，如图 6-45 所示。

（3）输入相关的内容后，单击"保存"按钮。

【补充阅读资料 6-8】因为本月增加固定资产从下月开始计提折旧，所以新卡片第一个月不提折旧，折旧额为空或零。录入固定资产原值时一定要是卡片录入月月初的价值，否则将会出现计算错误。如果录入的累计折旧、累计工作量不是零，说明是旧资产，该累计折旧或累计工作量是启用财务软件前的值。

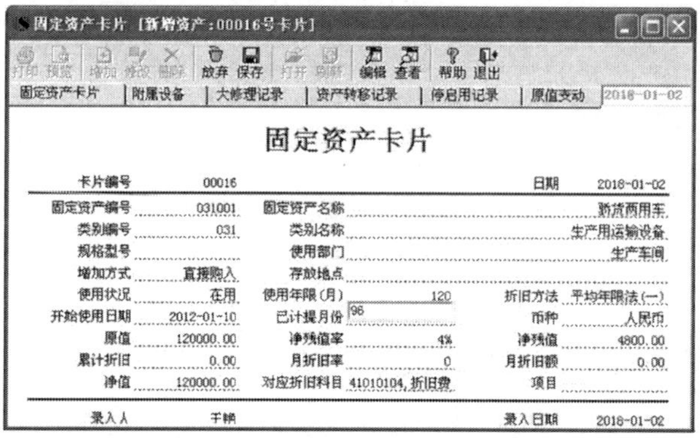

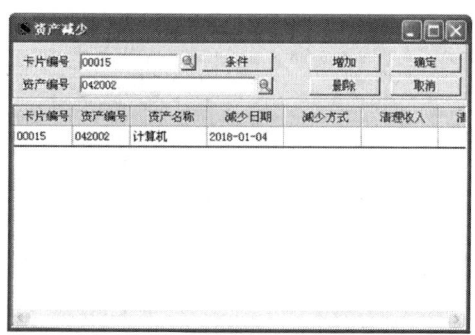

图 6-45 "固定资产卡片"窗口

2. 固定资产减少

资产在使用过程中，会由于各种原因，如毁损、出售、盘亏等退出企业，该部分操作称为"资产减少"。只有当本月计提折旧后才可使用资产减少功能，如果尚未计算，折旧系统会提示"本账套需要进行计提折旧后，才能减少资产"信息，如图 6-46 所示。当计提完本月折旧后，即可以进行固定资产减少的业务处理。

资料：1 月 16 日，原财务室的电脑因故报废，其残值收入 200 元。

操作步骤如下所述。

（1）执行"卡片"|"固定资产减少"命令，打开"资产减少"对话框，在相应栏中录入有关信息，如图 6-47 所示。

图 6-46 固定资产提示窗口

图 6-47 "资产减少"对话框

（2）录入完成后，单击"确定"按钮，出现系统自动生成的记账凭证，将摘要进行简单修改，选择凭证类型是"转账凭证"，单击"保存"按钮，一张固定资产减少的记账凭证就生成了，并被自动传递到总账系统，如图 6-48 所示。

第6章 固定资产管理系统

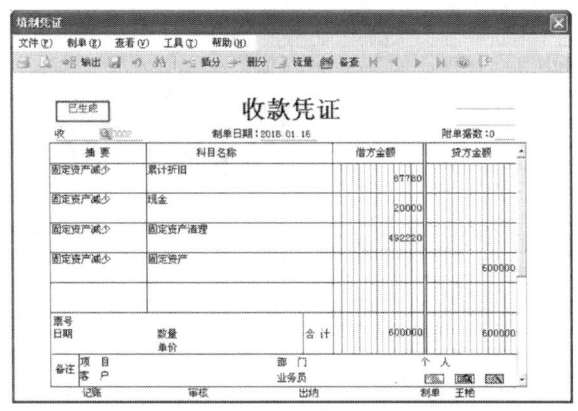

图 6-48 固定资产减少凭证

【补充阅读资料 6-9】对于误减少的资产，可以使用系统提供的纠错功能来恢复，只有当月减少的资产才可以恢复，如果资产减少操作已制作凭证，则必须删除凭证后才能恢复，只要卡片未被删除，就可以通过卡片管理中"已减少资产"功能来查询减少的资产。

任务 32 制单和对账

1．生成记账凭证

【小知识 6-11】生成记账凭证

生成记账凭证即制单。固定资产系统和账务系统之间存在着数据的自动传输，该传输通过制作传送到账务的凭证来实现。制作记账凭证可以采取"业务发生后立即制单"和"批量制单"两种方式完成。

本系统需要制单或修改凭证的情况包括：资产增加、资产减少、卡片修改（涉及原值或累计折旧时）、原值变动、累计折旧调整、折旧分配等。

（1）立即制单。本例在初始设置"选项"中选择了"业务发生后立即制单"，所以在资产增加、折旧分配后自动生成记账凭证。

例如，资产增加，录入"固定资产卡片"（见图 6-45）后单击"保存"按钮，自动生成凭证，如图 6-49 所示。

（2）批量制单。如果在初始设置"选项"中没有选择"业务发生后立即制单"选项，可采取"批量制单"。

操作步骤如下所述。

1）执行"处理"|"批量制单"命令，打开"批量制单"对话框，如图 6-50 所示，在制单列双击打上"Y"标记。

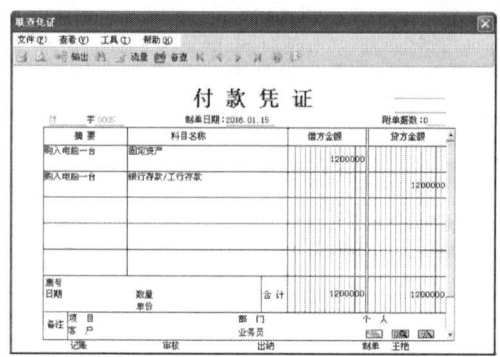
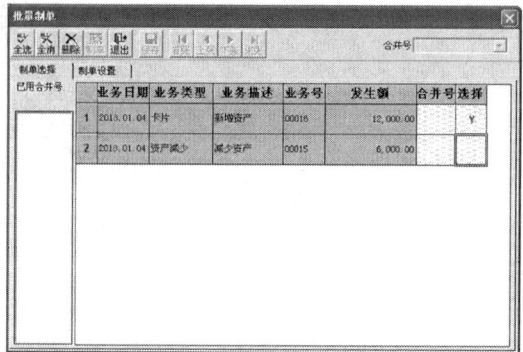

图 6-49　制单生成的记账凭证　　　　　图 6-50　"批量制单"对话框

2）选择"制单设置"选项卡，选择"科目"和"核算部门"选项，如图 6-51 所示。

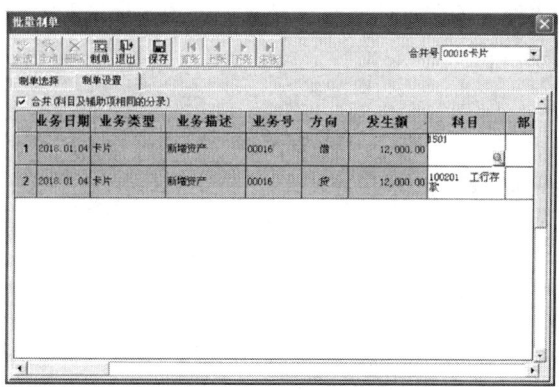

图 6-51　制单设置

3）单击"制单"按钮，将根据用户的设置进行批量制单，如图 6-52 所示。

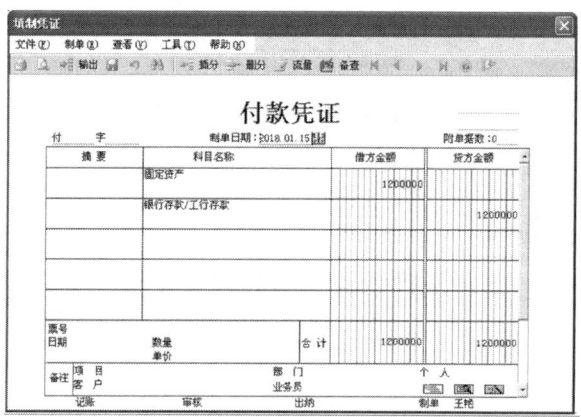

图 6-52　批量制单生成的会计凭证

2. 月末对账

【小知识 6-12】对账

系统在运行过程中，应保证本系统管理的固定资产的价值和账务系统中固定资产科目的数值相等。而两个系统的资产价值是否相等，应通过执行固定资产系统提供的对账功能实现，对账操作不限制执行的时间，任何时候均可以进行对账。系统在执行月末结账时自动对账一次，给出对账结果，并根据初始化或选项中的判断确定不平衡情况下是否允许结账。只有将固定资产系统生成的凭证在总账系统进行审核记账后，才可以进行对账。

操作步骤：执行"处理"|"对账"命令，系统就会自动分别给出"固定资产账套"和"账务账套"的原值和累计折旧，并提示对账结果是否平衡，如图 6-53 所示。

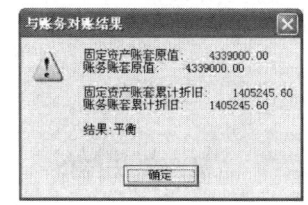

图 6-53　对账平衡提示窗口

6.4　账表管理

固定资产管理过程中，需要及时掌握资产的使用状况及资产的增加、减少、报废等相关信息。本系统根据用户对系统的日常操作自动提供这些信息，以报表的形式提供给信息使用者。本系统提供的报表分为四类：分析表、统计表、账簿、折旧表。如果所提供的报表不能满足要求，用户可以根据需要自定义报表。

操作步骤：在固定资产管理系统界面，执行"账表"|"我的账表"命令，打开"查看报表"对话框，如图 6-54 所示，可根据需要查看相关报表。

图 6-54　"查看报表"对话框

本章小结

固定资产管理系统主要用于中小企事业单位,帮助企事业单位进行固定资产的管理和核算。本系统通过初始设置、原始卡片的录入、日常业务的会计处理、期末计提折旧及报表管理等功能实现企事业单位固定资产的动态管理,同时为总账系统提供记账凭证和成本、费用数据,满足整个企业进行财务核算与管理的需要。

 ## 基本训练

□ 知识题

1. 固定资产管理系统的功能有哪些?
2. 录入固定资产原始卡片与固定资产增加有什么区别?
3. 制作记账凭证有几种方式,分别在什么情况下使用?

□ 能力题

根据以下资料启动固定资产管理系统、进行初始设置、录入固定资产卡片、期末计提折旧并进行结账。

资料:远东食品有限公司从 2018 年 1 月 1 日开始应用固定资产系统,固定资产业务控制参数如下。

按平均年限法(一)计提折旧,折旧分配周期为 1 个月,类别编码方式为 2112,固定资产编码方式:按"类别编码+部门编码+序号"自动编码,卡片序号长度为 3;要求与账务系统进行对账,固定资产对账科目:在对账不平的情况下不允许月末结账;业务发生后即制单,月末结账前一定要完成制单登账业务;已注销的卡片 5 年后删除;固定资产默认入账科目:1501,累计折旧默认入账科目:1502,当"月初已计提月份=可使用月份–1"时,要求将剩余折旧全部提出。增减方式采用系统提供的常用增减方式。

资产类别一览表、固定资产卡片表分别如表 6-4、表 6-5 所示。

表 6-4 资产类别一览表

编 码	类别名称	使用年限	净残值率	单 位	计提属性
01	房屋及构筑物	30	5		正常计提
011	房屋	30	5		正常计提
012	构筑物	30	5		正常计提

续表

编码	类别名称	使用年限	净残值率	单位	计提属性
02	机器设备	10	5		正常计提
021	生产用机器设备	10	5	台	正常计提
022	非生产用设备	10	5	台	正常计提
03	交通运输设备	8	5		正常计提
031	生产用运输设备	8	5	辆	正常计提
032	非生产用运输设备	8	5	辆	正常计提

表6-5 固定资产卡片表

编号	固定资产名称	类别编号	所在部门	增加方式	使用年限	开始使用日期	原值	累计折旧	对应折旧科目名称
1	办公楼	011	综合部	在建工程转入	30	2005.12.10	1 000 000	190 000	管理费用
2	厂房	011	生产车间	在建工程转入	30	2005.12.10	1 200 000	228 000	制造费用
3	搅面机	021	生产车间	直接购入	10	2006.4.1	100 000	53 833	制造费用
4	压面机	021	生产车间	直接购入	10	2006.4.1	80 000	43 066	制造费用
5	烤箱	021	生产车间	直接购入	10	2006.4.1	20 000	10 766	制造费用
6	材料库	011	供销部	在建工程转入	30	2005.12.10	800 000	152 000	管理费用
7	产品库	011	供销部	在建工程转入	30	2005.12.10	800 000	152 000	管理费用
8	小轿车	032	综合部	直接购入	8	2008.1.1	300 000	139 531	管理费用

注：净残值率均为5%，使用状况均为"在用"。

第 7 章

采购与应付系统

学习目标

通过本章学习，了解采购系统、库存系统、存货系统、应付系统的启用、相关设置，明确各系统在使用过程中的衔接，掌握各种采购、付款业务的具体流程及操作步骤。

7.1 系统初始设置

【小知识 7-1】采购系统与相关系统间的协作

一套完整的采购业务包括生产部门请购、管理部门审批、采购部门订购，所订购商品从到货、入库至结算的一系列延续性工作。这些工作通过采购管理系统、库存管理系统、存货管理系统、应付款管理系统共同完成。通过采购系统可以了解采购业务的请购、订购情况，做到计划管理；通过应付款系统可以掌握采购业务的付款情况；通过库存系统可以随时掌握存货数量信息，从而减少盲目采购、避免库存积压；通过存货系统可以为存货核算提供采购入库成本，便于财务部门及时掌握存货采购成本。

任务 33 启动系统并完成初始设置

1. 应付款管理系统初始设置

资料：基本科目设置

    应付科目   212101

    预付科目   1151

采购科目	1201
采购税金科目	21710101
商业承兑科目	211101
票据利息科目	55030101
票据费用科目	55030201

操作步骤如下所述。

(1) 基本科目设置。

操作步骤：登录企业应用平台，进入企业账套后，执行"财务会计"|"应付款管理"|"设置"|"初始设置"|"设置科目"|"基本科目设置"命令，进行相应的基本科目设置，如图7-1所示。

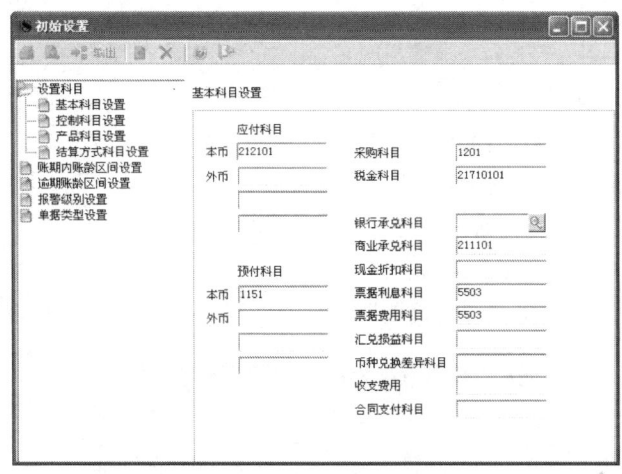

图7-1　基本科目设置窗口

(2) 控制科目设置。

【补充阅读资料 7-1】控制科目和产品科目设置是为了简化生成凭证操作而预先设置好的，与上面系统选项中设置的控制科目依据供应商、采购科目依据存货相对应。如果企业在实际运用时将应付账款下按供应商、在物资采购下按物资设置了明细科目，那么一个供应商将对应一个应付账款的明细科目、一种物资购入将对应一个物资采购的明细科目，在这里由于生物科技公司应付账款和物资采购没有设明细科目，因此所有的供应商对应的应付科目、每种物资对应的采购科目均相同。

资料：所有供应商应付科目均为212101。

操作步骤：选择"控制科目设置"选项，进行相应控制科目设置，如图7-2所示。

(3) 产品科目设置。

资料：除产成品生物一号、生物二号外，其他存货的采购科目均为1201、产品采购税金科目均为21710101。

操作步骤：选择"产品科目设置"选项，进行相应产品科目设置，如图 7-3 所示。

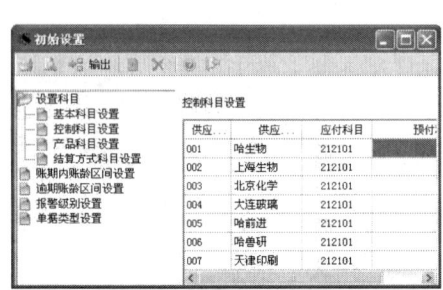

图 7-2　控制科目设置窗口　　　　图 7-3　产品科目设置窗口

（4）结算方式设置。

资料：现金结算：现金（1001）

　　　现金支票：现金（1001）

　　　转账支票：银行存款—工行存款（100201）

　　　商业承兑汇票：物资采购（1201）

操作步骤：选择"结算方式科目设置"选项，进行相应结算方式科目设置，如图 7-4 所示。

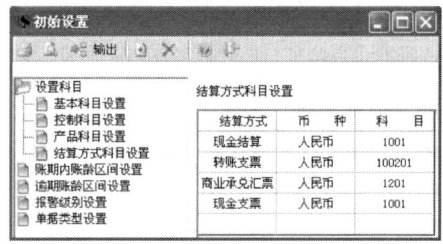

图 7-4　结算方式科目设置窗口

（5）账龄区间设置。

资料：　序号　　总天数
　　　　01　　　30
　　　　02　　　60
　　　　03　　　90
　　　　04　　　120

操作步骤：选择"账期内账龄区间设置"选项，设置相应的应付账款账龄区间，如图 7-5 所示。

第7章 采购与应付系统

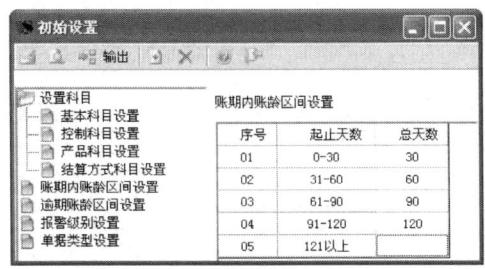

图 7-5 账期内账龄区间设置窗口

（6）报警级别设置。

资料：

序号	总比率（%）	级别名称
01	10	A
02	30	B
03	50	C
04	100	D
05		E

操作步骤：选择"报警级别设置"选项，设置相应的应付账款报警级别，如图7-6所示。

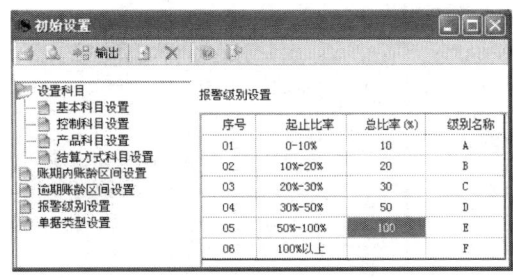

图 7-6 报警级别设置窗口

（7）期初余额设置。

资料：应付账款余额表（见表7-1）和应付票据余额表（见表7-2）。

表 7-1 应付账款余额表

单据名称	票据类型	方向	开票日期	供应商名称	部门	业务员	科目编码	货物名称	数量	单位成本	增值税发票号	价税合计（元）
采购发票	专用发票	贷	11.15	哈生物厂	供应组	王欣	212101	一号制剂	1 500	3.00	372813	5 265.00
采购发票	专用发票	贷	10.10	上海生物	供应组	王欣	212101	调节剂	1 000	2.80	765757	3 276.00

表 7-2 应付票据余额表（票据编号：kr9393920）

单据名称	单据类型	方向	开票日期	供应商名称	部门	业务员	科目编码	货物名称	数量	单位成本	增值税发票号	价税合计（元）
应付票据	商业承兑汇票	贷	11.30（三个月商业承兑汇票）	哈生物厂	供应组	王欣	2011101	二号制剂	2 000	2.00	443257	40 950.00

操作步骤如下所述。

1）执行"设置"|"期初余额"命令，打开"期初余额——查询"对话框，单击"确认"按钮，打开"期初余额明细表"界面，再单击"增加"按钮，打开"单据类别"对话框，如图 7-7 所示。

2）单击"确认"按钮，打开"采购专用发票"录入界面，依次录入应付账款期初余额中的两张专用发票，保存，如图 7-8 所示。

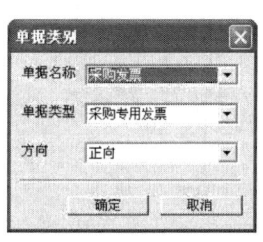

图 7-7 "单据类别"对话框　　图 7-8 期初发票录入窗口

【补充阅读资料 7-2】应付账款的期初余额可以分为两种情况，一种是应付款项；另一种是预付款项。如果是应付款项则在单据名称中应选择"应付票据"，并在单据类别中选择相应的应付单据名称；如果是预付款项，则在单据名称中应选择"预付款"，并在单据类别中选择"付款单"。

3）期初商业承兑汇票录入：执行"设置"|"期初余额"命令，打开"期初余额——查询"对话框，单击"确认"按钮，打开"期初余额明细表"界面，再单击"增加"按钮，打开"单据类别"对话框，"单据名称"选择"应付票据"、"单据类型"选择"商业承兑汇票"、"方向"选择"正向"后单击"确定"按钮，如图 7-9 所示。

4）单击"确认"按钮,打开"商业承兑汇票"录入界面,录入应付账款期初余额中的数据,保存,如图7-10所示。

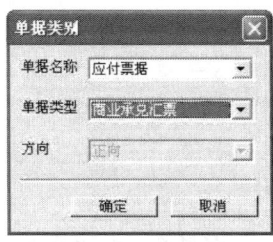

图 7-9　增加单据类别提示窗口

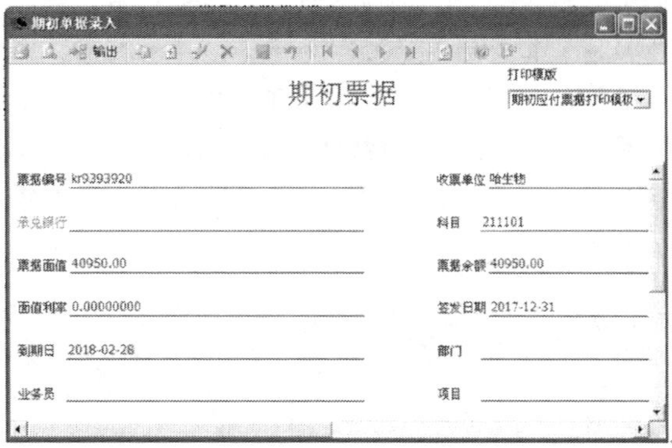

图 7-10　商业承兑汇票录入窗口

5）期初余额录入完成后,单击"对账"按钮,与总账进行对账,如图7-11所示。

图 7-11　应付期初与总账期初对账窗口

2．采购管理系统初始设置

操作步骤如下所述。

（1）登录企业应用平台,进入企业账套后,执行"供应链"|"采购管理"|"系统菜单"|"设置"|"采购期初记账"命令,打开"期初记账"窗口,如图7-12所示。

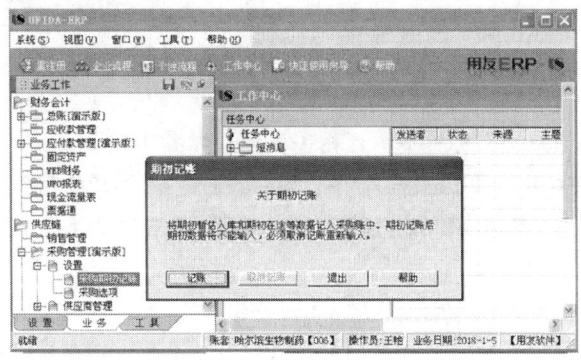

图 7-12　"期初记账"窗口

【小知识 7-2】期初暂估入库与期初记账

期初暂估入库是指在启用采购管理系统之前，尚没有取得供货单位的采购发票，不能进行采购结算，暂估价输入采购入库单，形成采购管理系统的期初数据，以便取得发票后进行采购结算。期初记账是指将采购管理系统的有关期初数据记入有关采购账簿中。假如没有期初暂估入库，也必须执行期初记账。因为只有期初记账后，才可以进行采购业务的日常处理。如果系统已有上年数据，在"结转上年"后，上年度采购数据自动结转本年。

（2）单击"记账"按钮，完成采购系统初始设置。

3. 存货管理系统初始设置

操作步骤如下所述。

（1）登录企业应用平台，进入企业账套后，执行"供应链"|"存货管理"|"系统菜单"|"初始设置"|"选项"|"选项录入"命令，在"核算方式"标签下进行相关设置，如图 7-13 所示。

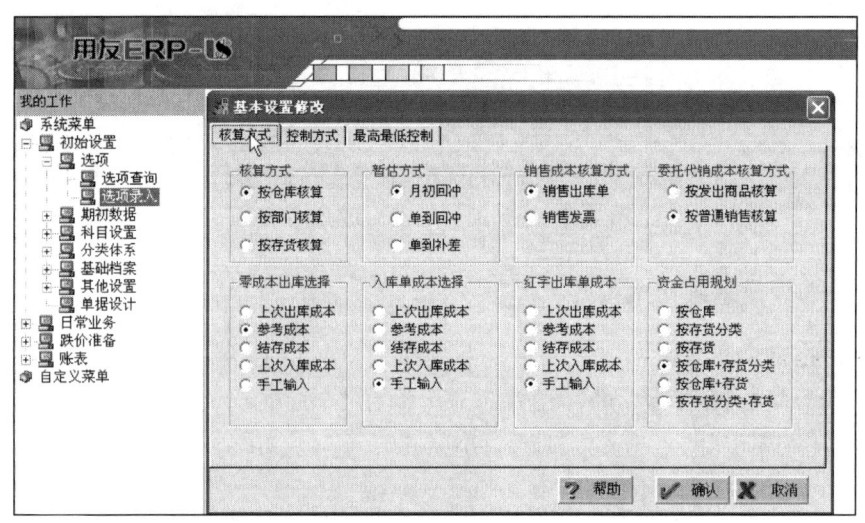

图 7-13　结算方式设置窗口

（2）在"最高最低控制"标签下进行相关设置，如图 7-14 所示。

（3）执行"系统菜单"|"初始设置"|"科目设置"|"存货科目"命令，打开"存货科目"对话框，单击"增加"按钮，输入相关存货科目，单击"保存"按钮，完成设置，如图 7-15 所示。

（4）执行"系统菜单"|"初始设置"|"科目设置"|"对方科目"命令，打开"存货科目"对话框，单击"增加"按钮，输入相关对方科目，单击"退出"按钮，完成设置，如图 7-16 所示。

第 7 章　采购与应付系统

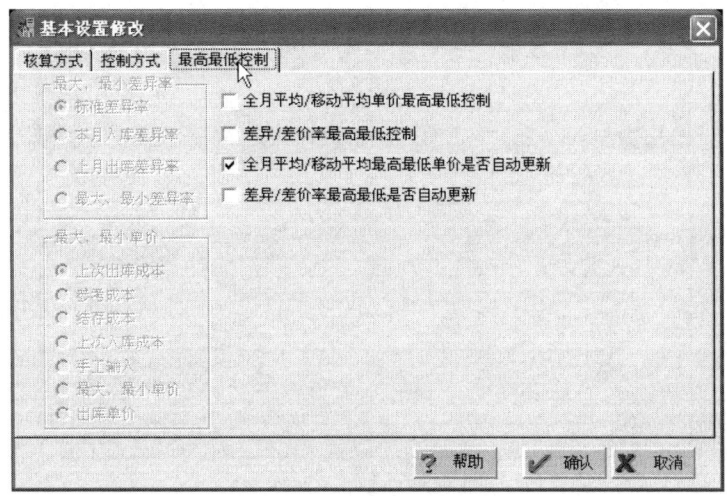

图 7-14　最高最低限额控制窗口

图 7-15　存货科目设置窗口

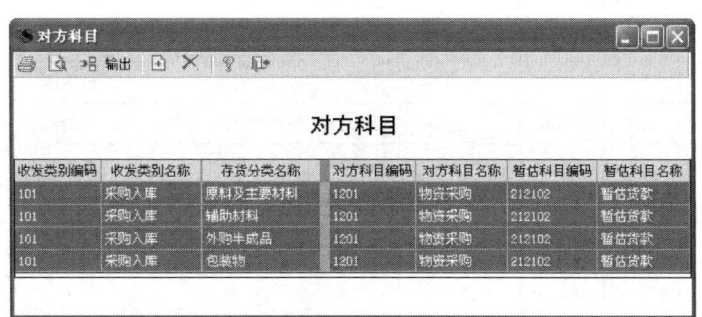

图 7-16　对方科目设置窗口

（5）执行"初始设置"|"期初数据"|"期初余额"命令，仓库选择"材料库"，单击"增加"按钮，录入材料库中的期初余额，如图 7-17 所示。

图 7-17 材料库期初余额

资料：存货期初数据（见表 7-3）。

表 7-3 存货期初数据

明细账户及材料名称	计量单位	结存数量	单价（元）	入库日期	供应商	部　　门	业务员	科目
原料及主要材料								
一号制剂	kg	2 000	3.00	2017.12.31	哈生物厂	供应组	王欣	1211
二号制剂	kg	2 500	2.00	2017.12.31	哈生物厂	供应组	王欣	1211
三号制剂	kg	4 000	8.00	2017.12.31	哈生物厂	供应组	王欣	1211
辅助材料								
调节剂	kg	1 000	2.80	2017.12.31	上海生物	供应组	常胜	1211
凝固剂	kg	1 000	10.00	2017.12.31	北京化学	供应组	常胜	1211
外购半成品								
原胶粒	盒	500	60.00	2017.12.31	哈兽研	供应组	王欣	1211
无机质	瓶	200	3.50	2017.12.31	哈兽研	供应组	王欣	1211
蛋白原	kg	1 000	20.00	2017.12.31	前进鸡厂	供应组	王欣	1211
盐水	瓶	50	2.00	2017.12.31	哈生物厂	供应组	王欣	1211
葡萄糖	瓶	80	3.00	2017.12.31	哈生物厂	供应组	王欣	1211
淀粉	kg	100	2.00	2016.12.31	哈生物厂	供应组	王欣	1211
包装物								
安瓶	个	500	1.00	2016.12.31	大连玻璃	供应组	常胜	1221
产成品								
生物一号	瓶	3 000	3 200.00	2016.12.31		生产车间		1243
生物二号	瓶	4 500	3 400.00	2016.12.31		生产车间		1243

（6）成品库期初余额如图 7-18 所示。

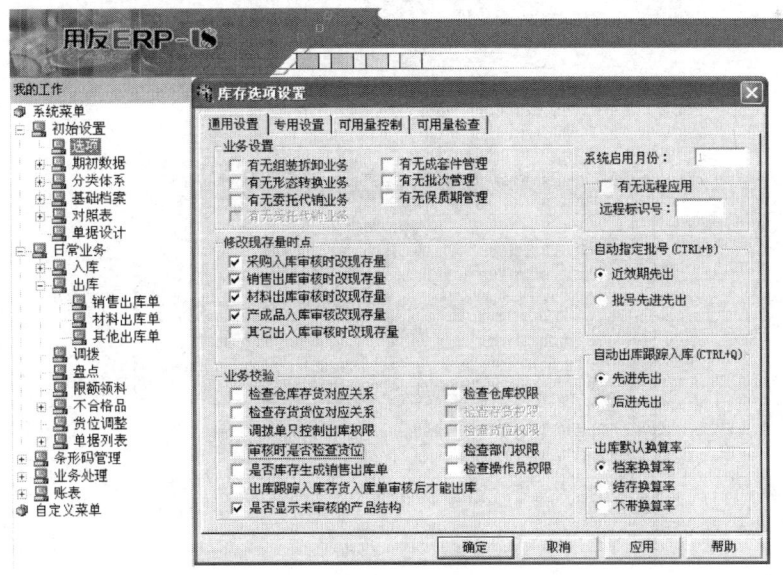

图 7-18　成品库期初余额

4．库存管理系统初始设置

操作步骤如下所述。

（1）登录企业应用平台，进入企业账套后，执行"供应链"|"库存管理"|"系统菜单"|"初始设置"|"选项"命令，在"通用设置"标签下进行相关设置，如图 7-19 所示。

（2）在"专用设置"标签下进行相关设置，如图 7-20 所示。

（3）在"可用量检查"标签下进行相关设置，如图 7-21 所示。

（4）单击"确定"按钮完成设置。

（5）执行"系统菜单"|"初始设置"|"期初数据"|"期初结存"命令，选择右上角仓库中的"材料库"，单击工具栏中的"修改"按钮，再单击"取数"按钮，即从存货系统中取出材料库存存货的期初数据，单击"保存"按钮，完成"材料库"取数，如图 7-22 所示。

图 7-19　库存选项设置（一）

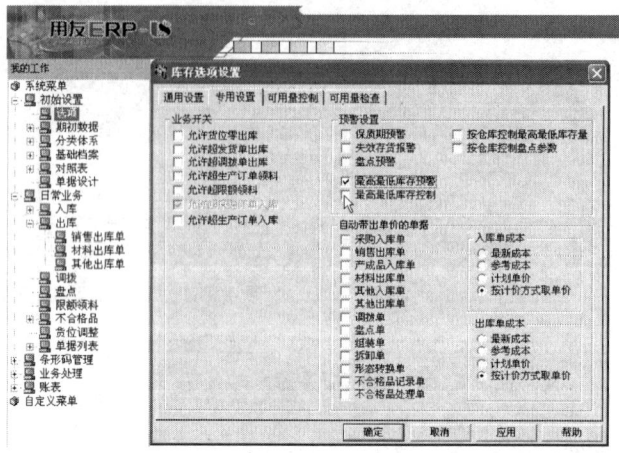

图 7-20　库存选项设置（二）

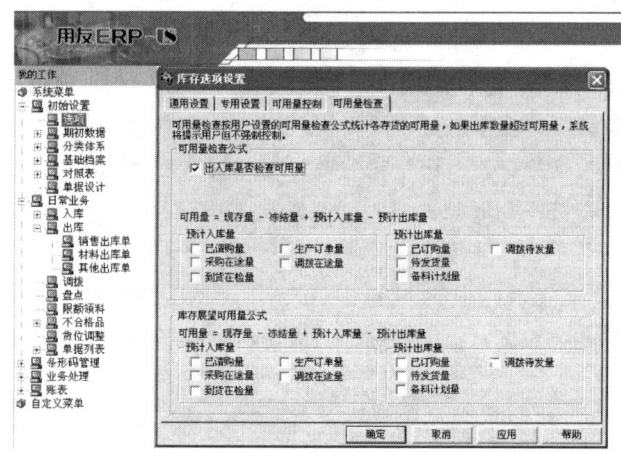

图 7-21　库存选项设置（三）

图 7-22　库存期初余额

(6) 再选择"成品库",依次单击"修改"和"取数"按钮,打开"库存系统已存在期初数据,是否覆盖"对话框,单击"否"按钮,即从存货系统中取出成品库存货的期初数据,单击"保存"按钮,完成"成品库"取数。

(7) 单击"对账"按钮,打开"对账成功"对话框,单击"确定"按钮,即完成库存系统与存货系统的期初对账工作。

(8) 单击"批审"按钮,出现"批量审核成功"对话框,单击"确定"按钮,即完成期初结存的审核工作(包括材料库和成品库的审核)。

(9) 执行"供应链"|"存货管理"|"系统菜单"|"初始设置"|"期初数据"|"期初余额"命令,单击工具栏中的"记账"按钮,打开"期初记账成功"对话框,完成存货的期初记账。

(10) 执行"供应链"|"存货管理"|"系统菜单"|"初始设置"|"期初数据"|"期初余额"命令,单击工具栏中的"对账"按钮,打开"对账成功"对话框,完成存货与库存的期初对账。

【补充阅读资料 7-3】库存系统和存货系统中的存货应该是一致的,但由于在实际工作中也存在库存的期初数据与存货的期初数据不一致的情况,因此系统提供两边互相取数和对账的功能。如果库存与存货系统同时启用,可以直接取数;如果库存与存货系统的启用月份不同,即库存先启、存货后启,则期初数据要将库存的期初数据和库存在存货启用日期之前的发生数按部门+仓库+存货+自由项+批号+自定义项进行汇总,求出结存作为存货的期初数据。另外,库存系统中要对库存期初结存进行审核,存货系统中要对期初数据进行记账,才能进行以后的日常业务核算。如果两个系统中期初数据输入完成后发现有错误,可以通过"弃审"和"恢复"功能进行恢复后再进行修改。但如果已进行了日常业务核算,则不可以修改。

7.2 日常业务处理

【小知识 7-3】采购业务的手工处理流程

一般企业的采购业务手工会计处理流程包括采购入库,由保管员进行验收,填写入库单,一式三份:一份留存,一份交给采购员(采购员提货)或供应商(供应商送货),一份交给财务部门;采购员对采购入库单进行审核;采购发票到达后,由采购员或供应商持采购入库单和采购发票到财务进行结算。在采购业务的会计处理之前,保管员要根据物资库存情况向管理部门提出请购物资申请,填写请购单,管理部门审批后交给采购部门,采购部门安排订货,发出采购订单,由采购员进行采购或由供应商直接送货。

任务 34 赊购业务

资料：1 月 3 日，供应组向上海生物厂订购调节剂 1 000 kg，单价 2.80 元；1 月 5 日，收到货物并验收入库；1 月 7 日，收到增值税专用发票，票号 546778；1 月 10 日，用银行汇票支付本次及上年度所欠货款共计 6 552 元。

1. 采购订单的录入与审核

操作步骤如下所述。

（1）1 月 3 日，在采购管理系统中，填写采购订单。执行"供应链"|"采购管理"|"采购订货"|"采购订单"命令，进入"采购订单"界面，单击"增加"按钮，输入相关信息，如图 7-23 所示。

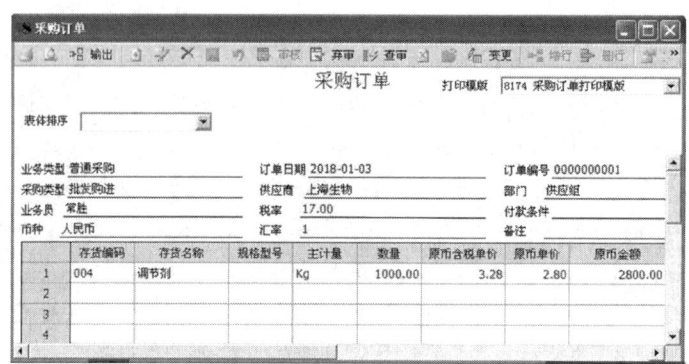

图 7-23 采购订单录入窗口

（2）在工具栏中单击"保存"按钮。

（3）审核采购订单。在工具栏中单击"审核"按钮。

2. 采购入库单的录入与审核

操作步骤如下所述。

（1）1 月 5 日，在库存管理系统中，填写采购入库单。执行"供应链"|"库存管理"|"业务入库"|"采购入库单"命令，进入"采购入库单"界面，单击"生单"按钮，进入"选择采购订单或采购到货单"界面，选择供应商，单击"过滤"按钮，选中"采购订单"标签下的单据。选择入库仓库"材料库"，单击"确定"按钮，打开"确定要生单吗"对话框，如图 7-24 所示。

【补充阅读资料 7-4】采购入库单可以根据采购订单自动生成，也可以手工录入。采购入库的物资种类、数量可能与采购订单的物资种类、数量不完全一致，根据订单自动生成时可以按入库的种类、数量予以修改。一般情况下采购入库单的录入与审核不能是同一个人。在系统建账时应明确人员分工，如果赋予保管员录入采购入库单的权限，那么就应把审核的权限赋予采购员；反之，由采购员录采购入库单，由保管员负责审核。这样才能保证入库单据与入库物资的一致，保证账实相符。这里由于是以账套主管的身份进入的系统，因此能填单并审核，但实际工作中不应该这样做。

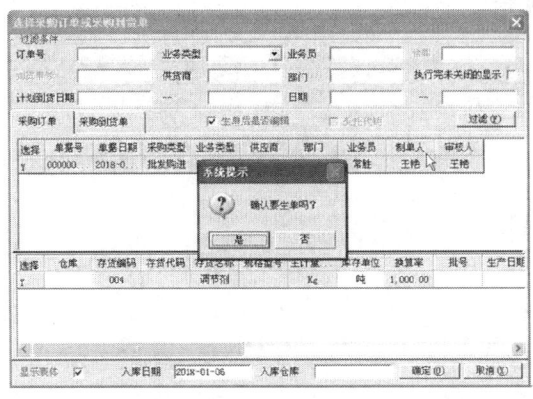

图 7-24　采购订单生成窗口

（2）单击"是"按钮，根据订单自动生成采购入库单。
（3）审核采购入库单。在工具栏中单击"审核"按钮。

3．采购专用发票的录入与采购结算

操作步骤如下所述。

（1）1月7日，在采购管理系统中，填写采购专用发票。执行"供应链"|"采购管理"|"采购发票"|"专用采购发票"命令，进入"采购专用发票"界面，单击"增加"按钮，在存货表格中单击鼠标右键，选择"拷贝采购入库单"选项，如图 7-25 所示。（采购发票也可以手工录入。）

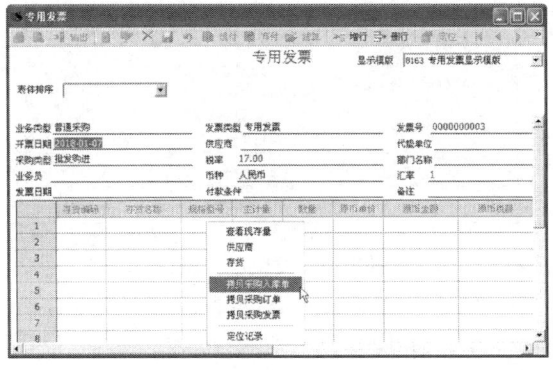

图 7-25　采购发票生成窗口

（2）在过滤窗口中，选择供应商，单击"过滤"按钮，双击出现的入库单左边选择栏空白处，出现"Y"标记后，单击工具栏中的 OK 按钮，采购入库单中的相应数据自动导入，然后单击"保存"按钮。

（3）执行"采购结算"|"手工结算"命令，进入"手工结算"界面，单击工具栏中的"过滤"按钮，如图 7-26 所示。

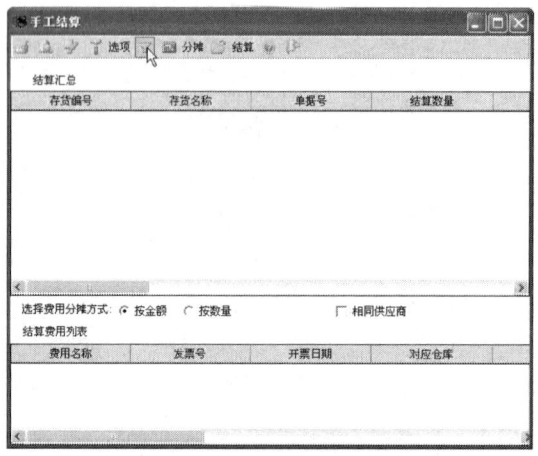

图 7-26　"手工结算"界面

（4）在"结算选单"窗口，单击工具栏中的"刷票"按钮，如图 7-27 所示。

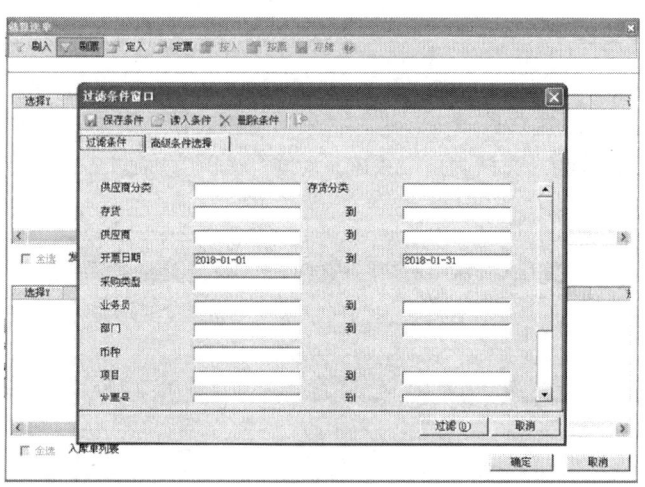

图 7-27　发票过滤窗口

（5）单击"确定"按钮后，在工具栏中再依次单击"刷入"按钮，选中上、下表体下面的"全选"复选框，如图 7-28 所示。

（6）单击"确定"按钮后，再在工具栏中单击"结算"按钮，完成采购入库单与采购专用发票间的结算。结算完成，如图 7-29 所示。

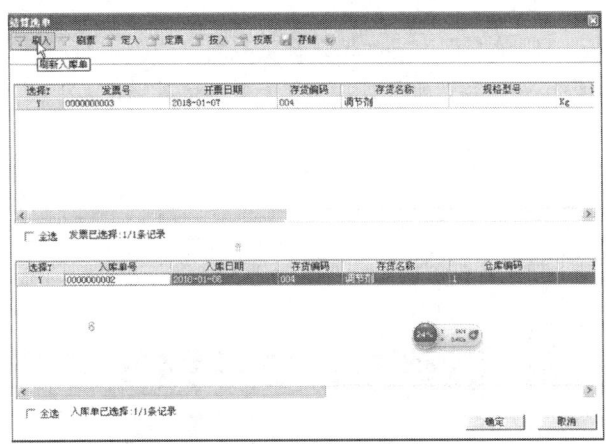

图 7-28 结算选择窗口

图 7-29 结算完成

【小知识 7-4】采购结算

采购结算也称采购报账，是指采购核算人员根据采购入库单、采购发票核算采购入库成本；采购结算的结果是采购结算单，它是记载采购入库单记录与采购发票记录对应关系的结算对照表。采购结算从操作处理上分为自动结算和手工结算两种方式，但在实际工作中最好选用手工结算。手工结算适用多个采购入库单对应一个发票，或多个采购入库单对应多个采购发票的情况，也可以一行入库记录分次结算。

4．形成应付款

操作步骤如下所述。

（1）在应付款管理系统中，审核应付单据。执行"财务会计"|"应付款管理"|"应付单据处理"|"应付单据审核"命令，进入"单据过滤条件"界面，选择供应商，如图 7-30 所示。

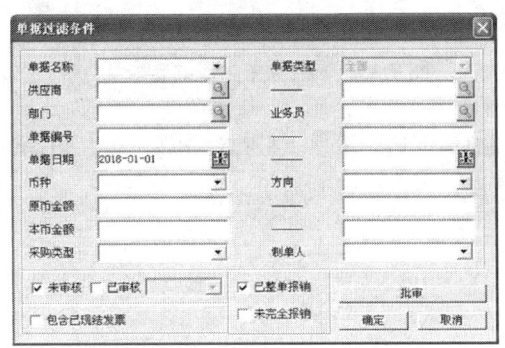

图 7-30 "单据过滤条件"界面

(2)单击"确认"按钮,在"应付单据列表"窗口中,双击左边选择栏空白处,出现"Y"标记后,单击工具栏中的"审核"按钮,系统提示审核成功。

(3)执行"制单处理"命令,进入"制单查询"界面,选择供应商,如图7-31所示。

(4)单击"确认"按钮,选择"凭证类别"为转账凭证,选择所需制单的凭证,如图7-32所示。

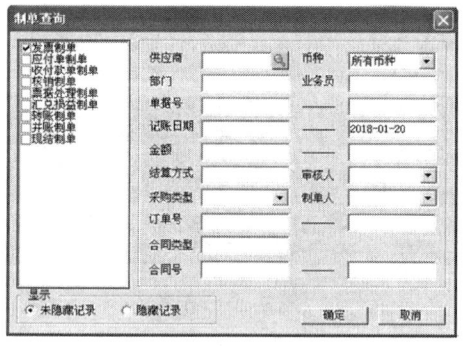

图7-31 制单类型选择窗口　　　　　图7-32 采购发票制单窗口

(5)单击工具栏中"制单"按钮,出现所需填制的凭证界面,如图7-33所示。

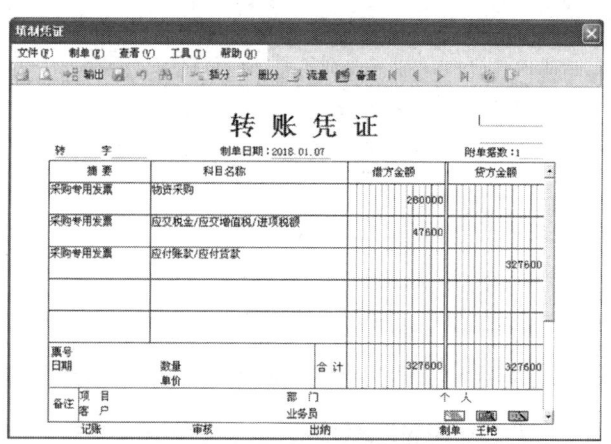

图7-33 采购业务生成的转账凭证

(6)按要求补充、修改凭证后,单击"保存"按钮,系统自动生成凭证,并在该凭证的左上角标注"已生成"字样,自动传递到总账。

5. 存货系统记账

操作步骤如下所述。

(1)1月10日,进入存货核算,执行"业务核算"|"正常单据记账"命令,打开"正常

单据记账条件"对话框,如图 7-34 所示。

(2)单击"确认"按钮,进入"正常单据记账"窗口,单击左边选择栏目的空白处,出现"√"标志,如图 7-35 所示。

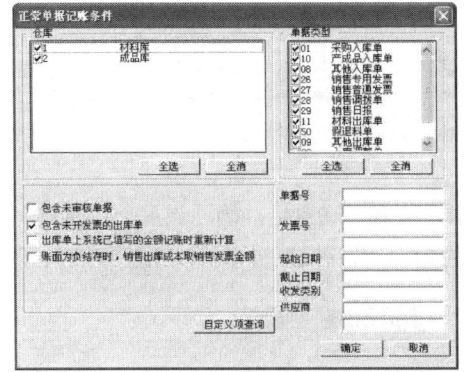

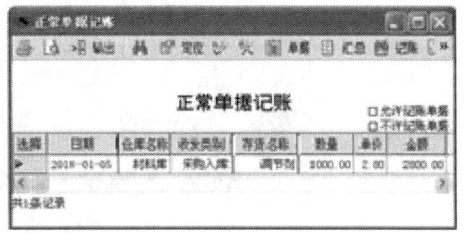

图 7-34　"正常单据记账条件"对话框　　　图 7-35　"正常单据记账"窗口

(3)单击工具栏中的"记账"按钮,完成存货明细账的登记工作。

(4)执行"财务核算"|"生成凭证"命令,进入"生成凭证"界面后,单击工具栏中的"选择"按钮,打开"查询条件"对话框,选中"采购入库单"复选框,如图 7-36 所示。

(5)单击"确认"按钮,打开"未生成凭证单据一览表"界面,在左侧选择栏空白处选中后,单击工具栏中的"确定"按钮,如图 7-37 所示。

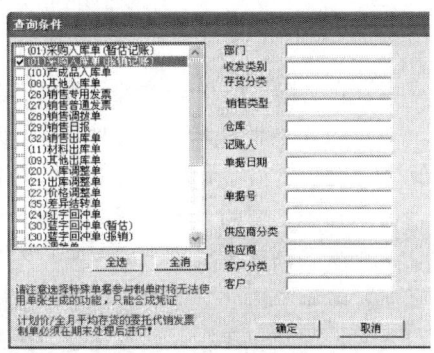

图 7-36　"查询条件"对话框

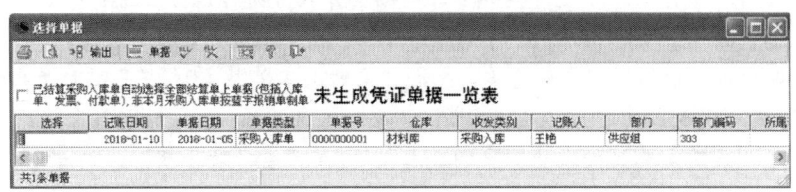

图 7-37　未生成凭证单据一览表

（6）打开如图7-38所示的界面，选择"凭证类别"为转账凭证。

图7-38 显示要生成的凭证要素窗口

（7）单击"生成"按钮，出现凭证填制的界面，补充、修改至准确无误后，单击"保存"按钮，凭证左上角出现"已生成"字样，表明已成功保存，传递到总账，如图7-39所示。

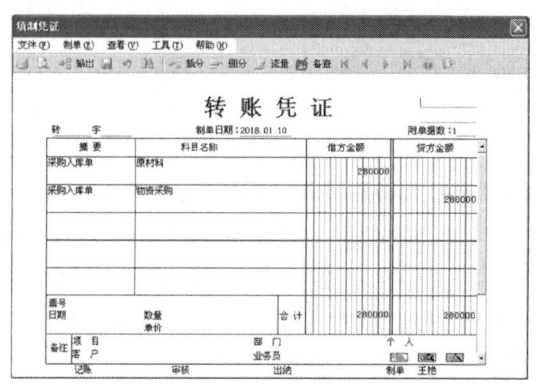

图7-39 生成记账凭证

【补充阅读资料7-5】在实际工作中经常遇到采购发票与采购入库物资不能同时到达且时间间隔很长的情况，这时入库单据不能和发票核对进行采购结算，也就不能形成应付账款。在这种情况下，采购入库的物资一般按暂估成本记入存货明细账。通常企业选择存货系统基本设置中暂估方式为月初回冲，即到月末处理时系统自动生成红字回冲单，待下月初，又自动生成蓝字回冲单，直到发票到达再进行采购结算，不用手工处理。

【补充阅读资料7-6】实际工作中，请购、订购、采购、结算、形成应付款、付款等工作并不一定是在一个月或短时间内完成，往往要经过一定的时间间隔，而且以上各工作一般也是由不同的人员分别进行的。本例题把一系列有连带关系的工作综合在一起，只是为了学习者理解、操作上的方便，实际上每一项具体任务是可以分开进行的。

采购小结：采购业务一般程序为：①在"采购管理系统"填制"采购订单"；②到货后在"库存管理系统"中根据"采购订单"生成"采购入库单"；③在"采购管理系统"中根据"采购订单"或"采购入库单"生成（复制）"采购专用发票"，然后进行采购结算（将"采购入库单"与"采购发票"核对计算采购成本）；④在"应付款管理系统"进行"应付单据"审核，生成应付款；⑤在"存货管理系统"中进行"正常单据记账"生成材料采购成本的记账凭证。

任务 35　现购业务

1．现付到货

资料：1月13日，从哈前进鸡厂以转账支票（票号X5721）购入蛋白原500kg，单价20元，开出专用采购发票。

操作步骤如下所述。

（1）在库存管理系统中，录入采购入库单。执行"系统菜单"|"日常业务"|"入库"|"采购入库单"命令，在"采购入库单"界面，单击"增加"按钮，录入入库单相关信息，如图7-40所示。

（2）依次单击"保存""审核""退出"按钮。

（3）在采购管理系统中，执行"采购发票"|"专用采购发票"命令，在采购专用发票界面，单击"增加"按钮，右击发票表体，复制"采购入库单"，生成专用发票信息，如图7-41所示。

（4）单击"保存"按钮，再单击"现付"按钮，在弹出的"采购现付"窗口，录入相关票据信息，如图7-42所示。

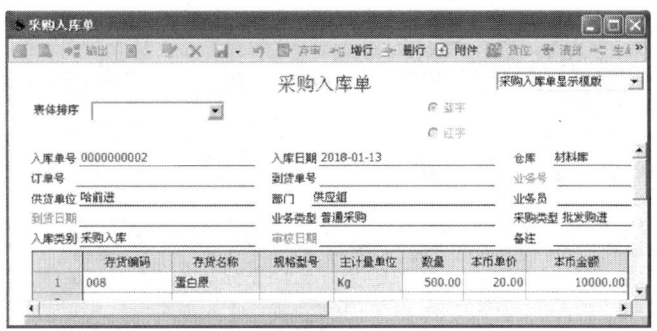

图 7-40　采购入库单录入窗口

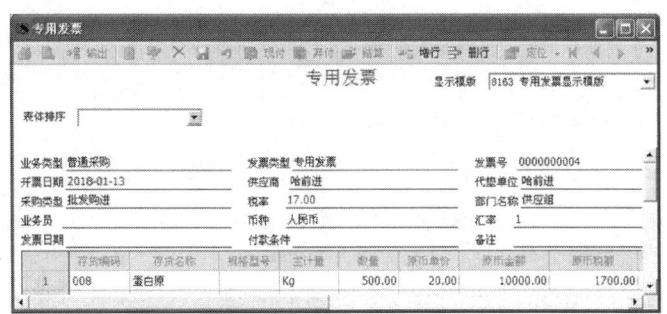

图 7-41　生成的专用发票

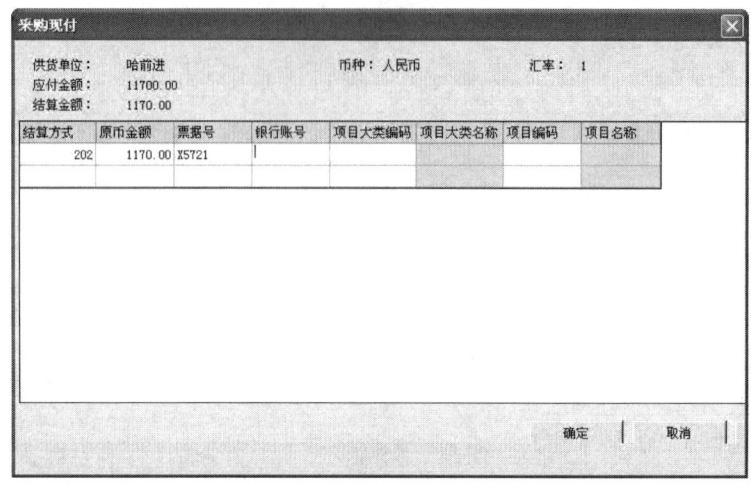

图 7-42 "采购现付"窗口

（5）单击"确定"按钮后，发票左上角出现红色已现付标记，退出窗口。

（6）在采购管理系统中，进行采购结算。执行"采购结算"|"手工结算"命令，进入"手工结算"界面，单击工具栏中的"增加"和"过滤"按钮，然后通过单击"刷票"和"刷入"按钮，打开要结算的"采购发票"和"采购入库单"，如图 7-43 所示。

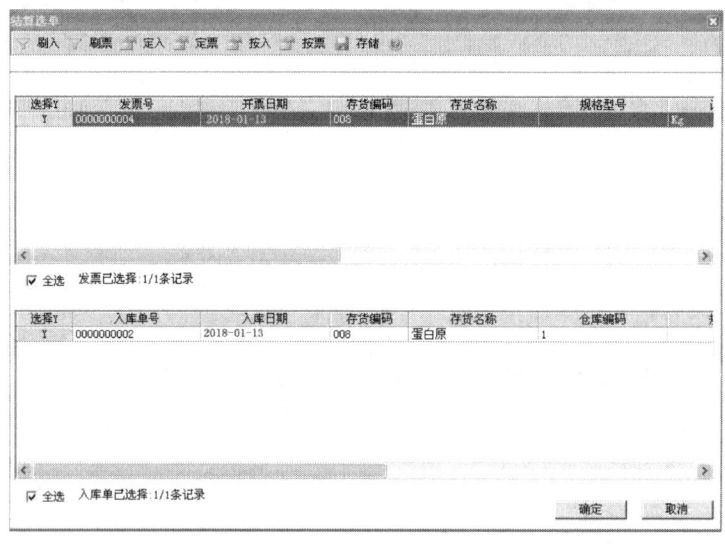

图 7-43 结算单据选择窗口

（7）单击"确定"按钮后，打开结算录入窗口，录入合理损耗等相关信息，如图 7-44 所示。

（8）在工具栏中单击"结算"按钮，完成采购入库单与采购专用发票的结算，如图 7-45

所示。

（9）在存货核算系统中，进行记账并生成凭证。

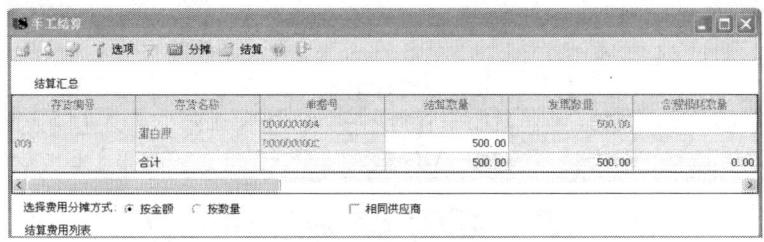

图 7-44　结算数据录入窗口

操作步骤如下所述。

1）进入存货核算，执行"业务核算"|"正常单据记账"命令，打开"正常单据记账条件"界面，如图 7-46 所示。

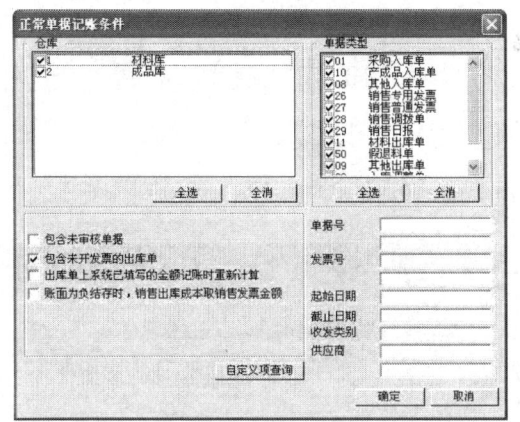

图 7-45　结算完成提示窗口　　　图 7-46　"正常单据记账条件"界面

2）单击"确认"按钮，打开"正常单据记账"界面，单击左边选择栏目的空白处，出现"√"，如图 7-47 所示。

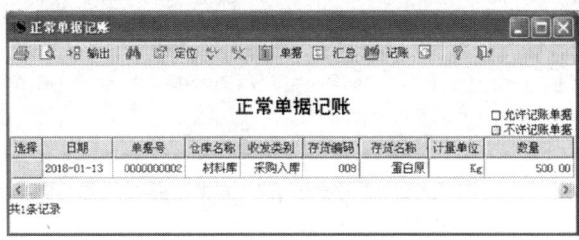

图 7-47　"正常单据记账"界面

3）单击工具栏中的"记账"按钮，完成存货明细账的登记工作。

4）执行"财务核算"|"生成凭证"命令，进入"生成凭证"界面后，单击工具栏中的"选择"按钮，打开"查询条件"界面，在界面左侧选中"采购入库单"复选框，如图7-48所示。

5）单击"确认"按钮，打开"未生成凭证单据一览表"，单击左侧选择栏的空白处，出现"1"，表明该单据被选中，然后单击工具栏中的"确定"按钮，如图7-49所示，系统会生成相应的记账凭证。

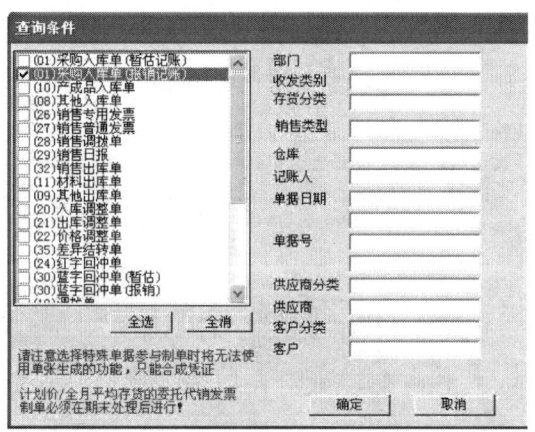

图 7-48 生成凭证选择界面

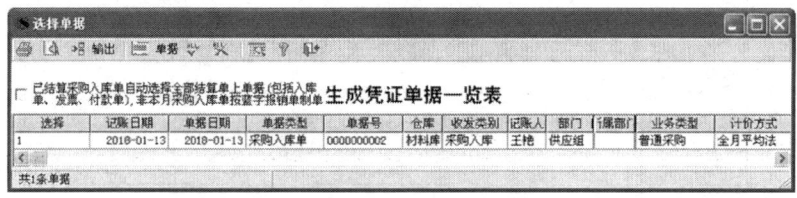

图 7-49 未生成凭证单据一览表

6）打开如图7-50所示的界面，选择"凭证类别"为转账凭证。

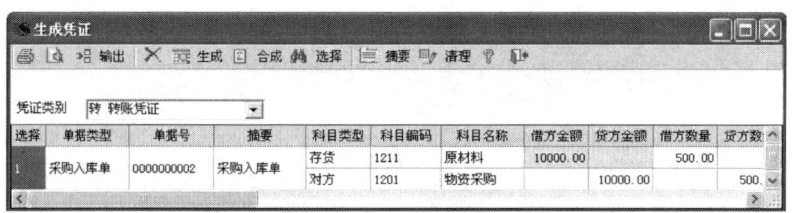

图 7-50 显示要生成的凭证要素界面

7）单击"生成"按钮，打开"填制凭证"界面，补充、修改至准确无误后，单击"保存"按钮，凭证左上角出现"已生成"字样，表明已成功保存，传递到总账，如图7-51所示。

2. 现付制单

操作步骤如下所述。

（1）在应付款管理系统中，进行应付单据审核处理。执行"财务会计"|"应付款管理"|"应付款单据处理"|"应付单据审核"命令，在"单据过滤条件"窗口选中"包含已现结发票"复选框，如图 7-52 所示。

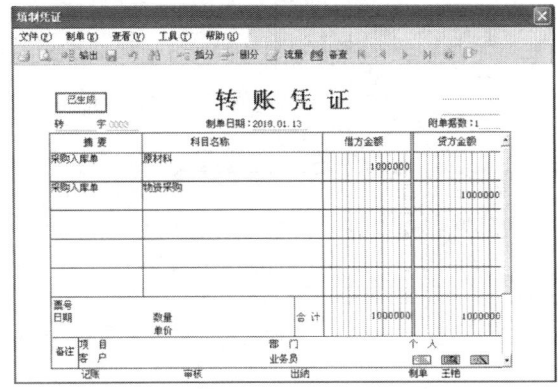

图 7-51　生成记账凭证

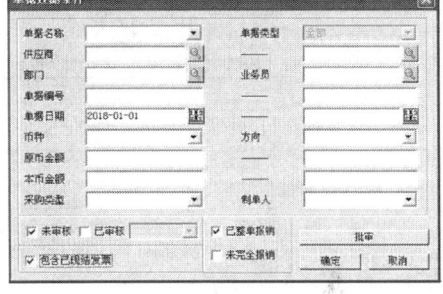

图 7-52　"单据过滤条件"窗口

（2）执行"制单处理"命令，进入"制单查询"界面，选择供应商，如图 7-53 所示。

（3）单击"确认"按钮，在"应付单据列表"窗口中，双击左边选择栏空白处，出现"Y"后，单击工具栏中"审核"按钮，系统提示审核成功，如图 7-54 所示。

（4）单击工具栏中"制单"按钮，出现所需的"填制凭证"界面，如图 7-55 所示。

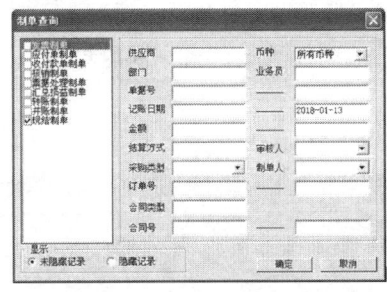

图 7-53　制单类型选择界面

图 7-54　现结制单界面

（5）按要求补充、修改凭证后，单击"保存"，系统自动生成凭证，并在该凭证的左上角标注"已生成"字样，自动传递到总账。

现购小结：现购业务一般程序为：①"库存管理系统"中填制"采购入库单"；②在"采购管理系统"中根据"采购订单"或"采购入库单"生成（复制）"采购专用发票"；③对采购发票进行"现付"；④在"存货管理系统"中进行"正常单据记账"，生成材料采购成本的记账凭证；⑤在应付款管理系统中进行"应付单据审核"（包括现结发票），并制单生成付款的记账凭证。

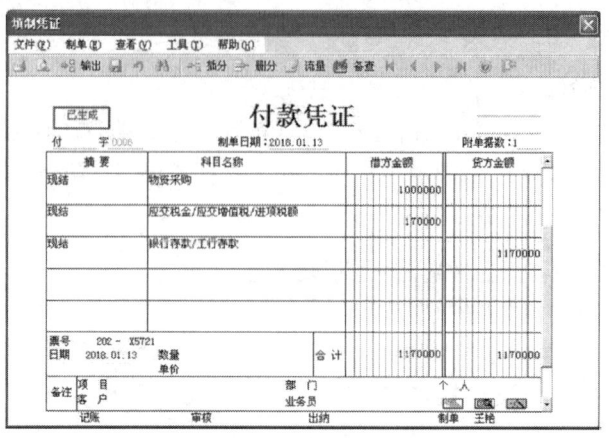

图 7-55 采购业务生成的记账凭证

本章小结

采购业务核算要通过采购管理、库存管理、存货核算、应付款系统等多个系统共同协调，才能完成整个工作流程。在这个流程中包括实物流转、资金流转、票据流转三个部分。实物流转主要在库存管理和存货核算两个系统中进行，完成采购物资的入库、验收、结算；资金流转主要在应付款管理系统中进行，完成应付款的形成、付款；票据流转在采购管理、库存管理、存货核算、应付款管理系统中都存在，分别完成请购单、订货单、采购发票的录入；采购入库单的录入与审核；入库单与采购发票的结算、存货凭证的生成；付款单录入、审核、应付单据审核、付款、应付凭证的生成。

基本训练

□ 能力题

1. 1 月 14 日，供应组向北京化学试剂厂订购凝固剂 500kg，单价 10 元，1 月 17 日下午收到货物并验收入库；1 月 20 日，收到增值税专用发票，票号 785467；1 月 21 日，用银行汇票支付货款。

2. 1 月 23 日，从哈兽研所以转账支票购入无机质 50kg，单价 3.5 元，开出专用采购发票。支票号 M7215。

第 8 章

销售与应收系统

学习目标

通过本章学习，了解销售系统、应收系统的启用、相关设置，明确销售、库存、存货、应收各系统在使用过程中的衔接，掌握各种销售、收款业务的具体流程及操作步骤。

8.1 系统初始设置

【小知识 8-1】销售系统与相关系统间的协作

一般的销售业务由接受客户的销售订单开始，销售部门按订单安排销售出库、发货并开具销售发票，最后收回货款。这涉及销售管理系统、库存管理系统、存货管理系统、应收款管理系统的工作，并由它们共同来完成。企业通过销售管理系统可以了解商品销售业务的订购、发货，销售合同执行情况，由此进行销售增长分析、货物流向分析、销售结构分析、销售毛利分析、市场分析和商品周转率分析等，做到有效管理；通过应收款系统可以掌握销售业务的收款情况，便于及时回笼资金，保证资金周转；通过库存系统可以随时掌握销售商品的存货数量信息，从而避免库存积压或库存脱销；通过存货系统可以为销售核算提供销售出库成本，便于财务部门及时掌握销售营业成本。

任务 36 启动系统并完成初始设置

1. 应收款管理系统初始设置

资料：（1）应收款基本科目设置。

应收科目	113101
预收科目	2131
销售收入科目	5101
销售税金科目	21710105
银行承兑科目	111101
票据利息科目	5503
票据费用科目	5503

（2）控制科目设置。所有客户应收科目均为1131。

（3）产品科目设置。产成品销售收入科目分别为510101和510102，应交税金科目均为21710105。

（4）结算方式科目设置。现金结算：现金（1001）；现金支票：现金（1001）；转账支票：工行存款——工行存款（100201）。

（5）坏账准备设置。提取比率：0.5%；坏账准备期初余额：2 223；坏账准备科目：1141；对方科目：5502。

（6）账龄区间设置。

序号	总天数（天）
01	30
02	60
03	90
04	120

（7）报警级别设置。

序号	总比率（%）	级别名称
01	10	A
02	30	B
03	50	C
04	100	D
05		E

操作步骤如下所述。

（1）登录企业应用平台，进入企业账套后，执行"财务会计"|"应收款管理"|"设置"|"初始设置"|"设置科目"|"基本科目设置"命令，进行相应的基本科目设置，如图8-1所示。

（2）执行"设置科目"|"控制科目设置"命令，进行相应应收控制科目设置，如图8-2所示。

（3）执行"设置科目"|"产品科目设置"命令，进行相应产品销售科目设置，如图8-3所示。

（4）执行"设置科目"|"结算方式科目设置"命令，进行相应结算方式科目设置，如图8-4所示。

（5）执行"账期内账龄区间设置"命令，进行账期内账龄区间设置，如图8-5所示。

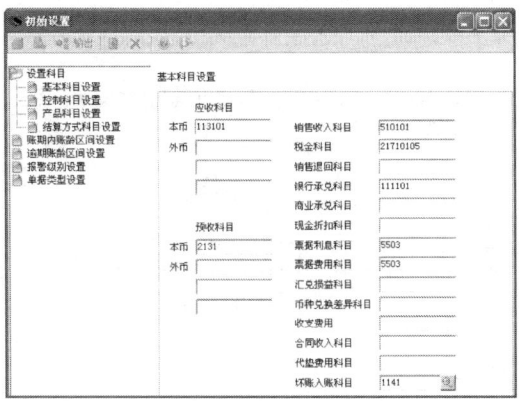

图 8-1 基本科目设置窗口

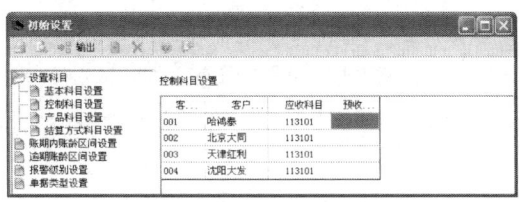

图 8-2 控制科目设置窗口

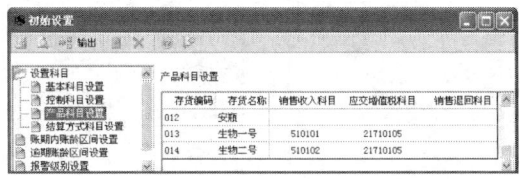

图 8-3 产品科目设置窗口

图 8-4 结算方式科目设置窗口

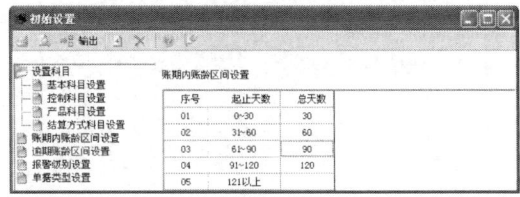

图 8-5 账期内账龄区间设置窗口

(6) 执行"报警级别设置"命令，进行报警级别设置，如图8-6所示。

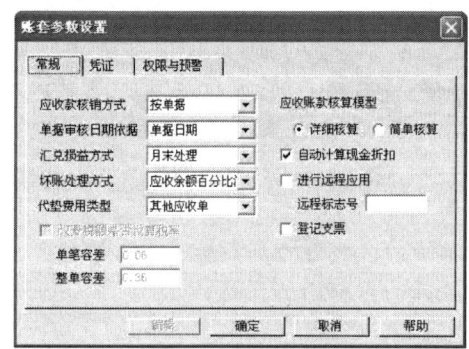

图8-6 报警级别设置窗口

(7) 选项设置。

资料：按单据核销应收账款，按客户控制科目；产品销售科目依据存货分类；预付款核销按余额；制单方式明细到客户；采用应收账款余额百分比法进行坏账处理；显示现金折扣；核算代垫费用的单据类型为其他应收单；录入发票时，显示提示信息。

操作步骤：执行"设置"|"选项"|"编辑"命令，进行应收款管理的账套参数设置，"常规"标签下的设置如图8-7所示，"凭证"标签下的设置如图8-8所示，"权限与预警"标签下的设置如图8-9所示。

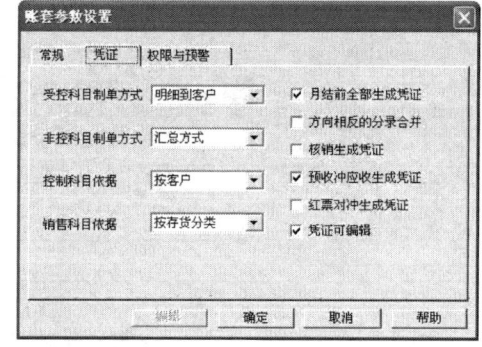

图8-7 常规参数设置窗口　　　　　图8-8 凭证参数设置窗口

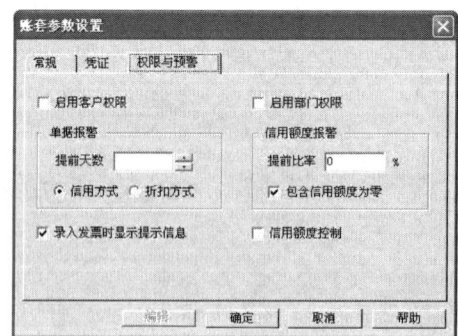

图8-9 权限与预警参数设置窗口

(8)期初余额设置。

资料:应收账款期初余额(见表8-1)和应收票据期初余额表(见表8-2)。

表8-1 应收账款期初余额

单据名称	单据类型	方向	开票日期(月.日)	客户名称	销售部门	业务员	科目编码	货物名称	数量(瓶)	增值税发票号	价税合计(元)
销售发票	专用发票	借	10.12	鸿泰	销售组	李刚	1131	生物一号	500	3932939	1 872 000
销售发票	专用发票	借	11.09	大同	销售组	李刚	1131	生物二号	300	3494959	1 193 400

表8-2 应收票据期初余额表(票据编号:YD76890)

单据名称	单据类型	方向	开票日期(月.日)	客户名称	销售部门	业务员	科目编码	货物名称	数量(瓶)	增值税发票号	价税合计(元)
应收票据	银行承兑汇票	借	11.20(三个银行承兑汇票)	红利	销售组	孙美	11201	生物一号	100	394 542	374 400

操作步骤如下所述。

1)执行"设置"|"期初余额"命令,打开"期初余额明细表"对话框,单击"增加"按钮,打开"单据类别"对话框,如图8-10所示。

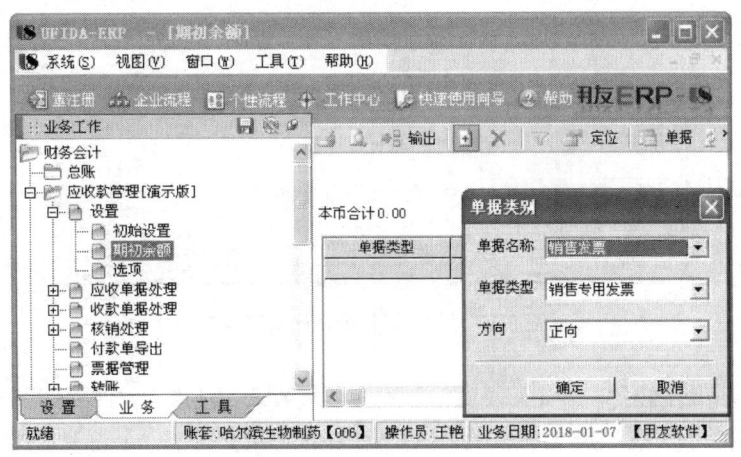

图8-10 应收期初余额录入类别选择对话框

2)单击"确认"按钮,打开"销售专用发票"录入界面,依次录入以上两张专业销售发票形成的应收账款期初余额,然后保存,如图8-11所示。

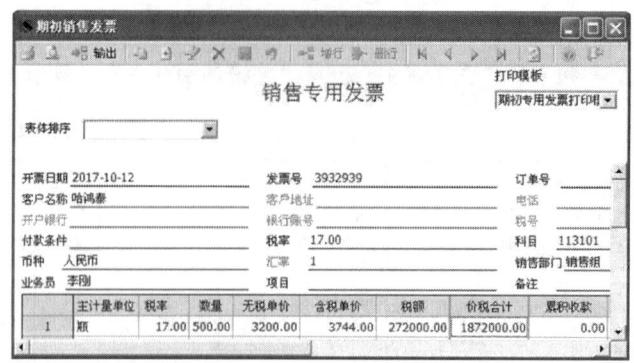

图 8-11 销售专用发票录入界面

3）录入完成后，如图 8-12 所示。

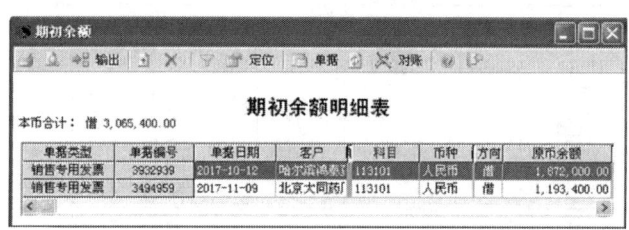

图 8-12 销售专用发票期初余额表窗口

4）依次录入应收账款和应收票据的期初余额后，在期初余额界面的工具栏中选择"对账"命令，进行应收款管理系统与总账系统的对账，如图 8-13 所示。对账结果差额为 0，即对账正确。

图 8-13 应收与总账期初对账窗口

【补充阅读资料 8-1】应收票据期初余额的录入是在"单据类别"对话框中进行的，"单据名称"选择应收票据、"单据类型"选择银行承兑汇票，单击"确认"按钮后进入期初票据录入界面，按相关信息录入即可；如果有的企业有预收款期初余额，则在单据名称中选择预收款、单据类型中选择收款单，单击"确认"按钮后进入收款单录入界面，按相关信息录入即可。

2. 销售管理系统初始设置

操作步骤：进入销售管理系统，执行"设置"|"销售选项"命令，打开销售系统的"选项"界面，单击"信用控制""价格管理"标签，完成相应设置，如图 8-14 和图 8-15 所示。

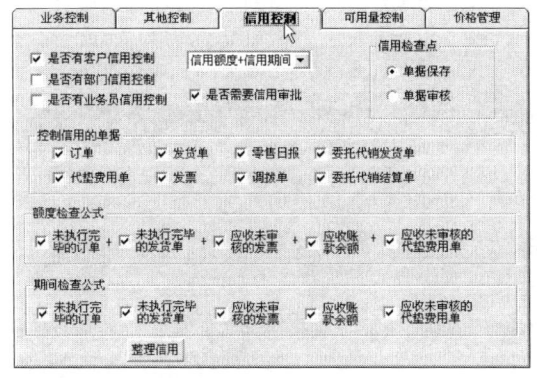

图 8-14 信用控制设置窗口

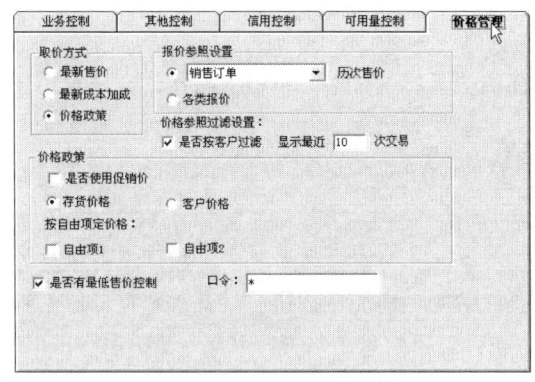

图 8-15 价格管理设置窗口

8.2 日常业务处理

任务 37 赊销业务

资料：1 月 4 日，业务员李刚收到沈阳大发公司订单，订购生物二号 500 瓶，不含税单价 3 400 元（成本 2 850 元），预计 1 月 7 日发货。1 月 7 日按期给大发公司发货，用公路运输，以现金代垫运费 200 元。1 月 9 日，沈阳大发收到货物后以转账支票转来全部货款及运费。1 月 10 日财务部根据发货单开出销售专用发票。1 月 12 日，钱款到账。

1. 订单处理

操作步骤具体如下。

（1）执行"供应链"|"销售管理"|"系统菜单"|"业务"|"销售订货"|"销售订单"命令，打开"销售订单"界面，单击"增加"按钮，录入相关订单的信息，然后单击"保存"按钮，如图 8-16 所示。

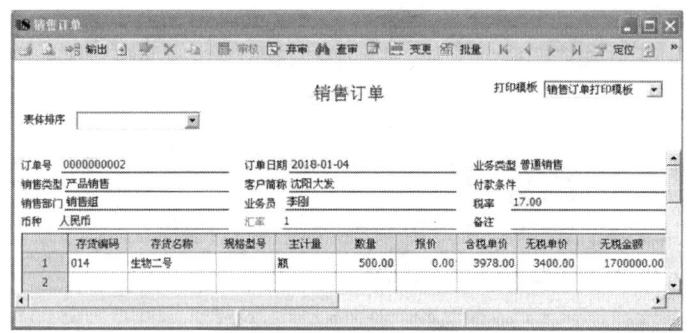

图 8-16　销售订单填制界面

（2）在销售订单界面的工具栏中单击"审核"按钮，完成对销售订单的审核工作。

2. 先发货后开发票

操作步骤如下所述。

（1）发货时，填制发货单。在销售管理系统中，执行"销售发货"|"发货单"命令，出现发货单界面，单击工具栏中的"增加"按钮，打开"选择订单"界面，输入客户名称，单击右上角"显示"按钮，出现订单信息，单击订单号左侧空白格，出现"Y"字样，同时下面出现相应存货信息，再单击窗口下面存货编码左侧空白格，出现"Y"字样，如图 8-17 所示。

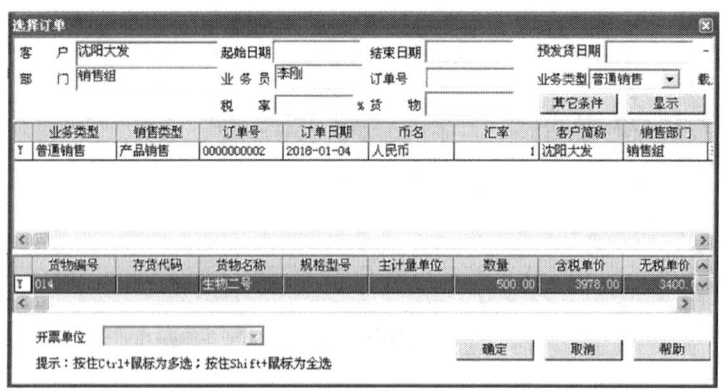

图 8-17　销售发货单生成窗口

(2)单击"确定"按钮,系统根据销售订单自动生成发货单后,录入发货单的其他信息,如仓库名称等,单击"保存"按钮,如图 8-18 所示。

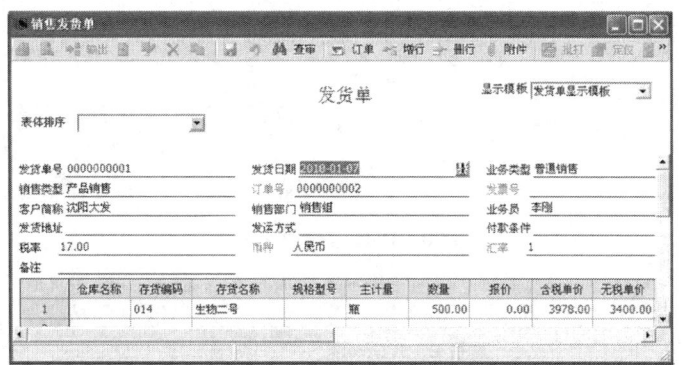

图 8-18　发货单生成窗口

(3)在发货单界面的工具栏中单击"保存"按钮后,再单击"审核"按钮,对发货单进行审核。

(4)开发票。发票可以根据订单生成,也可以根据发货单生成。执行"销售开票"|"销售专用发票"命令,打开"销售专用发票"界面,单击工具栏中的"增加"按钮,弹出"选择订单"界面,这里我们可以不依据订单生成发票,单击"取消"按钮。单击工具栏中的"发货"按钮,弹出"选择发货单"界面,操作步骤同"选择订单",相关信息录入完成,单击工具栏中的"保存"和"复核"按钮,如图 8-19 所示。

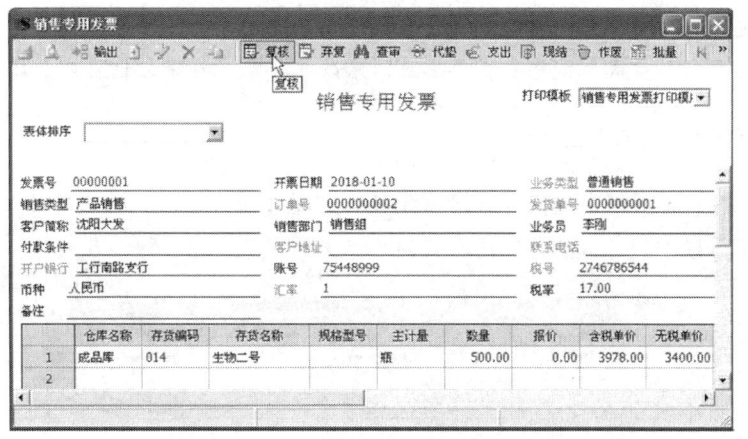

图 8-19　销售发票生成界面

(5)在销售发票界面的工具栏中单击"代垫"按钮,录入代垫费用相关信息,如图 8-20 所示。

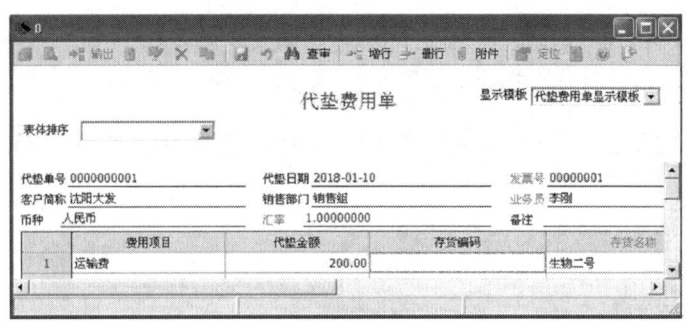

图 8-20 代垫运费用生成界面

（6）单击工具栏中的"保存""审核"按钮，然后单击"退出"按钮。

（7）在销售发票界面，单击"复核"按钮后，退出销售发票界面。

【小知识 8-2】先发货后开票与开票直接发货

先发货后开票业务，是指根据销售订单或其他销售合同，向客户发出货物，发货之后根据发货单开票并结算。先发货后开票业务适用于普通销售、分期收款、委托代销业务。先发货后开票时，销售发货单可以手工增加，也可以参照销售订单填制；销售发货单可以修改、删除、审核、弃审、关闭、打开；已审核未关闭的销售发货单可以参照生成销售发票。另外，先发货后开票时，销售管理系统与库存管理系统同时启用，且选中是否销售生成出库单，则销售发货单审核时生成销售出库单；否则在库存管理系统中根据发货单生成出库单。

开票直接发货业务，是指根据销售订单或其他销售合同，向客户开具销售发票，客户根据发票到指定仓库提货。开票直接发货业务只适用于普通销售。开票直接发货时，销售发货单根据销售发票自动生成，销售发货单不可以修改、删除、弃审，但可以关闭、打开。

3．库存出库和结转成本

（1）在库存管理系统中，执行"出库业务"|"销售出库单"命令，打开"销售出库单"界面，单击工具栏中的"审核"按钮，如图 8-21 所示。

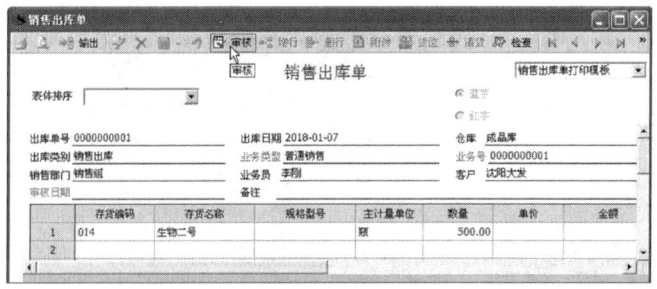

图 8-21 "销售出库单"审核界面

(2）进入存货核算系统，执行"系统菜单"|"日常业务"|"销售出库单"命令，打开"销售出库单"界面，单击工具栏中的"修改"按钮，在表体中输入销售商品结转成本的单价 2 850 元，然后单击"保存"按钮，如图 8-22 所示。

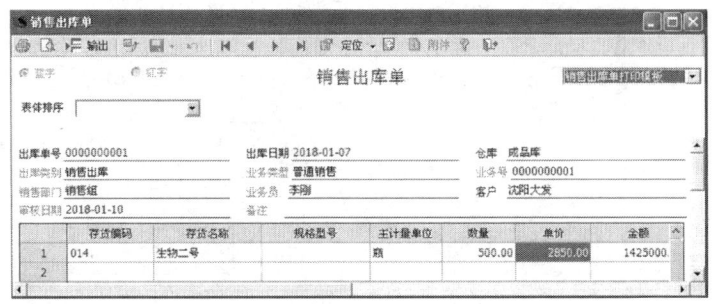

图 8-22　产品销售成本录入窗口

【小知识 8-3】销售出库单

销售出库单是销售出库业务的主要凭据，在库存管理系统中用于存货出库数量核算，在存货核算系统中用于存货出库成本核算。所有销售出库单的单价、金额都可在存货系统中修改，并且系统将修改过的单价、金额自动填入库存系统的销售出库单相应的栏目中，而对数量的修改只能在该单据填制的系统中进行。若库存系统没有启用，销售系统启用，则销售出库单在销售系统中录入，在存货核算系统中进行查看；若库存系统与销售系统都没有启用，则销售出库单由存货核算系统进行录入。

（3）执行"业务核算"|"正常单据记账"命令，打开"正常单据记账"界面，单击"确认"按钮后，进入"正常单据记账"窗口，单击表体选择栏下空白处，出现"Y"标记，再单击工具栏中的"记账"按钮，完成存货明细账的登记工作，如图 8-23 所示。

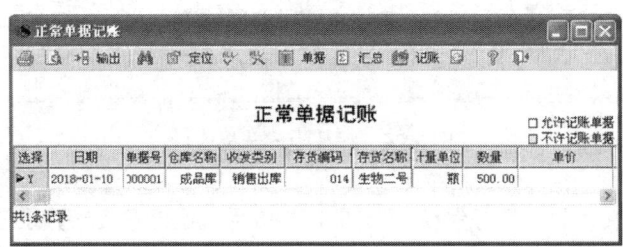

图 8-23　发出产品记账窗口

（4）执行"财务核算"|"生成凭证"命令，在打开的界面中单击工具栏上的"选择"按钮，弹出"查询条件"窗口，输入信息，单击"确认"按钮，如图 8-24 所示。

（5）在"未生成凭证单据一览表"中，单击左侧选择栏下空白处，出现"1"标记，再单击工具栏中的"确定"按钮，如图 8-25 所示。

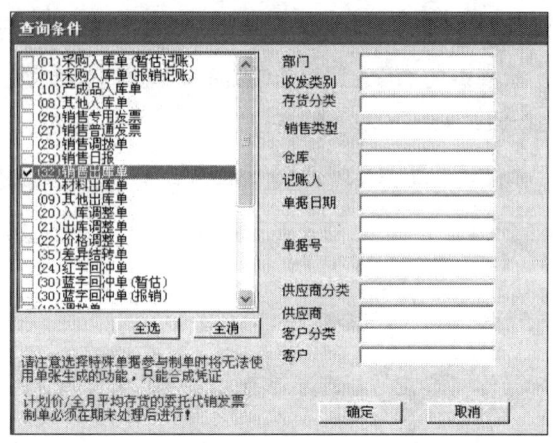

图 8-24 "查询条件"窗口

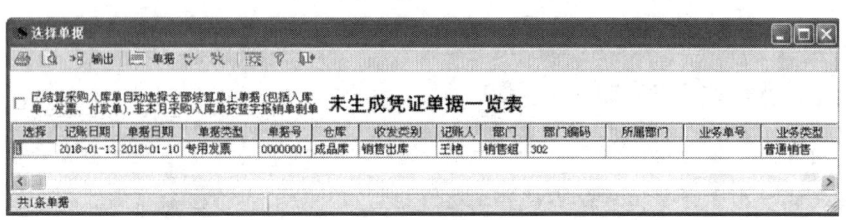

图 8-25 未生成凭证单据一览表

（6）在弹出的窗口中选择"凭证类别"为转账凭证，输入对方科目：主营业务成本 5401，再单击工具栏上的"生成"，如图 8-26 所示。

图 8-26 凭证生成选择窗口

（7）对弹出的转账凭证进行保存，如图 8-27 所示。退出存货核算系统。

4．形成应收款

操作步骤如下所述。

（1）在应收款管理系统中，执行 "应收票据处理"|"应收票据审核"命令，在弹出的"单据过滤条件"窗口，输入客户等相关信息，单击"确认"按钮，打开"应收单据列表"窗口，单击工具栏中的"全选"按钮，再单击"审核"按钮，如图 8-28 所示。

第 8 章　销售与应收系统

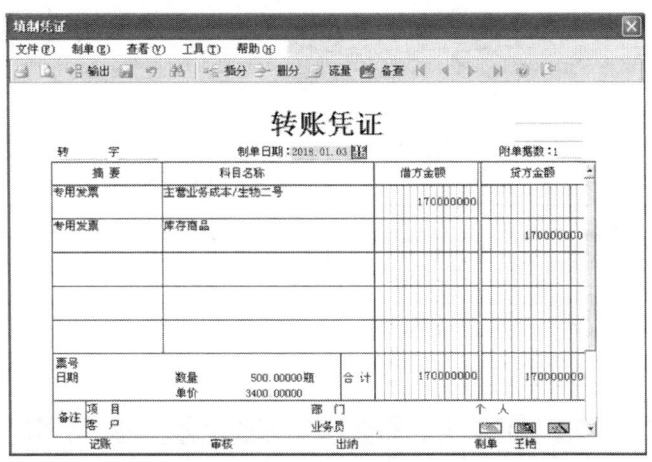

图 8-27　生成的已销产品成本结转凭证

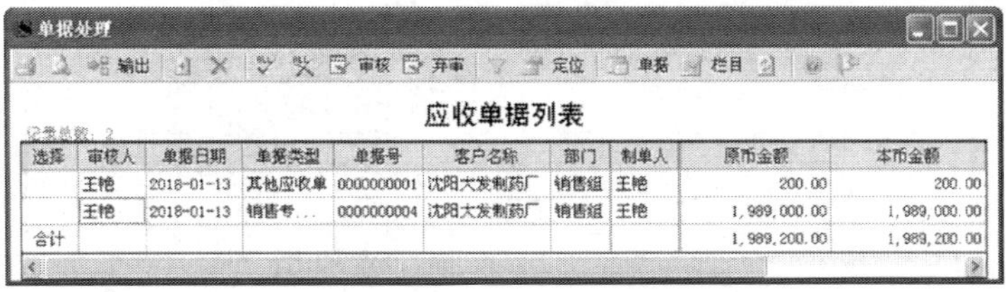

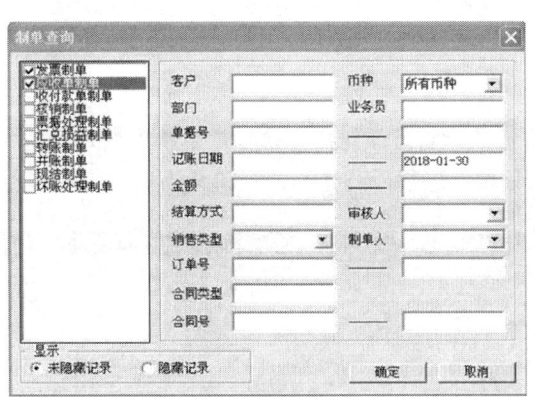

图 8-28　"应收单据列表"窗口

（2）弹出已成功审核单据 2 张后，单击"确定"按钮，退出应收单据审核。

（3）执行"系统菜单"|"日常处理"|"制单处理"命令，在"制单查询"窗口中输入制单查询条件，如图 8-29 所示。

图 8-29　制单查询窗口

（4）单击"确认"按钮，进入应收制单界面，选择凭证类别为"付款凭证"，单击工具栏中的"全选""制单"按钮，如图 8-30 所示。

图 8-30 制单选择窗口

（5）弹出"付款凭证"界面，对凭证进行保存。在根据销售发票生成的转账凭证中单击"保存"按钮，如图 8-31 所示。

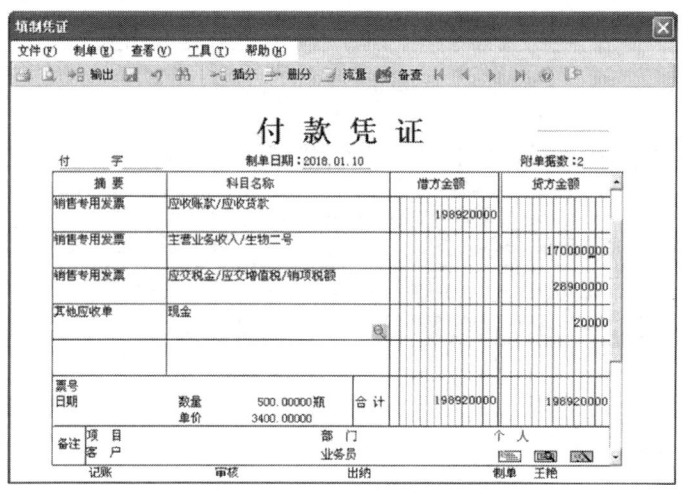

图 8-31 生成的应收凭证

5．收款与核销

操作步骤如下所述。

（1）1月12日，在应收款管理系统中，执行"收款单据处理"|"收款单据录入"命令，打开"收款单"窗口，单击"增加"按钮，录入相关信息，如图 8-32 所示。

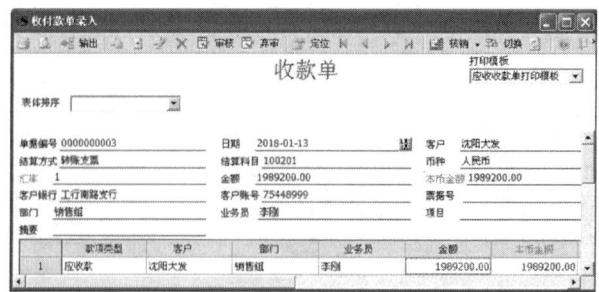

图 8-32 收款单录入窗口

（2）单击工具栏"保存""审核"按钮，弹出"是否立即制单"对话框，单击"是"按钮，在"收款凭证"界面录入现金流项目：销售商品、提供劳务收到的现金，确认后保存凭证，如图 8-33 所示。

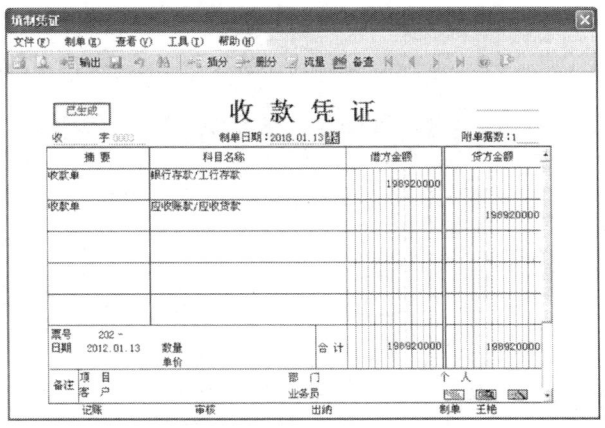

图 8-33　生成的收款凭证

（3）执行"核销处理"|"手工核销"命令，弹出"核销条件"窗口，输入客户名后确认，弹出"单据核销"界面，输入结算金额，如图 8-34 所示，依次单击"保存""退出"按钮。

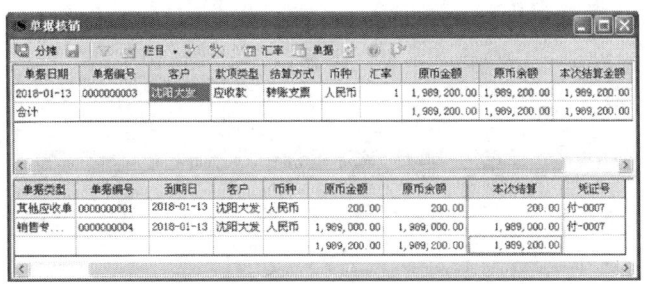

图 8-34　单据核销处理窗口

📖【补充阅读资料 8-2】实际工作中，收款、结算、开票、发货、订单、审核等具体任务都是由不同的人员分工协作的，并且可能时间上会有一定间隔。比如制单，财务部的相关负责此项业务的人员可能几天才制单一次，形成应收款的销售业务可能要很长时间才收回货款，存货会计可能也会几天一次登账等，所以上面的具体操作可以是独立进行的。

任务 38　现销业务

资料：1月15日，天津红利药店电汇37 440元（票号：938271），购买生物一号10瓶，单价3 200元（成本2 600元），开出普通发票。

1. 现结发票

操作步骤如下所述。

（1）在销售管理系统，录入现结普通发票。执行"供应链"|"销售管理"|"销售开票"|"销售普通发票"命令，在"销售普通发票"界面，单击"增加"按钮，在弹出的"选择订单"中单击"取消"按钮，在发票中输入相关信息后，单击"保存"按钮，如图8-35所示。

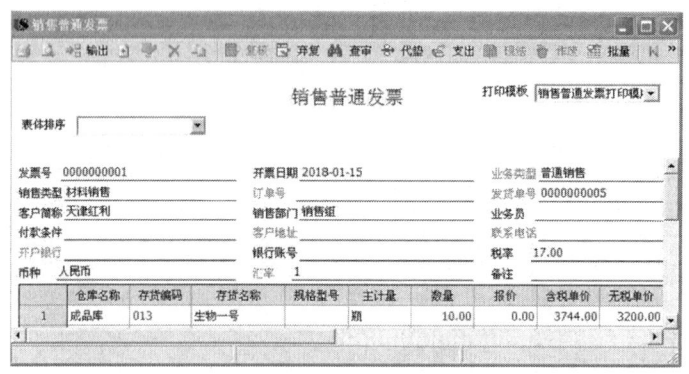

图8-35 销售普通发票录入窗口

【补充阅读资料 8-3】普通发票可以针对未录入税号的客户开具，而专用发票不能针对未录入税号的客户开具。

（2）保存后，在工具栏中单击"现结"按钮，弹出"销售现结"窗口，输入相关信息，如图8-36所示。

图8-36 现结信息录入窗口

（3）单击"确定"按钮，销售普通发票左上角出现现结标记，单击工具栏中的"复核""退出"按钮。复核后的销售普通发票由系统自动生成发货单。

（4）在库存系统审核销售出库单，进入"库存系统"，执行"出库业务"|"销售出库单"命令，打开销售出库单界面，单击工具栏中的"审核"按钮，退出。

（5）在存货系统中，调出销售出库单，输入单位销售成本：2 600元，单击工具栏中的"保存"按钮，退出。

（6）进行正常单据记账，生成凭证，具体操作同赊销业务中结转成本的第（3）～（7）步。凭证如图8-37所示。

第 8 章 销售与应收系统

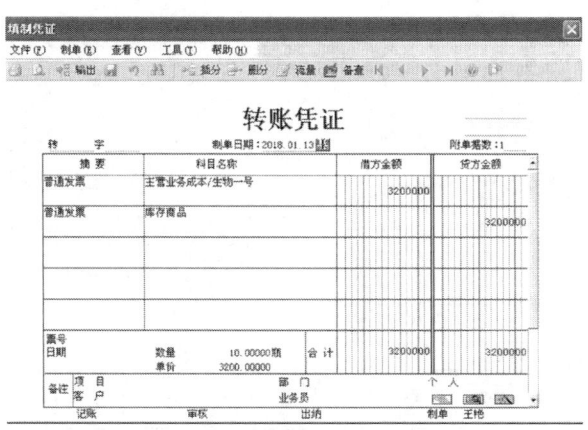

图 8-37 生成的转账凭证

2．现结制单

操作步骤如下所述。

（1）在应收款管理系统中，进行应收单据审核，在"单据过滤条件"窗口，选择客户后，在窗口左下角选中"包含已现结发票"复选框，如图 8-38 所示。

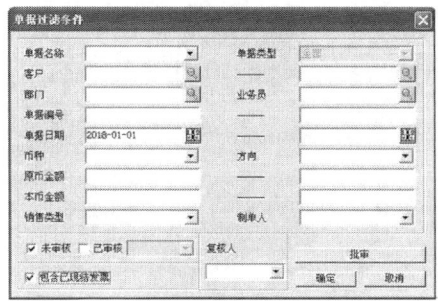

图 8-38 现结制单过滤条件设置窗口

（2）单击"确定"按钮，进入应收单据审核窗口，如图 8-39 所示。

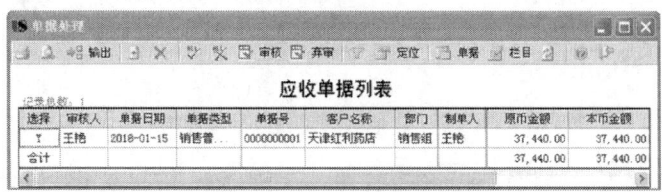

图 8-39 应收单审核窗口

（3）审核完成后，进行"制单处理"，选中"现结制单"复选框，如图 8-40 所示，单击"确定"按钮。

179

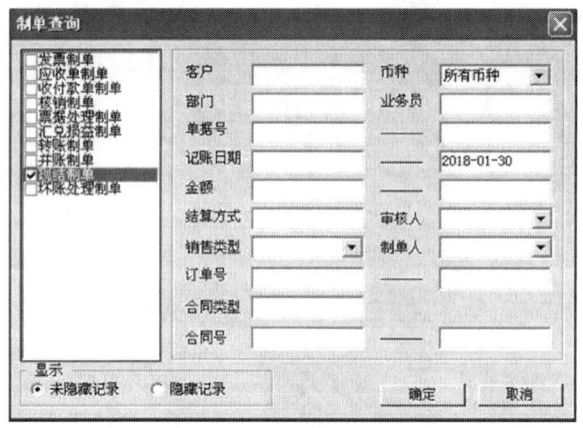

图 8-40 制单条件选择窗口

(4) 在"收款凭证"窗口，单击"制单"按钮，在凭证的借方科目为银行存款（工行存款），如图 8-41 所示。

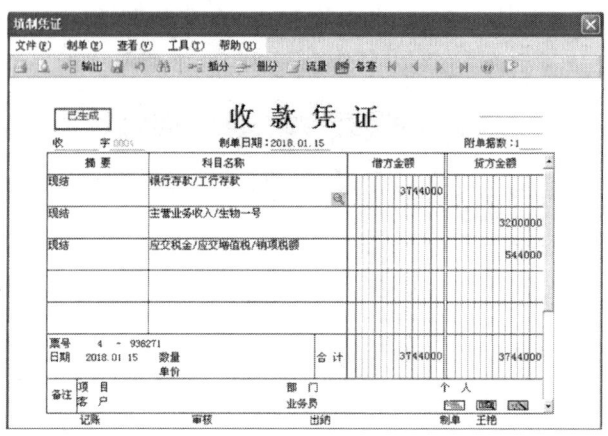

图 8-41 现结收款凭证生成窗口

本章小结

销售业务核算要通过销售管理、库存管理、存货核算、应收款系统等多个系统的分工协作，来完成整个工作流程。在这个流程中包括实物流转、资金流转、票据流转三个部分。实物流转主要在库存管理和存货核算两个系统中进行，完成商品销售的出库、发货；资金流转主要在应收款管理系统进行，完成应收款的形成、回收；票据流转在销售管理、库存管理、存货核算、应收款管理系统中都存在，分别完成订单、发货单、销售发票的录入；销售出库单的录入与审核；出库单与销售发票的结算、成本结转凭证的生成；收款单录入、审核、收款单据审核、收款、应收凭证的生成。

基本训练

□ 能力题

1．1月20日，收到沈阳大发制药厂订单，订购生物二号50瓶，单价3 400元，预计1月22日发货。1月22日，给百华公司按订单发货，用公路运输，以现金代垫运费300元。1月25日，百华药业通知收到货物，以银行汇票转来全部货款及运费。1月28日财务部根据发货单开出销售专用发票，钱款到账。

2．1月22日，北京大同制药厂电汇374 400元，购买生物一号100瓶，单价3 200元，开出普通发票。

第 9 章

库存与存货系统

学习目标

通过本章学习,了解库存与存货系统中生产资料领用,产成品入库业务的流程,并掌握这两项业务的具体操作步骤。

任务 39 材料出库

资料:1月17日,生产车间领用原材料汇总表(见表9-1)。

表9-1 生产车间领用原材料汇总表

部门	原材料	原料及主要材料			辅助材料					包装物	外购半成品		
		一号制剂	二号制剂	三号制剂	调节剂	蛋白原	原胶粒	无机质	凝固剂	安瓶	盐水	葡萄糖	淀粉
生产车间	生物一号		2 000	1 500	100	200	10	20	200	10			
	生物二号	500		1 000	800	500	20	10	500	10			
	共用材料										20	20	40
	合计	500	2 000	2 500	900	700	30	30	700	2			

注:生物一号计划生产10瓶,生物二号计划生产10瓶。

操作步骤如下所述。

(1)在库存管理系统中,执行"日常业务"|"出库业务"|"材料出库单"命令,打开"材料出库单"界面,单击工具栏中的"增加"按钮,录入相关材料出库信息(见图9-1),然后

单击"保存"按钮,并单击"审核"按钮。

(2)进入存货核算系统,执行"业务核算"|"正常单据记账"命令,弹出"正常单据记账条件"界面,单击"确认"按钮,进入"正常单据记账"界面,单击工具栏中的"全选"按钮,如图9-2所示。然后单击"记账"按钮,完成出库记账工作。

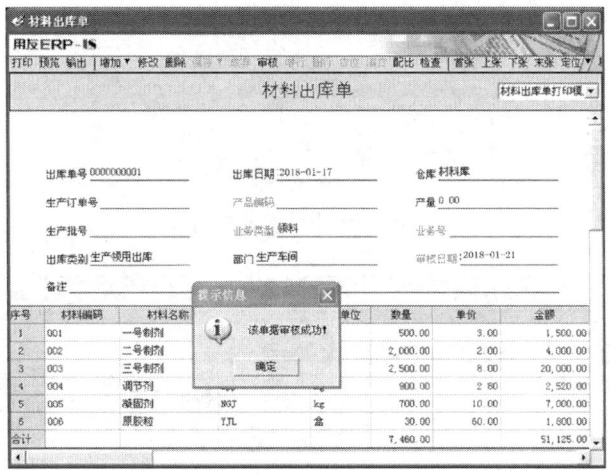

图 9-1　材料出库单窗口

图 9-2　正常单据记账窗口

(3)执行"财务核算"|"生成凭证"命令,在弹出的界面中,单击工具栏上的"选择"按钮,弹出"查询条件"窗口,选中左侧"材料出库单"复选框,并在右侧选择仓库,如图9-3所示。

(4)单击"确认"按钮,在未生成凭证一览表中,选中出库单据,如图9-4所示。

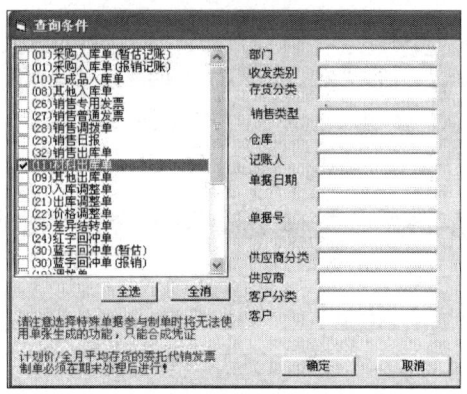

图 9-3　记账单据选择窗口

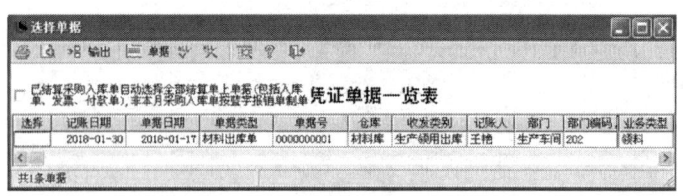

图 9-4　未生成凭证单据一览表

（5）单击"确定"按钮后，在弹出的界面修改凭证类别，如图 9-5 所示。

图 9-5　发出材料生成凭证设置窗口

（6）在工具栏上单击"生成"按钮，打开"转账凭证"界面，如图 9-6 所示。

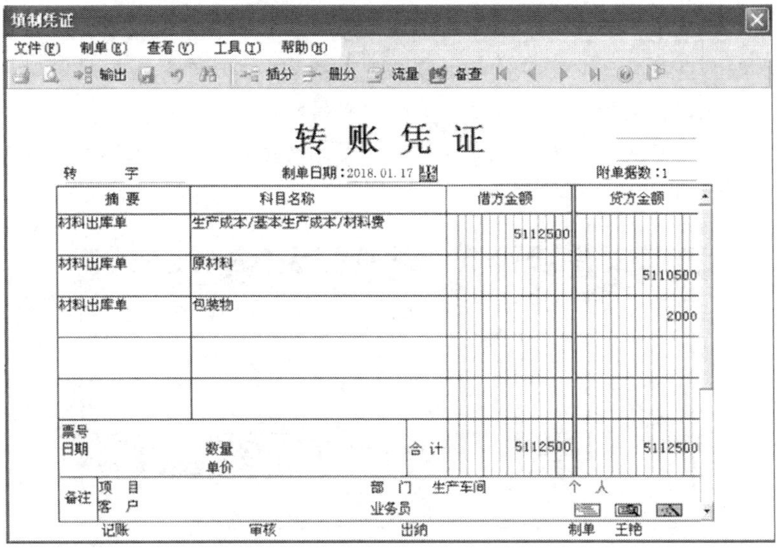

第 9 章 库存与存货系统

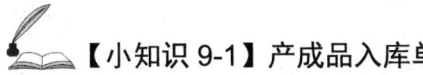

图 9-6 材料出库单生成凭证窗口

(7) 单击"保存"按钮，完成凭证的生成，传递到总账。

【补充阅读资料 9-1】 实际工作中，生产用材料的领用是根据实际生产情况由不同车间或部门分别分次领用的，本例中由于没有对生产部门进行细分，因此统一由生产车间领用。另外，一般不同产成品领用的材料应该分别记入基本生产成本及辅助生产成本相应的明细账中，本例中因为基本生产成本及辅助生产成本均没有设明细账，所以把两种产成品领用的材料都放在了基本生产成本上（假设都是生产车间领用的）。

任务 40 产成品完工入库

资料：1 月 20 日，完工产品生物一号 5 瓶（单位生产成本 2 600 元）、生物二号 5 瓶（单位生产成本 2 850 元）入库。

操作步骤如下所述。

（1）在库存管理系统，执行"入库业务"|"产成品入库单"命令，在"产成品入库单"界面，单击工具栏中的"增加"按钮，录入相关产成品入库信息，然后单击"保存"按钮，并单击"审核"按钮，如图 9-7 所示。

【小知识 9-1】产成品入库单

产成品入库单是工业企业入库单据的主要部分。只有工业企业才有产成品入库单，商业企业没有此单据。产成品入库单可以手工增加，也可以参照"物料需求计划"的生产订单（父项产品）生成。产成品一般在入库时无法确定产品的总成本和单位成本，所以在填制产成品入库单时，一般只有数量，没有单价和金额。产成品总成本及单位成本的管理与核算应该由成本管理系统完成，传递到库存及存货系统，用以结转成本与记账。

由于本例中的企业没有启用成本管理系统，因此只好在产成品入库单中填入单价，以便完成下面的操作。

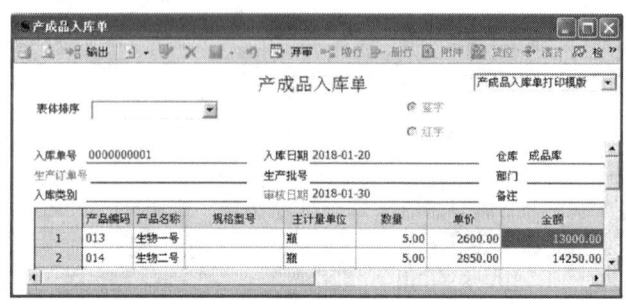

图 9-7　产成品入库单窗口

（2）进入存货核算系统，执行"业务核算"|"正常单据记账"命令，打开"正常单据记账条件"界面，单击"确认"按钮，进入"正常单据记账"界面，单击工具栏中的"全选"按钮，然后单击"记账"按钮，完成入库记账工作。

（3）执行"财务核算"|"生成凭证"命令，在弹出的界面中，单击工具栏上的"选择"按钮，打开"查询条件"窗口，选中左侧"产成品入库单"复选框，并在右侧选择仓库，如图 9-8 所示。

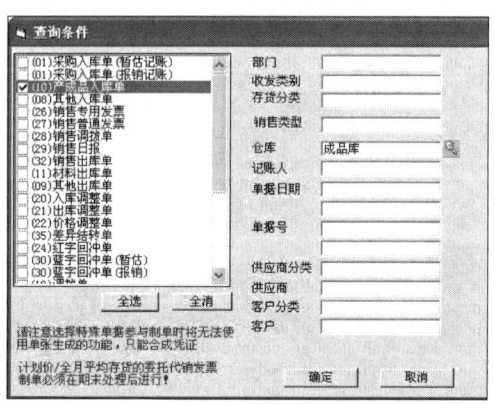

图 9-8　生成凭证查询条件窗口

（4）单击"确认"按钮，在未生成凭证一览表中，选中入库单据，单击工具栏中的"确定"按钮，在打开的界面修改凭证类别，如图 9-9 所示。

第 9 章 库存与存货系统

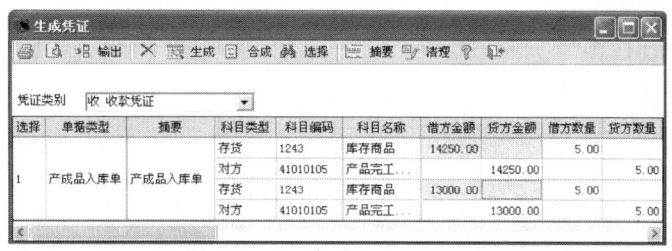

图 9-9 凭证科目设置窗口

（5）在工具栏上单击"生成"按钮，弹出凭证界面，选中第二条分录的科目名称，把光标放在凭证下面的"部门"处，这时光标由箭头变成笔头，在笔头处双击，输入部门：生产车间，单击"确定"按钮，如图 9-10 所示。最后在凭证页面单击"保存"按钮，完成凭证的生成，传递到总账。

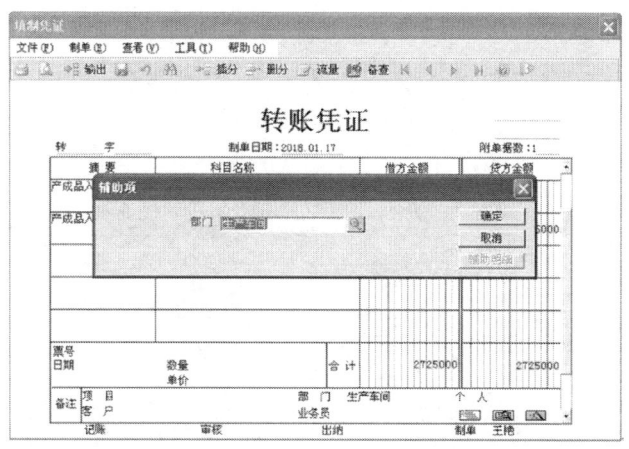

图 9-10 产品完工入库凭证

本章小结

库存管理与存货核算系统主要管理出入库业务的单据与核算，除了可与销售管理和采购管理系统协作完成销售出库、采购入库业务外，还可以与成本管理系统协作完成产成品的入库、生产材料的领用业务。生产材料领用时也可以依照物料需求计划系统生成的生产订单，这体现了库存管理系统与存货核算系统与物料需求计划系统的联系。

基本训练

☐ 能力题

1. 1月6日,辅助生产车间领用安瓶100个,淀粉100kg。

2. 1月26日,完工产品:生物一号10瓶(单位生产成本2 600元),生物二号10瓶(单位生产成本2 850元)入库。

第 10 章

期末会计事项处理

学习目标

通过学习，掌握总账系统内部转账的定义；自动转账凭证生成方法；各子系统传来凭证的处理；对账、结账与反结账的基本知识和操作方法。

每到期末，会计的工作量都比较大，如成本、损益结转，记账，结账等，这些都可以由自动转账业务来进行，在第一次使用财务软件时要对这些自动转账业务进行设置，来完成日后繁杂的转账工作。

10.1 总账系统内部转账定义

【小知识 10-1】转账

在月末结账前，有许多成本、费用需要进行转账，转账分外部转账和内部转账。外部转账是指将其他子系统（如应收应付、工资、固定资产等子系统）生成的凭证转入总账系统中；内部转账是指在总账系统内部将某个或几个会计科目的余额或本期发生额结转到一个或多个会计科目中。

在财务软件中，我们一般把凭证摘要、会计科目、借贷方向，以及金额的计算，用公式的形式来设置称为自动转账定义，而由自动转账定义所生成的凭证则称为自动转账凭证（机制凭证）。转账定义可随时进行，一般在系统投入运行、数据初始化工作完成之后，即可进行定义。转账定义完成后可长期使用。只有在所定义的转账内容发生变化时，才需要重新修改自动转账定义。转账定义包括"对应转账定义""销售成本结转定义""汇兑损益结转定义""自定义结转定义"和"期间损益结转定义"5个功能。

任务 41　总账系统内部转账定义

1. 对应结转定义

【小知识 10-2】对应结转

对应结转不仅可以进行两个科目一对一结转,还可以进行科目的一对多结转;对应结转可以是上级科目,但其下级科目的科目结构必须一致,即具有相同的明细科目;如涉及辅助核算,则对转的两个科目的辅助账类别也必须一一对应。对应结转一般针对资产、成本或费用类科目,且只结转期末余额;结转时转出科目方向根据其在科目字典中的余额方向确定。即若余额方向为"借"则从贷方转出,转入科目方向与转出科目方向相反。

资料:月末将"制造费用"发生额结转到"基本生产成本"中80%和"辅助生产成本"中20%。

操作步骤如下所述。

(1)启动"总账"系统,执行"期末"|"转账定义"|"对应结转"命令,打开"对应结转设置"窗口,在"编号"处录入凭证编号,在"凭证类型"处"选择转账凭证"、"摘要"为月末结转制造费用、"转出科目"编号为4105(制造费用),如图10-1所示。

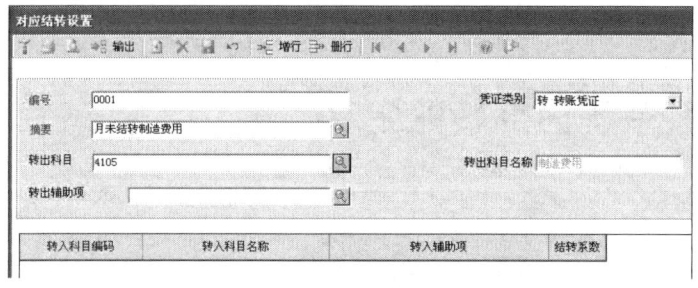

图 10-1　对应结转设置(一)

(2)单击"增行"按钮,在"转入科目编码"下面出现一空白行,在空行中单击参照录入按钮,选择科目编码"410101　基本生产成本",在结转系数处输入"0.80",如图10-2所示。

(3)单击"增行"按钮,在"转入科目编码"下面又出现一空白行,在空行中单击参照录入按钮,选择科目编码"410102　辅助生产成本",在结转系数处输入"0.20",单击"保存"按钮,如图10-3所示。

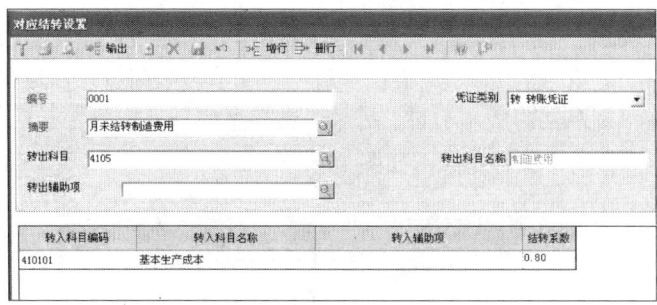

图 10-2　对应结转设置（二）

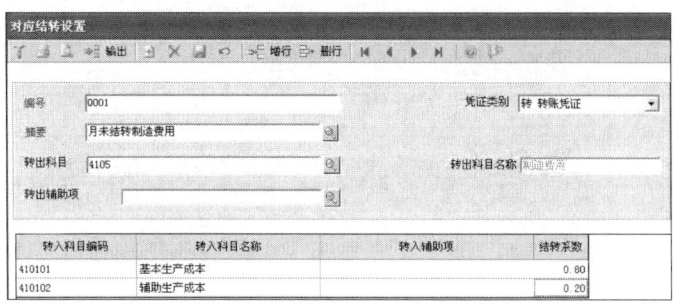

图 10-3　对应结转设置（三）

2．销售成本结转定义

操作步骤如下所述。

（1）启动"总账"系统，执行"期末"|"转账定义"|"销售成本结转"命令，打开"销售成本结转设置"对话框，如图 10-4 所示。

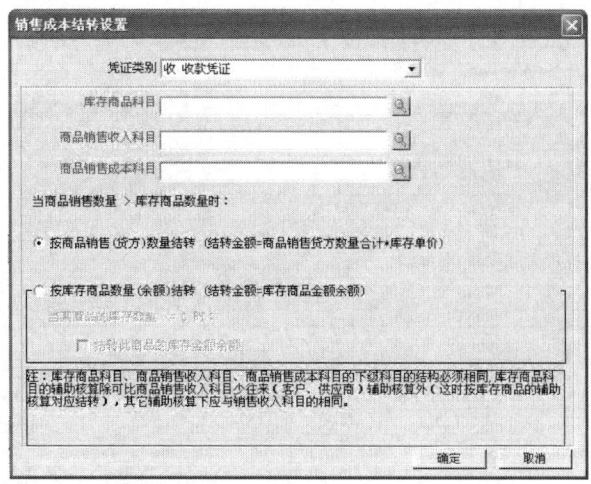

图 10-4　"销售成本结转设置"对话框

（2）在"凭证类别"处选取"转账凭证"；在"库存商品科目"处单击参照按钮，选取"库品商品科目（1243）"；在"商品销售收入科目"处单击参照按钮，选取"主营业务收入（5101）"科目；在"商品销售成本科目"处单击参照按钮，选取"主营业务成本（5401）"科目。单击"确定"按钮，保存完成，如图10-5所示。

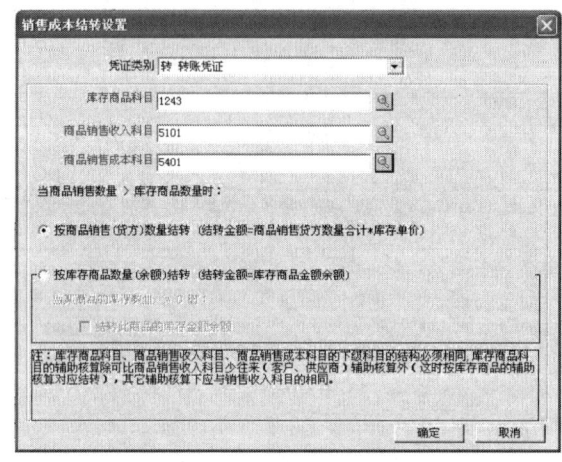

图10-5　销售成本结转定义窗口

3．期间损益结转定义

操作步骤如下所述。

（1）启动"总账"系统，执行"期末"|"转账定义"|"期间损益"命令，弹出"期间损益结转设置"对话框，单击"凭证类别"处的下三角按钮，选择"转账凭证"选项，单击"本年利润科目"右侧的参照按钮，选择"本年利润（3131）"科目，如图10-6所示。

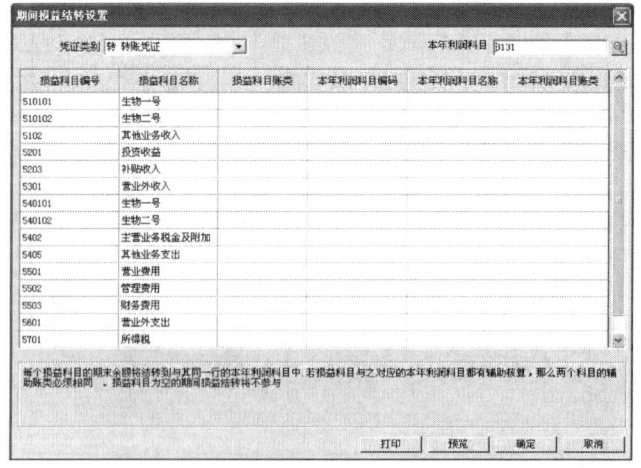

图10-6　期间损益结转定义窗口（一）

第 10 章 期末会计事项处理

(2) 在"本年利润科目编码"处用鼠标单击，会在下面的所有空内都自动填加科目编码和本年利润的科目名称"3131 本年利润"，单击"确定"按钮设置完成，如图 10-7 所示。

图 10-7 期间损益结转定义窗口（二）

4．自定义结转定义

【小知识 10-3】自定义结转

除以上几种转账形式外，还有根据企业自身特点来设置的一些转账形式，这就要用到自定义结转。此种凭证可以在填制凭证时通过人工计算填制生成，但如果有一定的规律性，就可以在这里设置好，为今后使用带来便利。

资料：月末短期借款本金 5%的年利率来计提借款利息，会计分录：
　　　借：财务费用　　　 取对方科目的计算结果
　　　　贷：预提费用　　　 金额（短期借款的期末余额×5%/12）

操作步骤如下所述。

(1) 启动"总账"系统，执行"期末"|"转账定义"|"自定义结转"命令，进入"自定义转账设置"对话框，单击"增加"按钮，打开"转账目录"对话框，在"转账序号"处填入"001"，在"转账说明"处填入"计提短期借款利息"，在"凭证类别"处选择"转 转账凭证"，如图 10-8 所示。

(2) 单击"确定"按钮后，在上述对话框中增加了一个新行，单击新行中的"科目编码"，出现参照录入按钮，可以使用参照录入，也可以直接录入"财务费用（5503）"，选中"金额公式"，出现参照录入按钮，单击该按钮弹出"公式向导"对话框，用鼠标向下拉动左边窗口的滚动条，选择"取对方科目计算结果 JG（）"，如图 10-9 所示。

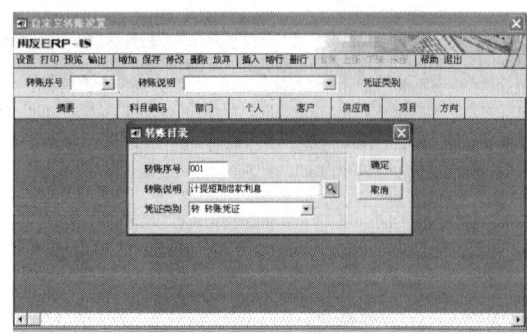
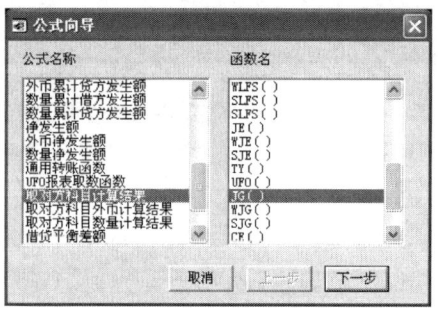

图 10-8 设置自定义结转（一）　　　　图 10-9 设置自定义结转（二）

（3）单击"下一步"按钮，重新出现"公式向导"，如果继续输入公式则应选中"继续输入公式"前面的复选框，此时单击"完成"按钮，表明借方设置完毕，如图 10-10 所示。

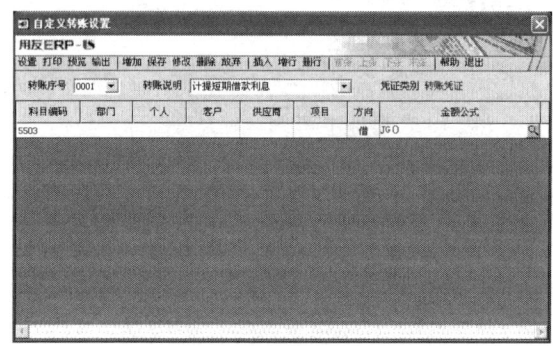

图 10-10 设置自定义结转（三）

（4）单击"增行"按钮，出现一新行，选中"科目编码"，参照录入"预提费用（2191）"、选中"方向"，双击鼠标，出现下拉框，选"贷"、选中"金额公式"并单击，弹出"公式向导"对话框，选择"期末余额"选项，单击"下一步"按钮，如图 10-11 所示。

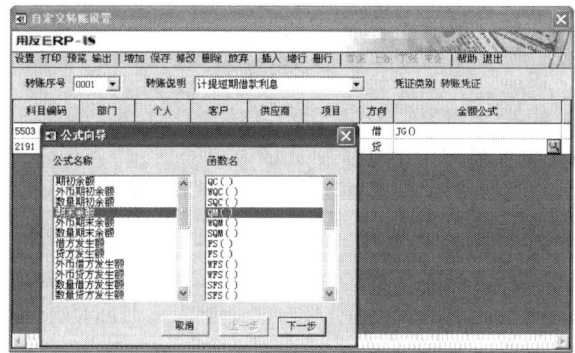

图 10-11 设置自定义结转（四）

(5)弹出"公式向导"对话框,选择"继续输入公式","运算符"选"*(乘)",如图 10-12 所示。

(6)弹出新的"公式向导"对话框,拉动"公式名称"右侧的滚动条,选择"常数"选项,如图 10-13 所示。

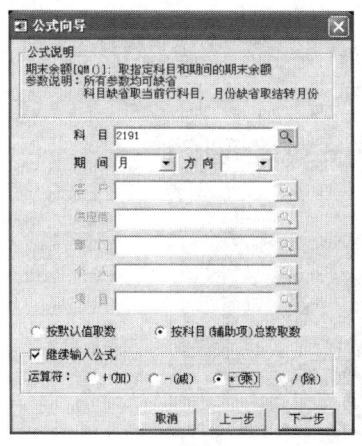
图 10-12 设置自定义结转(五)

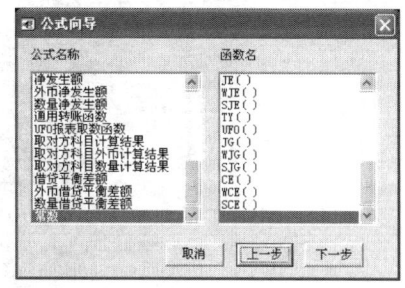
图 10-13 设置自定义结转(六)

(7)单击"下一步"按钮,弹出"公式向导"对话框,在常数处录入"0.05/12"(年利率折算成月利率),单击"完成""保存""退出"按钮,凭证设置完毕。

10.2 总账系统内部转账生成

【小知识 10-4】转账生成

转账定义完毕后,每月月末只需执行转账生成功能即可快速生成转账凭证。在此生成的转账凭证需经审核、记账后才真正完成结转工作。一般独立转账凭证可以在任何时候生成转账凭证;而对一组相关转账凭证,由于它们之间有关联,同时它们同本月的其他经济业务也有一定的联系,则必须在全部相关的经济业务入账之后才能使用,并且要按照合理的先后次序逐一生成凭证,即在某些转账凭证已经记账的前提下,另一些转账凭证才能生成,否则计算金额时就会发生差错。一般情况下,应首先生成和处理由其他子系统转入总账系统的凭证;然后再生成和处理销售成本结转、汇兑损益结转凭证、对应结转凭证或者自定义结转凭证;最后生成和处理期间损益结转凭证。同一张转账凭证,年度内可根据需要多次生成,但每月一般只需结转一次。

任务 42　自动转账凭证生成

1．生成销售成本结转凭证

操作步骤如下所述。

（1）启动"总账"系统，执行"期末"|"转账生成"命令，弹出"转账生成"对话框，如图 10-14 所示。

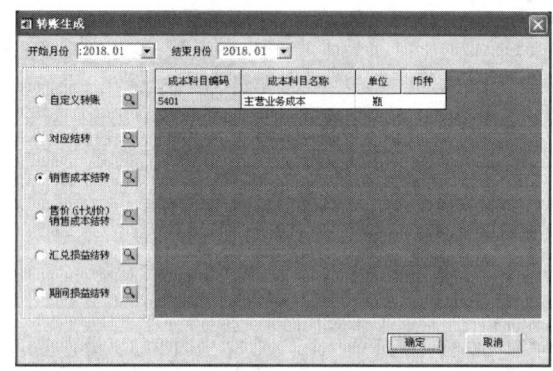

图 10-14　"转账生成"对话框

（2）在"开始月份"和"结束月份"选择所要转账的月份"2018.01"、选择"销售成本结转"，单击"确定"按钮，打开"销售成本结转一览表"，如图 10-15 所示。

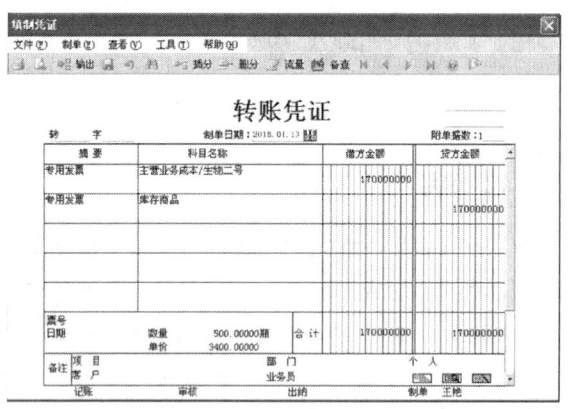

图 10-15　生成的成本结转凭证

2．生成期间损益结转凭证

操作步骤如下所述。

（1）启动"总账"系统，执行"期末"|"转账生成"命令，弹出"转账生成"对话框，

第 10 章 期末会计事项处理

选中"期间损益结转"单选按钮,出现各损益账户结转到本年利润的分录,如果要全部结转则单击"全选"按钮,在"是否结转"栏都标有"Y"字样表示全部结转,如图 10-16 所示。

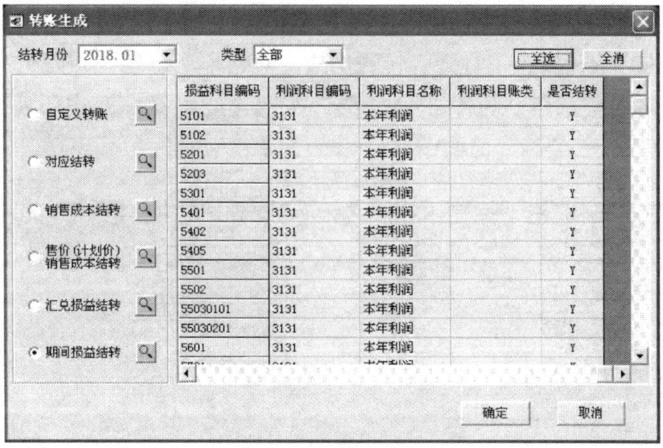

图 10-16 期间损益结转选择

(2)单击"确定"按钮即生一张结转损益的原始凭证,如图 10-17 所示。

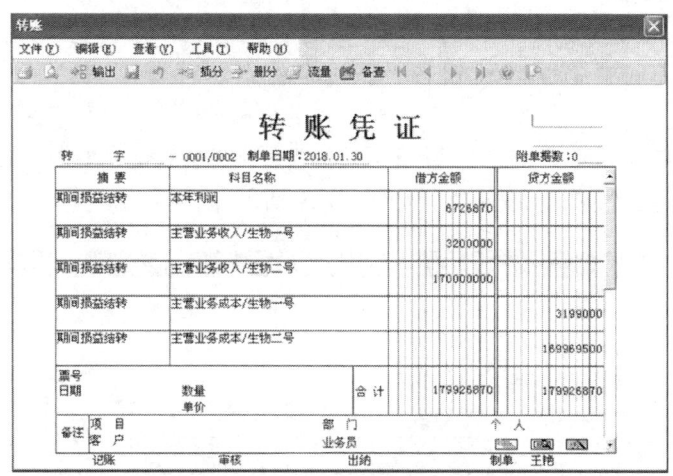

图 10-17 生成的期间损益结转凭证

【补充阅读资料 10-1】如果为保持记账凭证的清晰性,可以先转收入和收益,再转成本费用,这样就可用鼠标单击"类型"选"收入",即可生成一张结转收入的记账凭证,然后重复上述操作再用鼠标单击"类型"选"成本",即生成可一张结转成本费用的记账凭证。

3. 生成自定义结转凭证

操作步骤如下所述。

（1）启动"总账"系统，执行"期末"|"转账生成"命令，弹出"转账生成"对话框，选中"自定义结转"单选按钮，打开"转账生成"对话框，出现在转账定义中所定义的自定义转账凭证，如果要全部结转则单击"全选"按钮（或用鼠标双击所要结转的凭证），如图 10-18 所示。

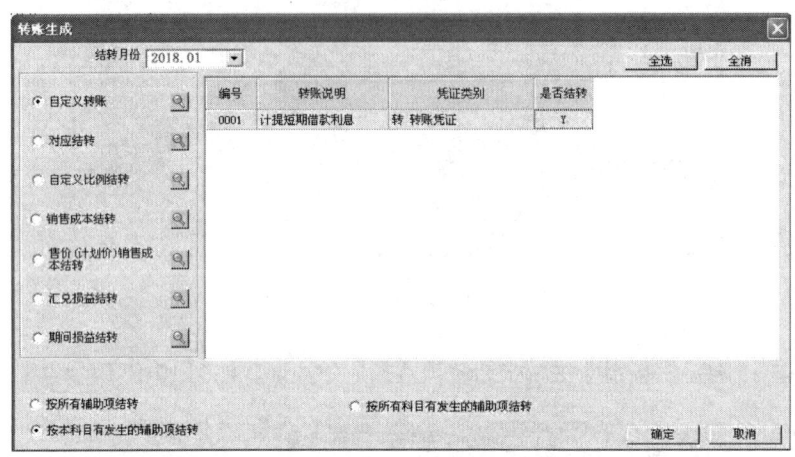

图 10-18　自定义生成选择窗口

（2）单击"确定"按钮即生成一张计算短期借款利息的凭证，单击"保存"按钮，系统自动将当前凭证追加到未记账凭证中，如图 10-19 所示。

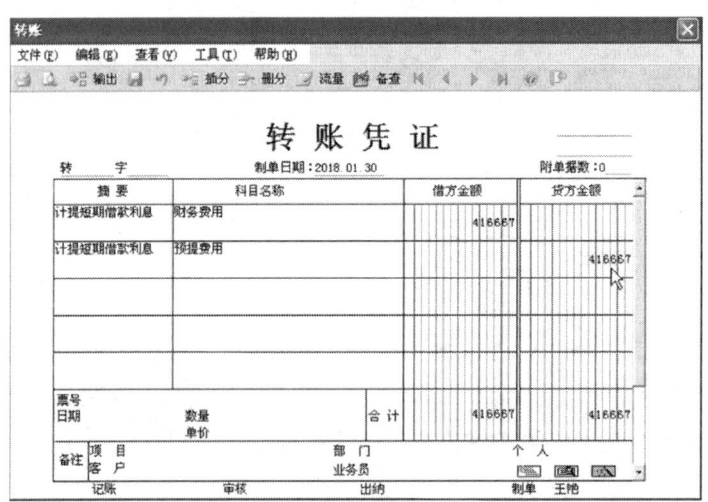

图 10-19　生成的自定义转账凭证

任务 43　对账、结账与反结账

【小知识 10-5】对账与结账

对账、结账是会计期末要做的重要工作。对账是对账簿数据进行核对，以检查记账是否正确，以及账簿是否平衡，它主要是通过核对总账与明细、总账与辅助账数据来完成账账核对。一般来说，实行计算机记账后，只要记账凭证录入正确，计算机自动记账后各种账簿都应是正确、平衡的，但由于非法操作或计算机病毒或其他原因有时可能会造成某些数据被破坏，因而引起账账不符。为了保证账证相符、账账相符，用户应经常使用本功能进行对账。一般可在月末结账前进行。结账就是每月月末计算和结转账簿的本期发生额和期末余额，并终止本月的账务处理工作，结账只能每月进行一次。结账的顺序是首先选择结账月份，其次进行账簿核对，最后进行数据备份，结账后该月就不能再进行会计业务的处理工作，只能进行下一个会计期间的会计业务处理。如果结账后发现还有业务要处理或账簿有错误，可以进行反结账。

1．对账

操作步骤如下所述。

（1）启动"总账"系统，执行"期末"|"对账"命令，弹出"对账"对话框，如图 10-20 所示。

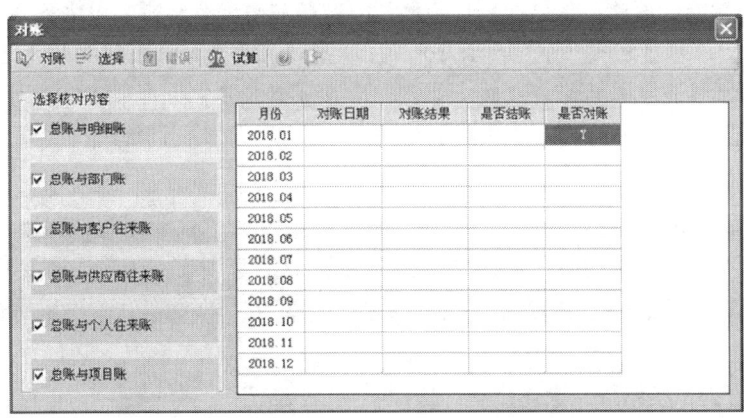

图 10-20　期末对账窗口

（2）选择要对账的月份并单击"选择"按钮，或在要结账的月份的"是否对账"栏中双击，使其在栏中标注"Y"字样，表示要对该月进行对账。

（3）在"对账"对话框的左边栏中选择要核对的内容，一般默认为核对所有内容。

（4）单击"对账"按钮，系统开始自动对账，在该对话框下面有对账进度，如果没有错误，显示对话完成，如图10-21所示。

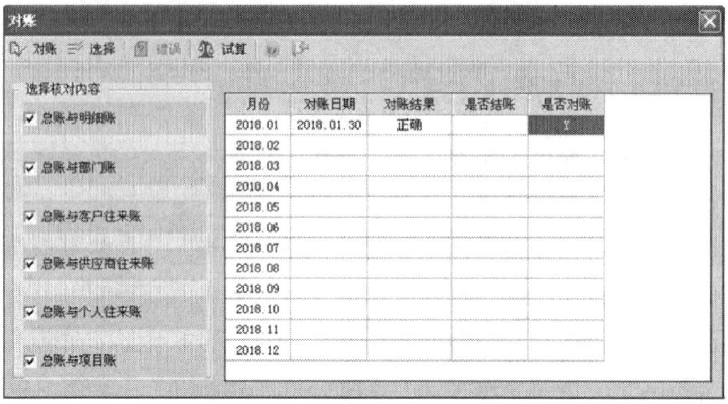

图10-21 对账结果显示窗口

（5）单击"试算"按钮，可以对本期业务进行试算平衡。

2. 结账

【补充阅读资料10-2】结账是会计分期的一个必要步骤，是划分本期与下期的界线，以便结束本期会计核算工作，进行下期会计核算的工作，此项工作比较重要。一般在结账前最好要进行一次数据备份，以便在结完账后如果发现问题进行恢复（当然也可以取消结账）。在 ERP-U8（V8.61）系统中，由于核算工作是分模块进行的，在没有结账前其他模块要向总账传递数据，因此总账模块要在其他系统结账后再进行结账。由于各模块间有一个数据传递流程，因此结账也有一个先后顺序问题，一般情况下是业务系统要先于总账系统结账，其结账的先后顺序是：采购管理、销售管理、库存管理、存货核算，然后是工资系统结账、固定资产系统结账，最后才是总账系统的结账。

（1）供应链结账。

1）采购管理系统结账。操作步骤：执行"企业门户"|"供应链"|"采购管理"|"月末结账"命令，弹出"月末结账"对话框，在"选择标记"栏中选择要结账的月份，单击"结账"按钮，出现"月末结账完毕"的提示，如图10-22所示。（如果认为结账有误，可以取消结账。）

2）销售管理系统结账。操作步骤：执行"企业门户"|"供应链"|"销售管理"|"销售月末结账"命令，弹出"月末结账"对话框，将光标放在要结账的月份上，单击"月末结账"按钮，在1月所对应的"是否结账"栏中显示"是"，表示1月份结账完毕，如图10-23所示。（如果认为结账有误，可以取消结账。）

3）库存管理系统结账。操作步骤：执行"企业门户"|"供应链"|"库存管理"|"业务处理"|"月末结账"命令，弹出"销售月末结账"对话框，将光标放在要结账的月份上，单击"月末结账"按钮，在1月所对应的"是否结账"栏中显示"是"，表示1月结账完毕，

如图 10-24 所示。（如果认为结账有误，可以取消结账。）

图 10-22　采购系统结账完成

图 10-23　销售系统结账完成

图 10-24　库存系统结账完成

4）存货核算系统结账。

操作步骤如下所述。

① 执行"企业门户"|"供应链"|"存货核算"|"业务核算"|"月末结账"命令，弹出"期末处理"对话框后选择要处理的仓库，单击"确定"按钮，进行仓库处理，如图 10-25 所示。

② 打开"月末结账"对话框，选择"月末结账"，单击"确认"按钮，表示 1 月结账完毕，如图 10-26 所示。（如果认为结账有误，可以选择"取消结账"，单击"确认"按钮，来取消结账）

（2）财务系统结账。

1）工资系统结账。

操作步骤如下所述。

① 执行"人力资源"|"薪资管理"|"在职职工工资"|"月末处理"命令，单击"确定"按钮，完成对"在职职工工资"的月末结账工作，如图 10-27 所示。

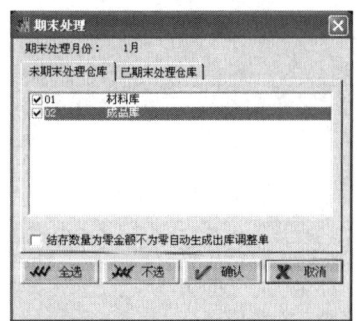

图 10-25　仓库期末处理窗口

图 10-26　库存月末结账完成

② 执行"人力资源"|"薪资管理"|"离休人员工资"|"月末处理"命令，单击"确定"按钮，完成对"离休人员工资"的月末结账工作。

2）固定资产系统结账。

操作步骤如下所述。

① 执行"账务会计"|"固定资产"|"处理"|"月末结账"命令，如图 10-28 所示。

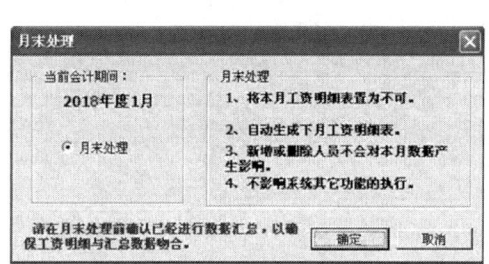

图 10-27　工资系统结账完成

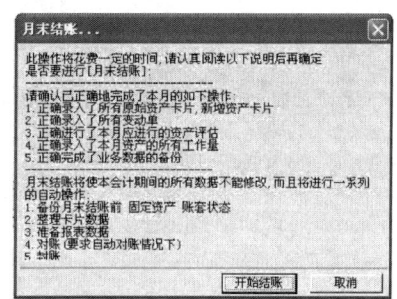

图 10-28　固定资产结账提示窗口

② 单击"开始结账"按钮，弹出结账窗口，如图 10-29 所示。

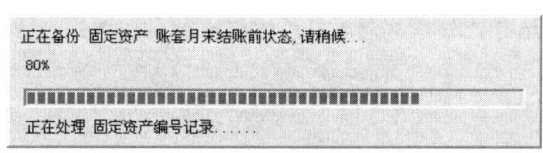

图 10-29　开始结账窗口

③ 结账完成后提示"月末结账成功完成"，如图 10-30 所示。

3）应收系统结账。

操作步骤如下所述。

① 在"应收款管理系统"中，执行"期末处理"|"月末结账"命令，弹出"结账"对话框，如图 10-31 所示。

第 10 章 期末会计事项处理

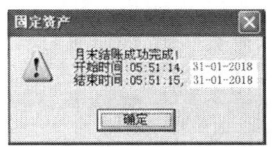
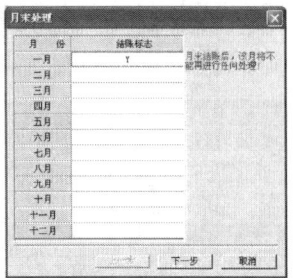

图 10-30　固定资产结账完成　　　　图 10-31　应收系统结账提示

② 单击"下一步"按钮，弹出对账窗口，如图 10-32 所示。

③ 单击"完成"按钮，系统开始结账，结账结束后，提示"1 月份结账成功"，如图 10-33 所示。

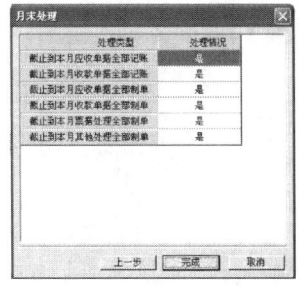

图 10-32　应收业务完成情况提示窗口　　图 10-33　应收系统结账成功提示

4）应付系统结账：操作步骤同应收系统结账。

5）总账系统结账。

操作步骤如下所述。

① 在"总账"系统中，执行"期末"|"结账"命令，弹出"结账"对话框，如图 10-34 所示。

② 单击"下一步"按钮，弹出"结账"窗口，如图 10-35 所示。

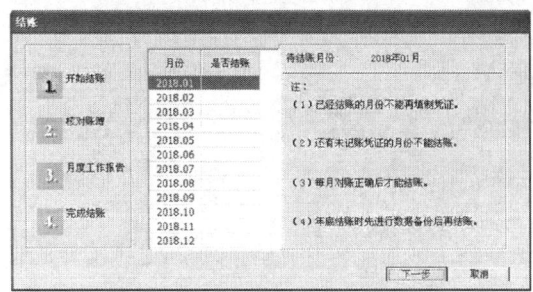

图 10-34　总账系统结账提示窗口

203

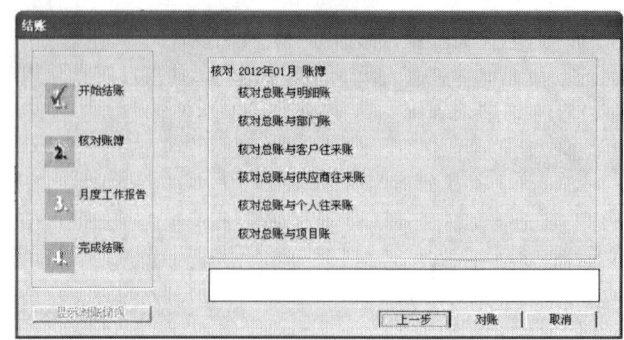

图 10-35 "结账"窗口

③ 单击"对账"按钮,系统开始自动对账,对账结束,提示"对账完毕",如图 10-36 所示。

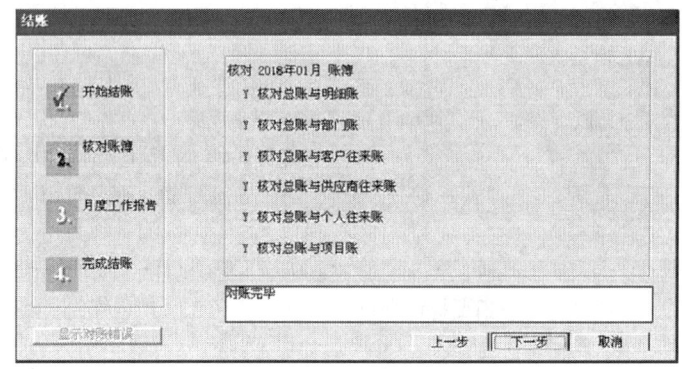

图 10-36 对账完毕提示窗口

④ 单击"下一步"按钮,系统给出"月度工作报告"表明结账前的状况,说明损益类是否结平、账面试算是否平衡等,如图 10-37 所示。

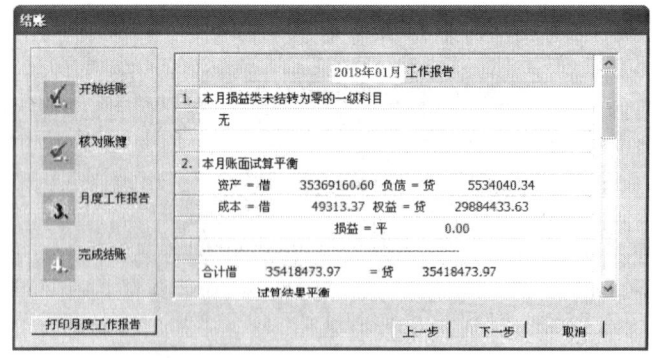

图 10-37 结账报告

⑤ 报告无误，单击"下一步"按钮，结账完成，如图10-38所示。

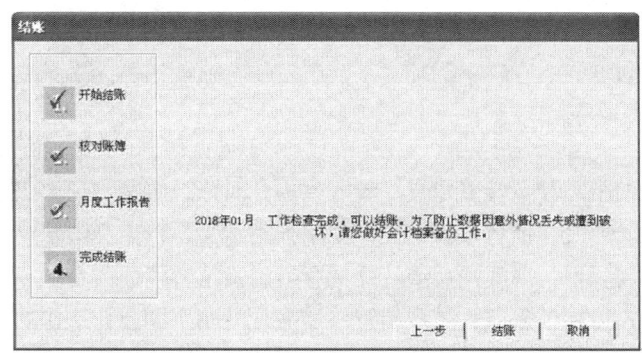

图10-38　结账完成

3．反结账

结账完成后本月会计业务就不能再进行处理了。但如果发现有些财务工作还需要继续进行或有些会计业务需要修改，就需要取消结账，即反结账。因为结账是分模块进行的，所以反结账也要分模块进行，而且是要与前面讲的结账顺序相反。也就是说，先从取消总账结账开始，再取消薪资管理系统、固定资产系统、应收和应付系统的结账；供应链模块按先取消存货系统结账，再依次取消库存系统、销售系统、采购系统的顺序结账。

操作步骤如下所述。

（1）取消总账结账：以账套主管的身份登录系统，执行"账务会计"｜"总账"｜"期末"｜"结账"命令，将鼠标放在要取消的结账月份处，按Shift+Ctrl+F6组合键，弹出录入账套主管理口令窗口，如图10-39所示。

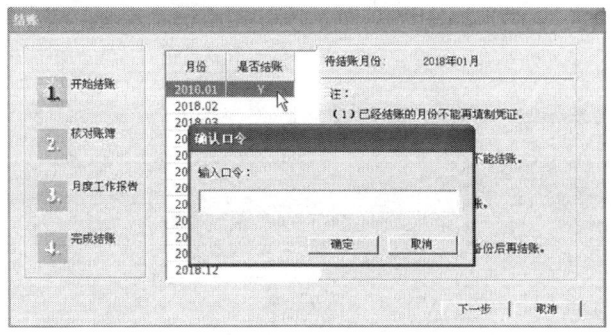

图10-39　取消总账结账窗口

（2）单击"确定"按钮，完成总账取消结账工作。

（3）其他系统取消结账都通过各系统的"期末处理"中的"取消结账"功能，来取消结账。

本章小结

会计期末事项的处理涉及转账定义、转账生成、对账、结账与反结账等工作。在转账定义中又分为对应结转定义、销售成本定义、期间损益定义、自定义结转定义等；转账生成包括生成销售成本结转凭证、期间损益结转凭证和自定义结转凭证；企业应定期在会计业务处理过程中进行对账，以保证账证、账账相符；结账是开始下期会计工作的前提，结完账后，如果发现有错误，可以取消结账。反结账也是有顺序的，应该按顺序进行。

 ## 基本训练

□ 知识题

1．对应结转、销售成本结转、期间损益结转、自定义结转如何定义？
2．对账的作用是什么？

第 11 章

UFO 报表系统

学习目标

通过本章学习，了解报表管理系统的任务及数据来源；理解报表管理系统的基本概念；掌握编制会计报表的一般过程、会计报表格式的设计、单元公式的设计、关键字的作用与定义方法、报表快速编制方法；了解输出报表的作用及操作方法。

11.1 会计报表管理系统概述

【小知识 11-1】报表管理系统的任务及功能

会计报表管理系统是财务软件的一个独立的子系统，它为企业内部各管理部门及外部相关部门综合反映企业一定时期财务状况、经营成果和现金流量的会计信息提供了软件支持。会计报表管理系统既可编制企业对外报送的各种报表，也可编制企业内部所需要的各种报表。它的任务是设计报表样式、编制报表公式，从总账系统或其他业务系统中提取有关的会计数据，自动生成各种会计报表，并能对报表的正确性及时进行审核、汇总，生成各种分析图，并按预定的格式输出各种会计报表。会计报表系统具有如下功能。

1. 文件管理功能

UFO 提供了创建新文件、打开已有的文件、保存文件、备份文件的文件管理功能，并且能够进行不同文件格式的转换。UFO 的文件可以转换为 ACCESS 文件、MS EXCEL 文件、LOTUS1-2-3 文件、文本文件、DBASE 文件，上述文件格式的文件也可转换为 UFO 文件。

2. 格式管理功能

UFO 提供了丰富的格式设计功能。如报表尺寸（行数和列数）、画表格线（包括斜线）、调整行高及列宽、设置字体和颜色等，可以根据企业要求制作各种具有个性的会计报表，并且内置了 11 种套用格式和 17 个行业的标准财务报表模板，可以实现轻松制表。

3. 数据处理功能

UFO 以固定的格式管理大量不同的表页。它能将多达 99 999 张具有相同格式的报表资料统一在一个报表文件中管理，并且在每张表页之间建立有机的联系。UFO 提供了排序、审核、舍位平衡、汇总功能；提供了绝对单元公式和相对单元公式，可以方便、迅速地定义计算公式；提供了种类丰富的函数，可以直接从账务系统和其他业务模块中提取数据，自动生成财务报表。

4. 图形功能

UFO 提供了很强的图形分析功能，可以很方便地进行图形数据组织，制作包括直方图、立体图、圆饼图、折线图等 10 种图式的分析图形，可以编辑图形的位置、大小、标题、字体、颜色等，并打印输出图形。

5. 打印功能

报表和图形及插入对象都可以打印输出，并提供"打印预览"功能，可以随时观看报表或图形的打印效果。

报表打印时，可以设置表头和表尾，可在次页重复打印表头和表尾，并能人工强行分页，可以打印格式或数据，可以 0.3~3 倍缩放打印，可以横向或纵向打印等。

6. 二次开发功能

提供批处理命令和功能菜单，可将有规律性的操作过程编制成批处理文件，进一步利用功能菜单开发适合本单位实际情况的专用系统。

【小知识 11-2】报表管理系统数据处理流程

编制会计报表是每个会计期末都要完成的工作，而且一般来说编制会计报表也是一个会计期间工作完成的标志。

在 UFO 会计报表系统中，会计报表的数据来源有会计账簿、会计凭证、其他会计报表、其他业务子系统及人工直接录入。会计报表管理系统工作的流程是：利用 UFO 提供的功能（模板或格式）调用报表模板或编制报表格式并定义公式，然后从账簿、凭证和其他报表等文件中自动采集数据，经过自动分析、计算，填列到表格中，即可根据定义好的单元公式生

成会计报表,再将生成的会计报表输出。

UFO 报表系统的处理流程如图 11-1 所示。

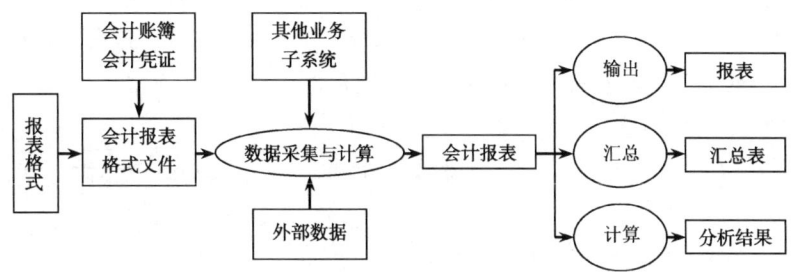

图 11-1　UFO 报表系统的处理流程

【小知识 11-3】报表管理系统的工作过程

会计报表管理系统虽然看似是电子表格,但功能要比电子表格强大得多。它可以根据定义好的单元公式自动到相关的总账中去提取数据,编制会计的主表,如果有特殊需要还可自定义报表,并从相关的系统中去提取数据,同时可能根据会计报表进行决策分析,并具有二次开发功能,以满足一些用户的特殊需要,具体工作过程如图 11-2 所示。

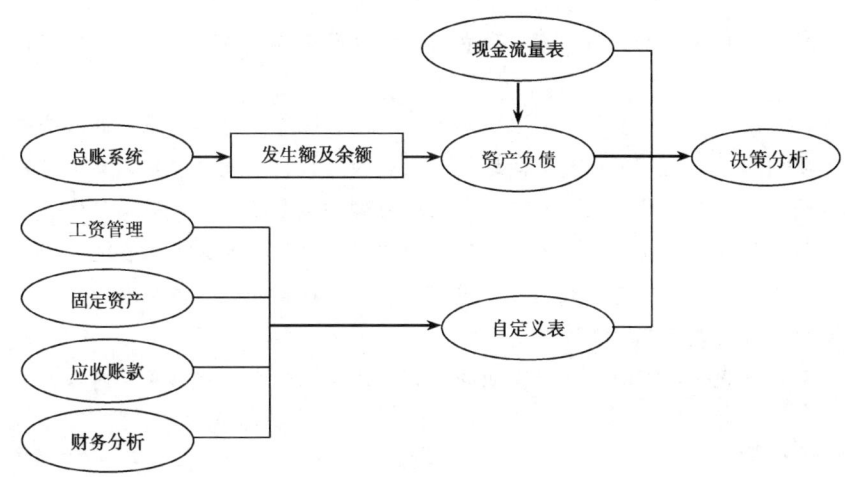

图 11-2　报表管理系统工作流程

【小知识 11-4】　报表结构与基本术语

1．报表结构

按照报表结构的复杂性,可将报表分为简单表和复合表两类。简单表是规则的二维表,由若干行和列组成。复合表是简单表的某种组合。某张会计报表大多都是简单表，如资产负债表、利润表和现金流量表等。

简单表的结构一般由 4 个基本要素组成：标题、表头、表体和表尾，如表 11-1 所示。复合表则是三维表，由若干张二维表组成，如一张资产负债表是一张二维表，而从 1 月的资产负债表到 12 月的资产负债表放在一起就成了复合表。

（1）标题：用来表示报表的名称。报表的标题可能不止一行，有时有副标题、修饰线等内容。

（2）表头：用来表示报表的编制单位名称、编制日期等。特别是报表的表头栏目名称，是表头的重要内容，它决定报表的纵向结构、报表的列数，以及每一列的宽度。有的报表表头栏目比较简单，只有一层，而有的报表表头栏目却比较复杂，需分若干层次。

（3）表体：是报表的核心，决定报表的横向组成。它是报表数据的表现区域，是报表的主体。表体在纵向上由若干行组成，这些行称为表行；在横向上，每个表行又由若干个栏目构成，这些栏目称为表列。

（4）表尾：指表体以下进行辅助说明的部分，以及编制人、审核人等内容。

2．基本术语

（1）报表：也叫表页，它是由若干行和若干列组成的一个二维表，具有相同的格式，数据不同的每张报表称为一个表页，一般表示为第 1 页、第 2 页等。报表是报表管理系统存储数据的基本单位。

（2）报表文件：一个或多个报表以文件的形式保存在存储介质中。每个报表文件都有一个名字，如利润表.rep。

每个报表文件可以包含若干张报表。为了便于管理和操作，一般把经济意义相近的报表放在一个报表文件中。例如，各月编制的利润表就可归放在"利润表.rep"报表文件中。因此在报表文件中要查找某一数据，就要知道数据所在的位置是〈报表文件名和表页号〉。由此可见，报表文件是一个三维表（复合表），如表11-2所示。

表11-2 报表文件

（3）单元：报表中由行和列构成的方格称为单元，专门用于填制各种数据。它是组成报表的最小单位。每个单元都可用一个名字来表示，称为单元名。单元名可以用所在行和列的坐标来表示，一般采用所在列的字母和行的数字表示，如A3表示报表中的第1列第3行所对应的单元。

（4）单元属性：包括单元类型、对齐方式、字体颜色等。

1）单元类型：分为数值型、字符型和表样型三种。

① 数值型单元：是报表的数据，在数据状态下输入的必须是数字，可以直接输入，也可以由单元公式运算生成。建立一个新表时，所有单元的单元类型均默认为数值型。

② 字符型单元：在数据状态下输入，其内容可以是汉字、字母、数字及用键盘输入的字符串。字符单元的内容可以直接输入，也可以由单元公式生成。

③ 表样型单元：是报表的格式，是在格式状态下输入的所有文字、符号或数字。表样单元对所有的表页都有效。表样型单元只以在格式状态下输入和修改，在数据状态下只能显示而不以修改。

2）对齐方式：表明该单元的数据或字符的对齐方式，有左对齐、右对齐和居中等。

3）字体颜色：表明该单元的数据或字符所显示的颜色，可以根据具体需要设置。

（5）区域：也叫块，由一组相邻的单元组成的矩形块。最大的区域是一个表页的所有单元，最小的区域可只包含一个单元。在描述一个区域时，开始单元（左上角单元）与结束单元（右下角单元）之间用冒号"："连接。例如，C4：D9。

（6）单元组合：由同行或同列相邻的两个或两个以上的单元组成的区域。这些可以组合的单元必须是同一种单元类型，组合单元的名称可以用区域名称或区域中的某一单元的名称来表示。

（7）关键字：关键字是UFO报表系统中一个比较重要的概念，是一个特殊的数据单元，可以唯一标志一个表页，用于在大量表页中快速选择表页，也是报表取数的重要依据，是连接报表和账套及其他业务数据的桥梁与纽带。每个报表可以定义多个关键字。关键字一般包括：单位名称、单位编号、年、月、日等，也可以自定义关键字，关键字在报表格式状态下以红字显示。

（8）报表格式：报表的基本结构称为报表格式（也称表样格式），在报表管理系统中，每一张表只能有一张表样格式，如同购买的一本报表，但可反复使用。

（9）单元公式：是指报表单元中的各种公式，如计算公式、取数公式、审核公式等，是设计表成功与否的关键。

（10）可变表：与固定表相对，即报表的格式不固定，需要根据业务统计与管理的需要随时改变大小或格式的报表。

11.2 会计报表初始设置

【小知识 11-5】会计报表系统工作状态

会计报表系统初始设置一般包括创建新的会计报表、报表格式设计、报表公式定义等。报表管理系统在格式状态下定义报表格式及编辑公式、在数据状态下进行报表数据处理，这两种状态的作用是不同的，区分这两种状态是学习编制会计报表的关键。

任务 44　创建新表

1．启动 UFO

操作步骤如下所述。

（1）执行"开始"|"所有程序"|"用友 ERP-U8"|"企业应用平台"|"财务会计"|"UFO 报表命令，如图 11-3 所示。

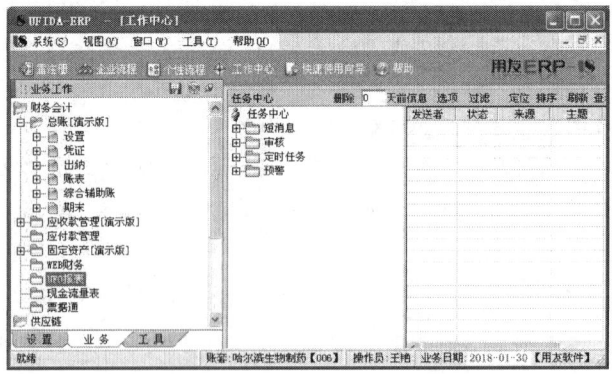

图 11-3　登录 UFO 报表窗口

第 11 章　UFO 报表系统

（2）进行企业应用平台注册，输入操作员密码后，单击"确认"按钮，进入 UFO 报表系统，如图 11-4 所示。

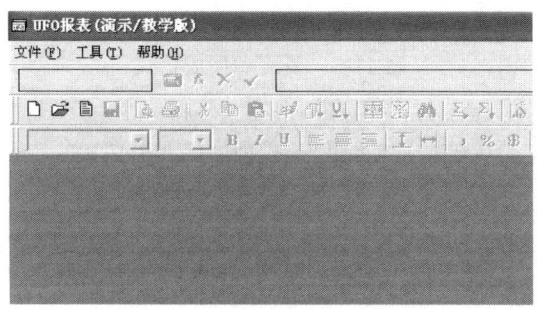

图 11-4　报表系统窗口

2．创建报表文件

操作步骤：在 UFO 报表系统中，执行"文件"|"新建"命令，将自动创建一个空的报表文件，文件名显示在标题栏中，为"report1"，如图 11-5 所示。

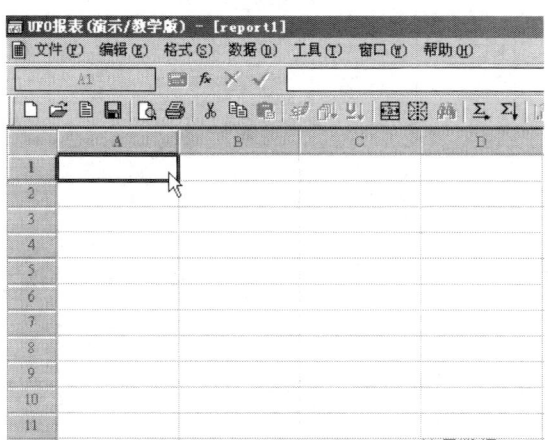

图 11-5　创建新表窗口

任务 45　报表格式设计

1．设置表尺寸

操作步骤具体如下。

（1）执行"格式"|"表尺寸"命令，弹出"表尺寸"对话框，如图 11-6 所示。

（2）在"行数"文本框中输入所要编制报表的行数，

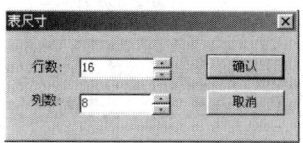

图 11-6　"表尺寸"对话框

在"列数"文本框中输入所要编制报表的列数(默认的行数为 50、列数为 7)。如设计一张如表 11-3 所示的"资产负债表"需要 16 行、8 列。在"行数"栏输入 16,在"列数"栏输入 8。

表 11-3 资产负债表样式

编制单位:　　　　　　　　　　　　　年　月　日　　　　　　　　　　　　单位:元

资　产	行次	年初数	年末数	负债与所有者权益	行次	年初数	年末数
流动资产:				流动负债:			
货币资金	1			短期借款	68		
应收账款	6			应付账款	70		
存货	10			应付工资	72		
待摊费用	11			应付福利费	73		
流动资产合计	31			应交税金	75		
固定资产:				预提费用	82		
固定资产原价	39			负债合计	100		
减:累计折旧	40			所有者权益:			
固定资产净值	41			实收资本	115		
固定资产清理	46			未分配利润	121		
固定资产合计	50			所有者权益合计	122		
资产总计	67			负债及所有者权益总计	135		

(3)单击"确认"按钮。

2.定义行高和列宽

操作步骤如下所述。

(1)根据报表的大小和文字及数据的多少来设计行高和列宽,以美观、大方且能够放下本栏最宽数据为原则。

(2)"UFO 报表"系统中,选择要设置行高和列宽的区域,执行"格式"|"行高"命令,在"行高"对话框中填写所要设置的行高(默认为 5)。

(3)在"UFO 报表"系统中,选择要设置行高和列宽的区域,执行"格式"|"列宽"命令,在"列宽"对话框中填写所要设置的列高(默认为 25),如图 11-7 所示。

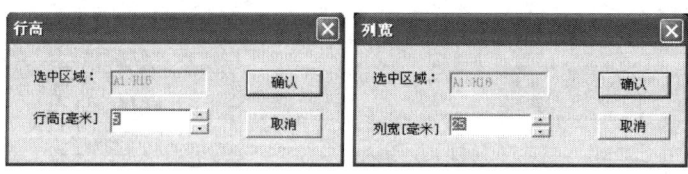

图 11-7 行高列宽设置窗口

3．画表格线

操作步骤具体如下。

（1）选取要画表格线的区域，如整个表体A3：H16，执行"格式"|"区域画线"命令，弹出"区域画线"对话框，如图11-8所示。

（2）在对话框中选中"网线"单选按钮后再单击"确认"按钮，即在整个表格上画上网格线。可以通过选择不同单元设置不同的线型来完成整个表格线的设计。

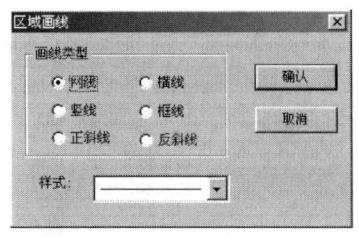

图11-8　"区域画线"对话框

4．设置组合单元

【小知识11-6】组合单元

组合单元就是将几个具体单元组合成一个大的单元，以便输入相关信息，如报表标题就应将一行的所有列合并为一个单元，所有针对单元的操作对组合单元均有效。

操作步骤具体如下。

（1）选取A1：H1区域，执行"格式"|"组合单元"命令，将弹出如图11-9所示的"组合单元"对话框。

图11-9　"组合单元"对话框

（2）在对话框中单击"按行组合"按钮，则所选区域的行合并为一行（如果单击"整体组合"按钮，则所选单元组合为一个大的单元），该单元即合并为一个整体。按照相同的步骤，分别把A2：H3区域设置为组合单元。

5．输入项目内容

输入报表中固定的文字内容，主要有表头名称、表体项目和表尾项目等。如输入"资产负债表"作为表头，然后分别输入"资产""负债及所有者权益"等项目内容，如图11-10所示。

	A	B	C	D	E
1				资产负债表	
2					
3	单位名称：xxxxxxxxxxxxxxxxxxxxxxxxxxxxxxxxx 年			xx 月	xx 日
4	资产	行次	年初数	期末数	负债和股东权益
5	流动资产：				流动负债：
6	货币资金	演示数据	公式单元	公式单元	短期借款
7	短期投资	2	公式单元	公式单元	应付票款
8	减:短期投资跌价准备	3	公式单元	公式单元	应付账款
9	短期投资净额	4	公式单元	公式单元	预收账款
10	应收票据	5	公式单元	公式单元	代销商品款
11	应收股利	6	公式单元	公式单元	应付工资
12	应收利息	7	公式单元	公式单元	应付福利费
13	应收账款	8	公式单元	公式单元	应付股利

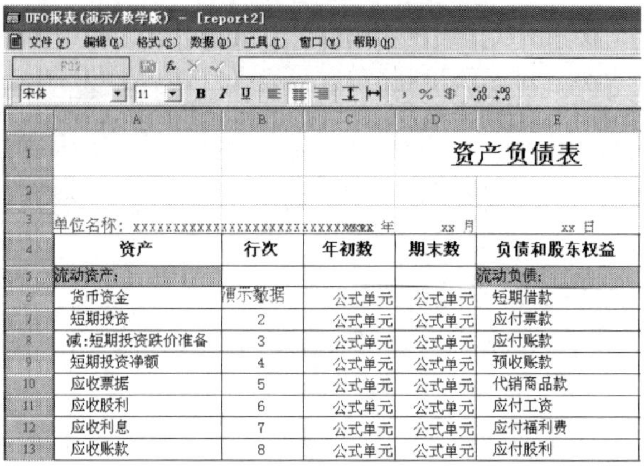

图 11-10　资产负债表格式

【补充阅读资料 11-1】在图 11-10 中的“编制单位”和“年月日”显示为红色，表示“编制单位”、“日期”为关键字，它们不需要直接录入，UFO 表一般将其作为关键字来进行设置。关键字是连接报表与账套的桥梁和纽带，当需要编制不同月份的报表时只需把关键字的年月日进行更新，就可以编制一张装载新数据的报表，而不需重新设计报表。

6. 设置关键字

操作步骤具体如下。

（1）选择要输入关键字的单元。

（2）执行“数据”｜“关键字”｜“设置”命令，打开“设置关键字”对话框，如图 11-11 所示。

（3）选中“单位名称”单选按钮。

（4）单击“确定”按钮。重复上述步骤，将“年”“月”“日”定义为关键字。

（5）调整关键字位置。关键字在某单元或组合单元中的起始位置。同一个单元或组合单元的关键字定义以后，可能会重叠在一起，所以还需要对关键字的位置进行调整。偏移量为负数向左移，正数向右移。执行“数据”｜“关键字”｜“偏移”命令，打开“定义关键字偏移”对话框，如图 11-12 所示，在需要调整位置的关键字后面输入一定的偏移量后，单击“确定”按钮，使所在单元的关键字位置得到调整。如果不合适可进一步进行调整。

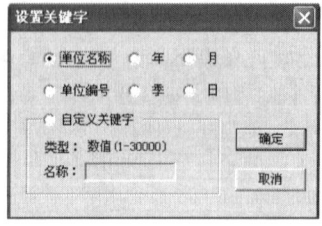

图 11-11　“设置关键字”对话框

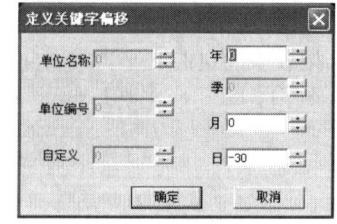

图 11-12　“定义关键字偏移”对话框

第 11 章　UFO 报表系统

任务 46　报表公式设计

【小知识 11-7】报表公式

会计报表的数据是由编制单位所使用的账套及编制时间来决定的，不同账套、不同时间报表的数据是不相同的，但其获取数据的来源和计算方法是相对稳定的。ＵＦＯ报表管理系统就是依据这一特点设计了"定义计算公式"的功能，为定义报表变动单元的计算公式提供了条件，从而使报表管理系统能够自动、及时、准确地编制会计报表，使会计报表系统的通用性得到了极大的提高。

会计报表公式包括单元公式、审核公式和舍位平衡公式。

【小知识 11-8】单元公式

单元公式是报表数据来源的一个重要组成部分。对于财务报表，报表中的数据可能有不同的来源：有些数据需要手工输入，如在资产负债表中可以直接输入各项目的数据；有些数据是由其他报表项目运算得到的，如"固定资产净值""所有者权益合计""税后利润"等项目；有些数据是从其他报表中取来的，如"期末未分配利润"项目；其他大量数据则是从账务系统中直接提取的。

除了手工输入的数据，其他数据都需要通过定义计算公式得到。如果报表的项目没有变化，则通过计算公式来组织报表数据，既经济又省事，把大量重复、复杂的劳动简单化了。合理地设计计算公式能大大节约劳动时间，提高工作效率。

单元计算公式可以直接定义在报表单元中。这样的公式称为"单元公式"。单元公式定义必须在格式（格式与数据的转换在系统的左下方）状态下进行。

单元公式的作用是从账簿、凭证、本表或其他报表等处调用、运算所需要数据，并填入相应的报表单元中。它既可以将数据单元赋值为数值，也可以赋值为字符。单元公式格式一般由目标单元、运算符、函数和运算符序列组成。如：

C5=期初余额（"1001"，月）+期初余额（"1002"，月）+期初余额（"1009"，月）

为了减少录入公式的失误，报表管理系统提供了参照录入功能和各种取数函数。常用的报表数据一般是来源于总账系统或报表系统本身，取自报表的数据又可以分为从本表取数和从其他报表的表页取数。

1. 账务取数公式

操作步骤具体如下。

（1）选定要赋值的单元，如在编制"资产负债表"流动资产中的"货币资金"项目的期末数时［它应该是1001（现金）期末余额+1002（银行存款）期末余额+1009（其他货币资金）期末余额］，在格式状态下，把光标停在"货币资金"项目的赋值处。

（2）单击编辑栏中的 fx 按钮，打开"定义公式"对话框。

（3）单击"函数向导"按钮，进入"函数向导"对话框，如图 11-13 所示。

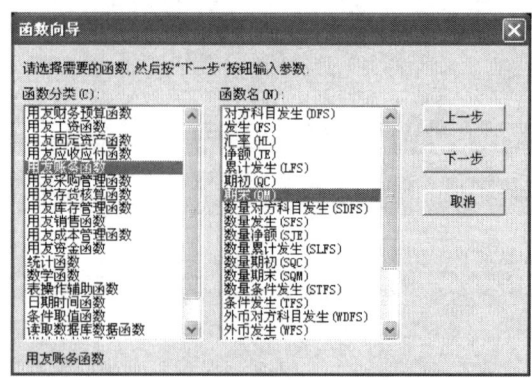

图 11-13　"函数向导"对话框

（4）在"函数分类"列表框中选择"用友账务函数"选项。（说明该数据取自总账系统，如果数据取自其他系统，则使用其他函数。）

（5）在"函数名"列表框中选择"期末（QM）"选项。（说明该数据取自总账某个科目的期末数。）

（6）单击"下一步"按钮，打开"用友账务函数"对话框。此时可以直接录入公式。为了减少差错，可以用系统提供的参照进行录入。

（7）单击"参照"按钮，打开"用友账务函数"的"业务函数"对话框，如图 11-14 所示。

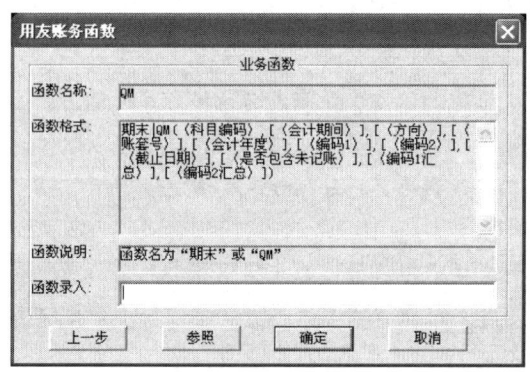

图 11-14　业务函数录入窗口

（8）单击"账套号"选项的下拉列表框右边的下三角按钮，在下拉列表中选择"默认"选项。（为以后采集不同账套数据做准备。）

（9）单击"会计年度"下拉列表框的下三角按钮，在下拉列表中选择"2018"选项，在"科目"文本框中输入"1001"或单击列表按钮，在列出的科目表中选择"现金"科目。

(10)单击"期间"下拉列表框的下三角按钮,在下拉列表中选择"月"选项。"方向"下拉列表框选择"默认"选项。

(11)单击"确定"按钮,返回到"用友账务函数"对话框。

(12)单击"继续录入公式"按钮,在"函数录入"文本框中输入"+",单击"下一步"按钮。

(13)单击"参照"按钮,根据单元的计算关系输入完整计算公式,如图11-15所示。

图11-15 定义公式显示窗口

(14)单击"确定"按钮,返回到"定义公式"对话框。再单击"确定"按钮,完成公式的录入。在报表格式状态下在该单元出现"单元公式"字样。这表明此单元已经定义了公式,依次把所有单元公式编辑完。

2. 本表内统计公式

在一张报表中有些项目是本表其他项目相加或相减及利用其他计算方法得到的,还有一些诸如求和、求平均值、计数、求最大值、最小值等运算。因此要用到本表内部统计功能。如"固定资产净值"等于"固定资产原价"减"累计折旧"得到的。应在"固定资产净值"项目栏中输入"C11—C12"来表示。UFO主要的本表取数函数如表11-4所示。例如,用PTOTAL(A4:D8)表示求区域A4到D8单元的总和。

表11-4 主要本表页取数函数

函 数 名	函 数	函 数 名	函 数
求 和	PTOTAL()	最大值	PMAX()
平均值	PAVG()	最小值	PMIN()
计 数	PCOUNT()	方 差	PVAR()
		偏方差	PSTD()

3. 本表其他页取数公式

一张报表可由多个表页组成,并且表页之间具有极其密切的联系。如一个表页可能代表同一单位不同会计期间的同一报表。因此,一个表页中的数据可能取自上一会计期间表页的数据,用本月其他页取数公式可完成此类操作。

编辑此类公式应注意报表处理软件中的表页选择函数的函数名及参数个数与参数格式。特别是如何描述历史上的会计期间。对于取自本表中其他表页的数据可以利用某个关键字作为表页定位的依据，或者直接以页标号作为定位依据，指定取某张表页数据。可以使用 SELECTO（）函数从本表中其他页取数。

例如，本月 C1 单元数据取自上个月的 C2 单元的数据，可表示为：C1=SELECTO（C2，月@=月+1）；又如 C1 单元取自第三张表的 C3 单元的数据，可表示为：C1=C3@3。

4．报表之间取数公式

报表之间取数公式也称其他表取数公式，用于从另一报表某期间某页中某个单元中采集数据。在进行报表与报表之间取数时，不仅要考虑数据取自哪一张表的哪一单元，还要知道数据来源于哪一页。例如，某年 7 月的"资产负债表"中的未分配利润，需要取"利润分配表"中同一月份的未分配利润的数据。如果"利润分配表"中存在其他月份的数据，而不存在 7 月的数据，则"资产负债表"就不应取出其他月份的数据，表间计算公式保证取数的准确性。

11.3 报表数据处理

【小知识 11-9】报表数据及报表数据处理

报表数据包括报表单元的数值和字符，以及游离于单元之外的关键字。数值单元能接收数字，而字符单元既能接收数字又能接收字符。数值单元和字符单元可以由公式生成，也可以由键盘输入，关键字的值则必须由键盘录入。

报表数据处理主要包括生成报表数据、审核报表数据和舍位平衡操作等工作。数据处理工作必须在数据状态下进行。处理时计算机根据已定义的单元公式、审核公式和舍位平衡公式自动进行数据采集、审核及舍位等操作。报表数据处理一般是针对某一特定表页进行的，因此在数据处理时还涉及表页的操作，如表页的增加、删除等。

报表数据处理即编制报表，是 UFO 报表系统一个关键步骤。编制报表的过程是在人工控制下由计算机自动完成的。利用已经设置好的报表结构文件，运用其中的运算公式从相应的数据源中采集数据，填入相应的单元中，从而得到报表数据。

会计报表是一种时效性很强的文件，因此报表数据与编制日期有着密切的关系，在定义报表结构时可以不用指定日期，但是在生成报表时必须确定其日期。例如，"资产负债表"和"利润表"等会计报表，一般必须在月末结账后才能生成。若在月中进行报表生成，即使所有报表公式都正确，也会生成一张数据错误的报表。同一格式的会计报表在不同会计期间可以生成具有不同数据的报表页，如 1 月的"资产负债表"和 2 月的"资产负债表"都是用同一格式的"资产负债表"生成的。UFO 报表系统能将多达 99 999 张相同格式的报表放置在一个报表格式文件中管理，并且在每张表页之间建立联系，使数据查找方便而迅速。

以编制"资产负债表"为例进行讲解。

任务 47　报表数据处理

操作步骤如下。

1．转化报表状态

因为 UFO 系统设置报表和编制报表是两种不同的状态，设置报表是在格式状态下进行的，而编制报表是在数据状态下进行的，所以当报表编制完成以后要从格式状态转化为数据状态。打开前面已编好格式的"资产负债表"，并将报表状态由"格式"转为"数据"，即单击报表左下角的"格式"按钮使之变为"数据"，如图 11-16 所示。

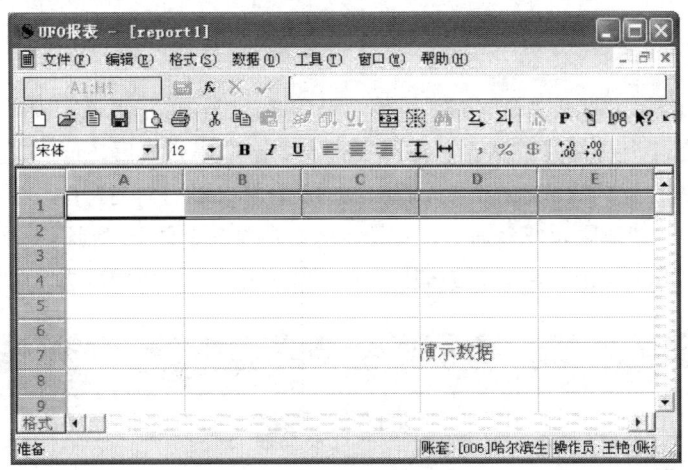

图 11-16　UFO 报表窗口

2．增加表页

增加表页可以通过插入表页或追加表页方式来实现。插入表页是在当前表页后面插入一张空表页；追加表页是在已有表页的最后一张表页后再添加一个空表页，添加后的表页格式与原有表页相同。

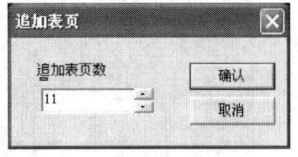

图 11-17　追加表页窗口

执行"编辑"|"追加"|"表页"命令，打开"追加表页"对话框，在"追加表页数"文本框中输入"11"（每月一张，共 12 张表页），如图 11-17 所示。单击"确认"按钮，表页添加完毕。

3．录入关键字

执行"数据"|"关键字"|"录入"命令，打开"录入关键字"对话框，在"单位名称"

文本框中输入“哈尔滨生物制药”，在“年”文本框中输入“2018”，在“月”文本框中输入“1”，在“日”文本框中输入“31”（表示要填制 2018 年 1 月的“资产负债表”），如图 11-18 所示，单击“确认”按钮。

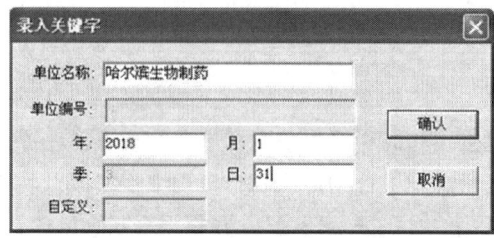

图 11-18　录入“关键字”对话框

4. 报表计算

完成上面操作后，打开“是否重算表第 1 页”对话框，单击“是”按钮，系统会自动根据设置的单元公式计算 1 月的数据。如果在报表数据采集完成后，认为账套数据有误，可以退出 UFO 系统，进入总账系统进行调整。总账调整完成后，再打开 UFO 报表系统。

执行“数据”|“表页重算”命令，打开“是否重算第 1 页”对话框，单击“是”按钮，系统会自动在初始的账套和会计年度范围内根据单元公式计算生成数据，如图 11-19 所示。

资产负债表

会企01表

编制单位：　2018 年　1 月　30 日　单位：元

资　产	行次	年初数	期末数	负债和所有者权益（或股东权益）	行次	年初数	期末数
流动资产：				流动负债：			
货币资金	1	数据856, 223.00	2, 696, 777.50	短期借款	68	1, 000, 000.00	1, 000, 000.00
短期投资	2	200, 000.00	200, 000.00	应付票据	69	40, 950.00	40, 950.00
应收票据	3	374, 400.00	374, 400.00	应付账款	70	8, 541.00	11, 817.00
应收股利	4			预收账款	71		
应收利息	5			应付工资	演示数据		31, 933.70
应收账款	6	3, 063, 177.00	3, 063, 177.00	应付福利费	73	51, 801.00	52, 835.10
其他应收款	7	14, 000.00	9, 464.00	应付股利	74		
预付账款	8			应交税金	75	122, 500.50	292, 264.00
应收补贴款	9			其他应交款	80	2, 385.00	73.87

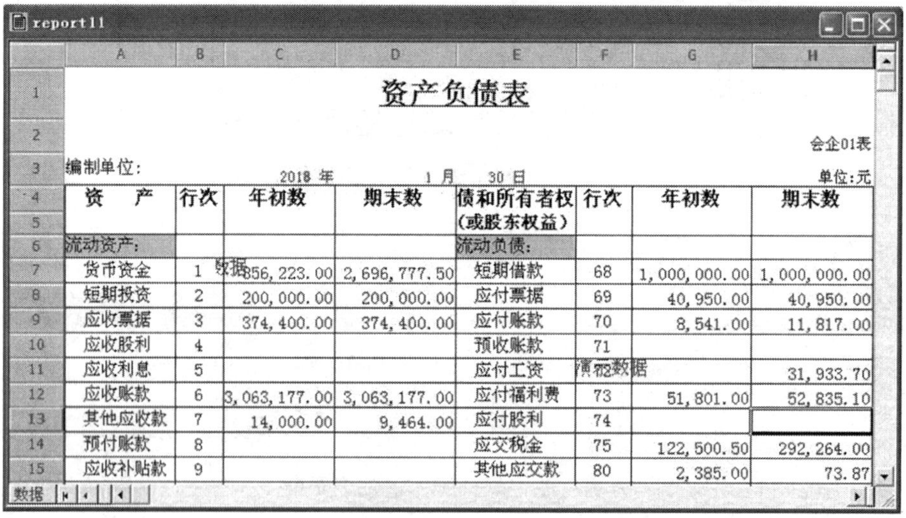

图 11-19　生成的资产负债表（局部）

如果编制报表中出现单元公式不正确时，可以在“格式”状态下重新进行修改设计，然后再执行上面操作进行报表重算。在编制报表时可以选择整表计算或表页重算，整表计算时是将该表的所有表页全部进行计算，而表页重算仅是将当前表页的数据进行计算。

11.4 报表的快速编制

【补充阅读资料 11-2】也许有人认为编制一张报表比较难，要设计格式、定义单元公式、设置关键字、提取数据等，这里我要告诉大家软件开发商已设计好多达 29 个行业的会计报表等待我们使用。只要我们调用适合本单位的会计报表就可以很轻松地进行报表编制了。

任务 48　调用报表模板、快速编制报表

资料：以生成"哈尔滨生物制药厂"的"资产负债表"为例来学习报表的快速编制。

操作步骤如下所述。

（1）启动"UFO 报表"系统，执行"文件"|"新建"命令，建立一张空白表。

（2）执行"格式"|"报表模板"命令，在你所在行业栏中选择"新会计制度科目"选项，在财务报表栏中选择"资产负债表"选项，如图 11-20 所示。

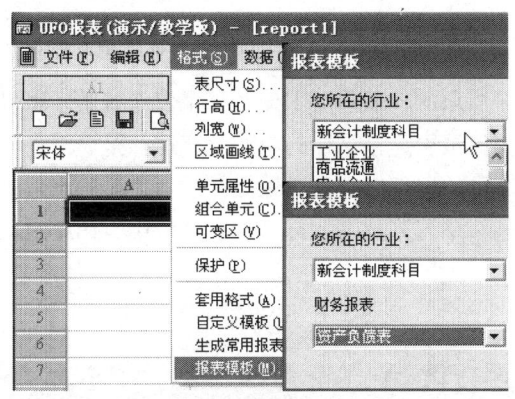

图 11-20　报表模板窗口

（3）单击"确定"按钮，出现"报表模板将覆盖本表格式"的提示，单击"确定"按钮，出现一张已经为你设计好的使用新会计制度科目的"资产负债表"的格式状态。

（4）单击左下角的"格式"按钮，使其转换成为"数据"状态。

（5）执行"数据"|"录入关键字"命令，在"录入关键字"对话框中录入单位名称"生物科技有限公司"、在"年"处录入"2018"、在"月"处录入"1"、在"日"处录入"31"。

（6）单击"确定"按钮，出现"是否重算第一页"的提示，单击"是"按钮，计算机会自动计算报表中的数据，一张填制好的资产负债表就出现在了我们的面前，如图 11-21 所示。

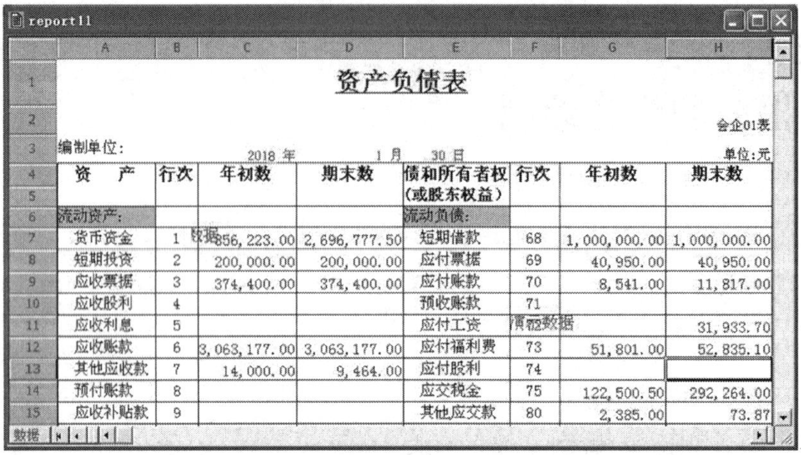

图11-21 利用模板生成的资产负责表

【补充阅读资料11-3】会计报表输出的形式一般有屏幕查询、网络传送、打印输出和磁盘输出等。输出报表数据时往往会涉及表页的相关操作，如表页排序、查找、透视等。

任务49　报表查询与打印

1. 报表查询

报表查询是报表系统应用的一项重要工作。在报表系统中，可以对当前正在编制的报表予以查询，也可以对历史的报表进行迅速的查询。在进行报表查询时一般可以整张表页的形式输出，也可以将多张表页的局部内容同时输出，后者这种输出方式叫表页的透视。查找表页可以以某个关键字或某个单元为查询依据。如查询2017年01月的"资产负债表"具体步骤如下。

（1）执行"编辑"|"查找"命令，打开"查找"对话框，如图11-22所示。

图11-22　查询条件设置窗口

第 11 章　UFO 报表系统

（2）选中"表页"单选按钮。在"查找条件"选项区里选择"年"为"2005"；选中"并且"单选按钮；选择"月"为"01"。最后单击"查找"按钮，符合条件的报表便成为当前表。

2．报表打印

报表打印是指将编制出来的报表以纸介质的形式进行输出与保存，报送有关部门。但在付诸打印之前必须在报表系统中做好打印的有关设置，以及报表打印的格式设置，并确认打印机已经与主机正常连接。打印报表之前可以在预览窗口进行预览。

（1）UFO 打印的特点。

1）所见即所得：屏幕显示内容和位置与打印效果一致。

2）打印预览功能：随时观看实际打印效果。

3）全表打印功能：可连续打印一个报表的全部表页。

4）页首页尾功能：自动重复打印报表的表头和表尾。

5）自动分页功能：根据纸张大小和页面设置，对普通报表和超宽表自动分页。

6）强制分页功能：根据用户需要可在任一行或列实现分页，最大分页数为 50。

7）缩放打印功能：可在 0.3 倍和 3 倍之间缩放打印。

（2）打印设置。

1）强制分页。系统提供的自动分页功能是按照表页的自然页进行分页，但是有时自动分页会影响报表的美观或不能满足用户的需要，因此提供了"强制分页"功能。由于强制分页功能用于打印输出，并不是从本质上改变表格式，因此在格式状态和数据状态下均可进行此项操作。具体步骤如下所述。

① 若只对行或只对列进行分页，则将光标移到相应行的第一列单元或相应列的第一行单元中。

② 执行"工具"｜"强制分页"命令，系统将以该单元的上边线框为分界画出一条横向虚线，或以该单元的左边线框为分界画出一条纵向虚线，即该页将照此虚线按行或列划分为两页。

③ 若欲同时对行和列进行分页，则将光标移到相应单元，执行"工具"｜"强制分页"命令，系统将以该单元的左上角为分页点画出十字状虚线，即该页将按此虚线划分区域为四页。

④ 若想恢复分页前的状态，执行"工具"｜"取消全部分页"命令，则可恢复分页。

2）页面设置。利用"页面设置"对话框可以设置报表的页首和页尾、页边距和缩放比例。

（3）页首和页尾。一个完整的报表由表头、表体、表尾三部分组成。表头包括报表的标题、编制单位、会计期等。表体是报表的数据。表尾包括报表的附注、说明等。报表打印时，在每张纸上都应打印表头和表尾。

如果一张表页的长度大于设定的纸的长度，这张表页将分为几张打印纸打印。报表的表头打印在第一页上,报表的表尾打印在最后一页上,中间的几页只有数据没有表头和表尾。

为了使分开打印的几页都有相同的表头和表尾,应把表头设为页首,把表尾设为页尾,设定的页首和页尾在分开打印的每一张纸上都打印一遍,使所有纸上有相同的表头、表尾和不同的报表数据。

可以把几行设为页首和页尾,打印时在纸的上端打印页首,在纸的底端打印页尾;也可以把几列设为页首和页尾,打印时在纸的左端打印页首,在纸的右端打印页尾。

(4)页边距。页边距是指起始打印位置、末尾打印位置与打印纸边界的距离。页边距以像素点为单位,1像素点约为1/28厘米。

页边距分为上边距(范围:10~300,默认为30),下边距(范围:10~300,默认为30),左边距(范围:10~250,默认为25),右边距(范围:10~250,默认为25)。

具体步骤如下所述。

1)激活要进行页面设置的报表文件的窗口。执行"文件"|"页面设置"命令,弹出"页面设置"对话框,在四个编辑框中输入页边距数,缩放倍数为0.3~3倍。设置完成后,屏幕显示并没有变化,通过"打印预览"可以看到打印与缩放效果,如图11-23所示。

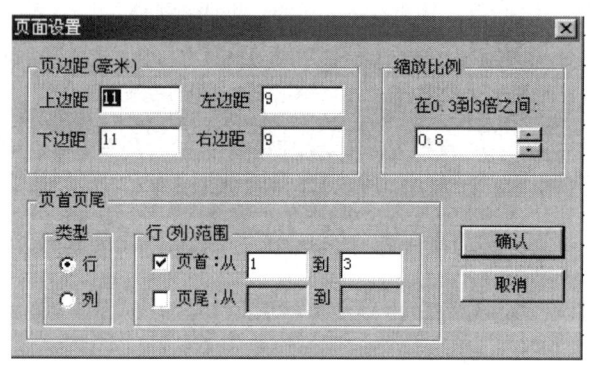

图11-23 报表打印设置窗口

2)设置页首和页尾。在"类型"组内选中"行"单选按钮,则以行为页首和页尾;选中"列"单选按钮,则以列为页首和页尾。

在"行/列范围"组中设置页首和页尾的范围。选中单选按钮,相应的编辑框变亮,在其中输入页首范围和页尾范围。如果类型为行,则在编辑框中输入起始行和终止行的数字;如果类型为列,则在编辑框中输入起始列和终止列的字母。

(5)打印预览。执行"文件"|"打印预览"命令,可以随时观看报表实际打印效果。

(6)打印图表。在格式状态下执行打印,只打印报表的格式;在数据状态下执行打印,将打印当前表页的所有内容。在打印机执行打印之前,可以设置打印机、打印纸、打印质量等。

具体步骤如下所述。

1)执行"文件"|"打印"命令,将弹出如图11-24所示的"打印"对话框。

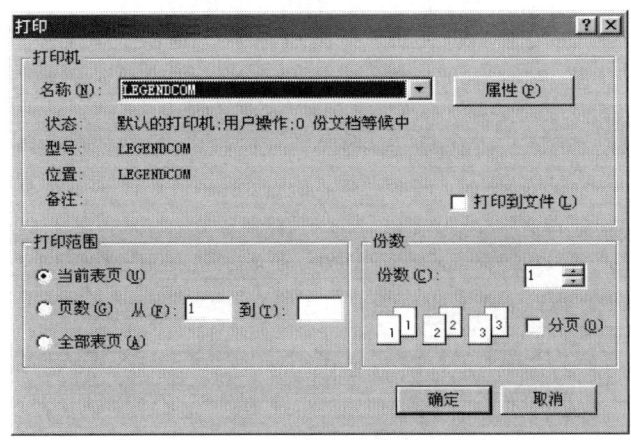

图 11-24 打印机设置窗口

2）在"名称"下拉列表中选择要使用的打印机。

3）属性设置。单击此按钮后将弹出"属性"对话框，可设置打印纸的大小、打印方向、纸张来源、图像的分辨率、图像抖动、图像的浓度和打印品质。具体内容可按 F1 键观看对话框中的帮助。

4）打印范围设置。选择"当前表页"后打印当前的页。"页数"指打印纸的页数，不是指表页数。选中"页数"单选按钮，则指定页数打印，在对应文本框中输入打印页数的范围。选中"全部表页"单选按钮后可打印当前文件的全部表页。

（7）数据套打。执行"文件"|"数据套打"命令，可以只打印数据状态下的数据页内容，对于格式页的内容不打印。

（8）对象打印。对象打印操作可以不打印报表的格式及数据状态的内容，而只打印插入报表的对象。

具体步骤如下所述。

1）选定插入的某一对象（被选定对象的边框出现 8 个黑点）。

2）单击鼠标右键，在弹出的菜单中选择"对象打印"选项。

3．报表网络传送

网络传输方式是通过计算机网络将各种报表从一个工作站传递到另一个或几个工作站的报表传输方式。使用计算机网络进行报表传输，可在各自的计算机上方便、快捷地查看相关报表，这样大大提高了会计数据的时效性和准确性，又有很好的安全性，并且可以节省报表报送部门大量人力、物力和财力。随着计算机网络的日益普及，网络传输方式的优势越来越明显，并正在逐步取代其他方式的传输。

将报表生成网页 HTML 文件，可以把报表发布在企业内部网或互联网上，实现数据共享。

本章小结

编制会计报表是会计期末的一项重要工作,在手工状态下它的工作量也相对较大。用友财务软件中为我们提供了功能强大的 UFO 报表系统,它可以自定义各种报表,从总账及其他各子系统中提取数据来填制报表;UFO 报表系统还提供了 29 种行业的会计报表模板,我们可以调用一种适合本单位的报表模板,用来快速生成会计报表。

 ## 基本训练

□ 知识题

1.UFO 系统的功能有哪些?
2.什么是 UFO 系统中的关键字?它有什么作用?
3.什么是单元公式?它有什么作用?

□ 能力题

1. 编制一张货币资金报表

资料:

(1)表尺寸为行 4 列:第 1 行行高 8mm,第 2~7 行行高 6mm。A 列、C 列、D 列列宽为 30mm,B 列列宽为 20mm;单元 A1:D1 为一个组合单元;A8:D8 为一个组合单元。关键字 1 "单位名称" 放在 A2 单元;"制表日期" 放在 A7 单元,关键字 2 "年" 放在 B7 单元;关键字 3 "月" 放在 C7 单元,关键字 4 "日" 放在 D7 单元。

(2)表样文字:货币资金表(A1 单元)、项目(A3 单元)、行次(B3 单元)、期初数(C3 单元)、期末数(D3 单元)、现金(A4 单元)、1(B4 单元)、银行存款(A5 单元)、2(B5 单元)、合计(A6 单元)、3(B6 单元)、制表人(A8 单元)。

要求:

(1)在草纸上绘制一张如上要求的资金报表,以便形成一个整体认识。然后调用 UFO 报表系统,按上述要求进行编制,并录入相关的单元公式。

(2)字体、字号自行选择,以美观、大方为准。

(3)账套初始选择 "2018 年的 001 账套",关键字 "单位名称" 录入为 "环球电子技术有限公司"。

（4）重算报表数据，并保存报表文件，名称为"环球公司资金表"。

2．编制 001 账套的"资产负债表"和"利润表"

资料：参照总账部分的练习。

要求：

（1）在完成第 3 章 006 账套的操作之后，调用股份制行业的资产负债表模板，编制 001 账套 2018 年 1 月 31 日的"资产负债表"。

（2）调用股份制行业的利润表模板，编制 001 账套 2018 年 1 月 31 日的"利润表"。

附录

附录 A 应用案例

一、基础信息

1. 建账资料

账套号：006
账套名称：哈尔滨生物制药厂（简称生物制药）
机构代码：76372907
单位域名：www.hrbswzy.com
启用日期：2018 年 01 月 01 日
会计期间设置：01 月 01 日～12 月 31 日

地址：黑龙江省哈尔滨市学院路群英街 2 号，法定代表人：李宏伟，邮政编码：150025，联系电话：56860000 传真：56860000，电子邮箱：lhw0301@163.com，纳税人登记号：2006196212270088。本币名称：人民币（代码：RMB），行业性质：新行业会计科目（建账时按行业性质预置会计科目）。

2. 操作人员及授权

（1）会计主管——王艳，部门：财务室。
- 负责会计软件运行环境的建立，以及各项初始设置工作；
- 负责会计软件的日常运行管理工作，监督并保证系统的有效、安全、正常运行；
- 负责填制会计凭证及财务分析、决策支持和行业报表管理；
- 负责分销链管理；
- 负责财务链工作。

（2）出纳员——李萍。
- 负责现金、银行账管理工作，具有出纳签字权、现金和银行存款日记账的查询及打印权、资金日报查询权、支票登记权，以及与银行对账有关的操作权限；审核现金及银行业务。

（3）财务主管——王同。

- 负责对会计凭证正确性和合法性审核签字。

3．系统启动

2018年1月1日启动如下系统：总账、应收款管理、应付款管理、固定资产、销售管理、采购管理、库存管理、存货管理、薪资管理系统在使时再启动。

4．本单位对存货、客户、供应商进行分类管理

会计科目采用四级编码级次：4222；客户分类编码级次：22；供应商分类编码级次：22；存货分类编码级次：12；部门编码级次：12；地区分类编码级次：1；费用项目分类编码级次：12；结算方式编码级次：12；货位编码级次：224；收发类别编码级次：12；存货数量2位、其他为系统默认。

5．机构设置（见表A-1）

表A-1　机构设置

编 号	名 称	部门属性	负责人	电 话
1	行管处	管理兼技术	孙志	56860108
101	厂部办公室	行政管理	王同	56860118
102	财务室	财务管理	王艳	56860128
103	总务室	库房管理	张志	56860138
2	生产处	生产		
201	生产处办公室	生产管理	高跃	56860200
202	生产车间	基本生产	钱东	56860158
203	辅助车间	辅助生产	周正	56860168
3	供销处	供销		
301	供销办公室	供销管理	郑军	56860300
302	销售组	销售	李刚	56860188
303	供应组	供应	王欣	56860198
4	离退办	离退人员管理	孙志	56860199

6. 职员档案设置（见表 A-2）

表 A-2　职员档案设置

编　　号	职员名称	所属部门	人员类别	职员属性	工龄	基本工资（元）
10000001	李宏伟	办公室	管理人员	厂长	20	1 000
10010002	孙志	办公室	管理人员	负责人	20	715
10010103	王同	办公室	管理人员	负责人	18	650
10010104	李新	办公室	管理人员	厂办秘书	17	650
10010205	王艳	财务室	管理人员	会计主管	20	825
10010206	李萍	财务室	管理人员	出纳	15	650
10010307	李娟	总务室	管理人员	负责人	18	650
10010308	张志	总务室	工人	保管员	19	500
10020009	高跃	生产处	管理人员	负责人	17	600
10020110	钱东	生产车间	技术人员	车间主任	18	800
10020111	孙力	生产车间	工人	工人	5	400
10020212	周正	辅助车间	技术人员	车间主任	17	680
10020213	石焦	辅助车间	工人	工人	7	400
10030014	郑军	供销处	供销人员	业务员	16	700
10030115	李刚	销售组	供销人员	业务员	16	620
10030116	孙美	销售组	供销人员	业务员	15	600
10030217	王欣	供应组	供销人员	业务员	15	450
10030218	常胜	供应组	供销人员	业务员	15	400
10040001	李海	离退办	离休人员	退休	30	800
10040002	王宏	离退办	离休人员	退休	31	750
10040003	康玉	离退办	离休人员	退休	35	750

7. 地区及存货分类体系（见表 A-3）

表 A-3　地区及存货分类体系

地区分类编码	地区分类名称
1	本地
2	外地

8. 供应商及客户分类（见表 A-4）

表 A-4　供应商及客户分类

供应商（客户）分类编码	供应商（客户）分类名称
01	长期伙伴

续表

供应商（客户）分类编码	供应商（客户）分类名称
0101	本地
0102	外地
02	短期伙伴
03	临时伙伴

9．供应商编码档案（见表 A-5）

表 A-5　供应商编码档案

编号	名称	简称	分类	税号	开户银行	账号	地址
001	哈尔滨生物一厂	哈生物厂	0101	123949458	工行松北支行	83838833	利民区时代大街1号
002	上海生物制剂厂	上海生物	0102	849383939	工行松浦支行	93838288	松浦区长江路5号
003	北京化学试剂厂	北京化学	0102	948240348	工行丰台支行	37582728	丰台区长寿路10号
004	大连玻璃厂	大连玻璃	0102	849303854	工行金洲支行	37482723	金洲区光芒街8号
005	哈尔滨前进养鸡厂	前进鸡厂	03	857584822	农行松花江支行	83729478	松北区松北大道185号
006	哈尔滨兽医研究所	哈兽研所	02	486938395	工行人和支行	93833284	南岗区人和街138号
007	天津印刷厂	天津印刷	0102	398398338	工行天桥支行	43245689	天桥区津卫路288号

10．客户编码档案（见表 A-6）

表 A-6　客户编码档案

客户编号	客户名称	客户简称	所属分类码	税号	开户行	账号	地址
001	哈尔滨鸿泰药业集团	鸿泰	0101	152552368	工行哈平支行	37215688	哈平路5号
002	北京大同制药厂	大同	0102	682695381	工行景山支行	13576426	北京西路10号
003	天津红利药店	红利	03	7162665744	工行朝阳支行	88265125	天津东路8号
004	沈阳大发制药厂	大发	03	2746786544	工行南路支行	75448999	沈阳南路45号

11. 存货分类表（见表 A-7）

表 A-7 存货分类表

存货分类编码	存货分类名称
1	原材料
101	原料及主要材料
102	辅助材料
103	外购半成品
2	包装物
3	库存商品
4	应税劳务

12. 存货计量及存货档案（见表 A-8）

计量单位组名：可换算组，下设两个计量单位：吨、kg；不可换算组，下设三个计量单位：盒、瓶、个。

表 A-8 存货计量及存货档案

存货编号	所属分类码	存货名称	规格型号	计量单位	存货属性	计划价	参考成本	供应单位	税率（%）
001	101	一号制剂	YH	kg	外购、生产耗用	3.00		哈生物厂	17
002	101	二号制剂	RH	kg	外购、生产耗用	2.00		哈生物厂	17
003	101	三号制剂	SH	kg	外购、生产耗用	8.00		哈生物厂	17
004	102	调节剂	TJJ	kg	外购、生产耗用	2.80		上海生物	17
005	102	凝固剂	NGJ	kg	外购、生产耗用	10.00		北京化学	17
006	103	原胶粒	YJL	盒	外购、生产耗用	60.00		哈兽研所	17
007	103	无机质	WJZ	瓶	外购、生产耗用	3.50		哈兽研所	17
008	103	蛋白原	DBY	kg	外购、生产耗用	20.00		前进鸡厂	17
009	103	盐水	YS	瓶	外购、生产耗用	2.00		哈生物厂	17
010	103	葡萄糖	PTT	kg	外购、生产耗用	3.00		哈生物厂	17
011	103	淀粉	DF	kg	外购、生产耗用	2.00		哈生物厂	17
012	2	安瓶	AP	个	外购、生产耗用	1.00		大连玻璃	17
013	3	生物一号		瓶	自制、销售	3 200	2 600	自制	17
014	3	生物二号		瓶	自制、销售	3 400	2 850	自制	17

13. 会计科目及期初数据（见表 A-9）

表 A-9　会计科目及期初数据

科目名称	方向	辅助账类型	账页格式	年初余额（元）
现金（1001）	借	现金日记	金额式	6 223
银行存款（1002）	借		金额式	
工行存款（100201）	借	银行日记	金额式	850 000
其他货币资金（1009）	借		金额式	
银行汇票存款（100903）	借		金额式	
短期投资（1101）	借		金额式	
股票（110101）	借		金额式	200 000
应收票据（1111）	借		金额式	
银行承兑汇票（111101）	借	客户往来	金额式	374 400
应收账款（1131）	借	客户往来	金额式	3 065 400
坏账准备（1141）	贷		金额式	2 223
预付账款（1151）	借	供应商往来	金额式	
其他应收款（1133）	借		金额式	
应收职工借款（113301）	借	个人往来	金额式	14 000
物资采购（1201）	借		金额式	
原材料（1211）	借		金额式	107 040
包装物（1221）	借		金额式	500
库存商品（1243）	借		金额式	24 900 000
待摊费用（1301）	借		金额式	
财产保险费（130101）	借		金额式	
报刊费（130102）	借		金额式	
长期股权投资（1401）	借		金额式	
股票投资（140101）	借		金额式	1 377 000
长期债权投资（1402）	借		金额式	
固定资产（1501）	借		金额式	4 333 000
累计折旧（1502）	贷		金额式	1 390 179
固定资产清理（1701）	借		金额式	
在建工程（1603）	借		金额式	1 424 285.50
无形资产（1801）	借		金额式	20 600
待处理财产损溢（1911）	借		金额式	
待处理流动资产损溢（191101）	借		金额式	
待处理固定资产损溢（191102）	借		金额式	
短期借款（2101）	贷		金额式	1 000 000

续表

科目名称	方向	辅助账类型	账页格式	年初余额（元）
应付票据（2111）	贷		金额式	
商业承兑汇票（211101）	贷	供应商往来	金额式	40 950
应付账款（2121）	贷	供应商往来	金额式	
应付货款（212101）	贷	供应商往来	金额式	8 541
暂估应付款（212102）	贷		金额式	
其他应付款（2181）	贷		金额式	100 000
预收账款（2131）	贷	客户往来	金额式	
应付工资（2311）	贷		金额式	
应付福利费（2153）	贷		金额式	51 801
应交税金（2171）	贷		金额式	122 500.50
应交增值税（217101）	贷		金额式	
进项税额（21710101）	贷		金额式	
已交税金（21710102）	贷		金额式	
转出未交增值税（21710103）	贷		金额式	
减免税款（21710104）	贷		金额式	
销项税额（21710105）	贷		金额式	
出口退税（21710106）	贷		金额式	
进项税额转出（21710107）	贷		金额式	
出口抵减内销产品应纳税额（21710108）	贷		金额式	
转出多交增税（21710109）	贷		金额式	
未交增值税（217102）	贷		金额式	79 522
应交营税（217103）	贷		金额式	
应交所得税（217106）	贷		金额式	37 412.50
应交个人所得税（217112）	贷		金额式	
应交城市维护建设税（217108）	贷		金额式	5 566
其他应交款（2176）	贷		金额式	
应交教育费附加（217601）	贷		金额式	2 385
预提费用（2191）	贷		金额式	
借款利息（219103）	贷		金额式	
长期借款（2301）	贷		金额式	
长期借款本金（230101）	贷		金额式	4 000 000
长期借款利息（230102）	贷		金额式	
实收资本（3101）	贷		金额式	
国家投资（310101）	贷		金额式	27 979 308
外单位投资（310102）	贷		金额式	

续表

科目名称	方向	辅助账类型	账页格式	年初余额
已归还投资（3103）	贷		金额式	
资本公积（3111）	贷		金额式	
资本溢价（311101）	贷		金额式	1 150 561
盈余公积（3121）	贷		金额式	
法定盈余公积（312101）	贷		金额式	450 000
任意盈余公积（31302）	贷		金额式	200 000
本年利润（321）	贷		金额式	
利润分配（322）	贷		金额式	
其他转入（314101）	贷		金额式	
提取法定盈余积（314102）	贷		金额式	
提取储备基金（314104）	贷		金额式	
未分配利润（314115）	贷		金额式	174 000
生产成本（4101）	借		金额式	
基本生产成本（410101）	借	部门核算	金额式	
折旧费（41010101）	借	部门核算	金额式	
人工费（41010102）	借	部门核算	金额式	
其他费（41010103）	借	部门核算	金额式	
制造费（41010104）	借	部门核算	金额式	
产品完工转出（41010105）	借		金额式	
辅助生产成本（410102）	借	部门核算	金额式	
折旧费（41010201）	借	部门核算	金额式	
人工费（41010202）	借	部门核算	金额式	
其他费（41010203）	借	部门核算	金额式	
制造费（41010204）	借	部门核算	金额式	
产品完工转出（41010205）	借		金额式	
制造费用（4105）	借	部门核算	金额式	
折旧（410501）	借	部门核算	金额式	
人工费（410502）	借	部门核算	金额式	
其他费（410503）	借	部门核算	金额式	
制造费（410504）	借	部门核算	金额式	
产品完工转出	借		金额式	
主营业务收入（5101）	贷		金额式	
其他业务收入（5102）	贷		金额式	
生物一号（510101）	贷		数量金额式	
生物二号（510102）	贷		数量金额式	

续表

科目名称	方向	辅助账类型	账页格式	年初余额
材料销售（510201）	贷		金额式	
其他（510202）	贷		金额式	
投资收益（5201）	贷		金额式	
营业外收入（5301）	贷		金额式	
固定资产盘盈（530101）	贷		金额式	
处理固定资产净收益（530102）	贷		金额式	
罚款净利收入（530103）	贷		金额式	
其他（530104）	贷		金额式	
主营业务成本（5401）	借		金额式	
生物一号（540101）	借		数量金额式	
生物二号（540102）	借		数量金额式	
主营业务税金及附加（5402）	借		金额式	
其他业务支出（5405）	借		金额式	
营业费用（5501）	借		金额式	
管理费用（5502）	借		金额式	
财务费用（5503）	借		金额式	
营业外支出（5601）	借		金额式	
管理费用（5502）	借		金额式	
财务费用（5503）	借		金额式	
利息支出（550301）	借		金额式	
筹资（55030101）	借		金额式	
投资（55030102）	借		金额式	
经营（55030103）	借		金额式	
手续费（550302）	借		金额式	
筹资（55030201）	借		金额式	
投资（55030202）	借		金额式	
经营（55030203）	借		金额式	
其他（550303）	借		金额式	
筹资（55030301）	借		金额式	
投资（55030302）	借		金额式	
经营（55030303）	借		金额式	
所得税（5701）	借		金额式	

注：① 应收票据——银行承兑汇票系天津红利公司2017年11月20日开出的银行承兑汇票374 400元；② 个人往来期初数据：其他应收款——应收职工借款系供应组常胜出差借款

14 000元；③应付票据——商业承兑汇票系2017年11月30日哈生物厂开出的三个月商业承兑汇票用于购置二号制剂 40 950.00 元；④应付账款——应付货款有两笔：哈生物厂5 265.00 元、上海生物厂 3 276.00 元；⑤应收账款——应收货款有两笔：哈鸿泰 1 872 000.00 元、北京大同 1 193 400.00 元。

指定现金科目为现金总账和现金流量科目；银行存款科目为银行总账科目；指定现金、银行存款、其他货币资金科目为现金流量科目。

14．凭证类别（见表A-10）

表A-10 凭证类别

类　型	限制类型	限制科目
收款凭证	借方必有	1001，1002
付款凭证	贷方必有	1001，1002
转账凭证	凭证必无	1001，1002

15．结算方式（见表A-11）

表A-11 结算方式

编　码	结算方式	票据管理标志
1	现金结算	
2	支票结算	√
201	现金支票	√
202	转账支票	√
3	商业汇票	
301	商业承兑汇票	
302	银行承兑汇票	
4	银行汇票	
5	其他	

16．付款条件设置（见表A-12）

表A-12 付款条件设置

编　码	信用天数	优惠天数1	优惠率1	优惠天数2	优惠率2	优惠天数3	优惠率3
01	30	5	2				
02	60	5	4	15	2	30	1
03	90	5	4	20	2	45	1

17．本单位开户银行设置

账户名称：基本户、开户日期：2015 年 1 月 1 日、所属银行：中国工商银行松北支行、账号：123153216538（人民币账户）。

18．仓库档案（见表 A-13）

表 A-13　仓库档案

仓库编码	仓库名称	所属部门	仓库地址	电话	负责人	计价方式
1	材料库	总务室	厂内	56860138	张志	全月平均
2	成品库	总务室	厂内	56860138	张志	全月平均

19．收发类别（见表 A-14）

表 A-14　收发类别

收发类别编码	收发类别名称	收发标志
1．入库分类		
101	采购入库	收
102	产成品入库	收
2．出库分类		
201	销售出库	发
202	生产领用出库	发

20．采购类型设置（见表 A-15）

表 A-15　采购类型表设置

采购类型编码	采购类型名称	入库类别	是否默认值
1	厂家直购	采购入库	是
2	批发购进	采购入库	是

21．销售类型（见表 A-16）

表 A-16　销售类型

销售类型编码	销售类型名称	出库类别	是否默认值
1	产品销售	销售出库	是
2	材料销售	销售出库	是

22．产品结构设置（见表 A-17）

表 A-17　产品结构设置

版本代号	母件名称	生产部门	子项编码	子项名称	单位	存放仓库	定额数量
010		生产车间					
	生物一号	（201）	002	二号制剂	kg	材料库	200
	生物一号		003	三号制剂	kg	材料库	150
	生物一号		004	调节剂	kg	材料库	10
	生物一号		005	凝固剂	kg	材料库	20
	生物一号		006	原胶粒	盒	材料库	1
	生物一号		007	无机质	瓶	材料库	2
	生物一号		008	蛋白原	kg	材料库	20
	生物一号		009	安瓶	个	材料库	1
011		生产车间					
	生物二号	（201）	001	一号制剂	kg	材料库	50
	生物二号		003	三号制剂	kg	材料库	100
	生物二号		004	调节剂	kg	材料库	80
	生物二号		005	凝固剂	kg	材料库	50
	生物二号		006	原胶粒	盒	材料库	2
	生物二号		007	无机质	瓶	材料库	1
	生物二号		008	蛋白原	kg	材料库	50
	生物二号		009	安瓶	个	材料库	1

23．费用项目表（见表 A-18）

表 A-18　费用项目表

费用项目分类编号	分类名称	费用项目名称	备 注
1	采购费用	101 材料整理费	
		102 运输费	
2	销售费用	201 销售招待费	
		202 广告费	
3	其他	301 其他费用	

24．发运方式设置（见表 A-19）

表 A-19　发运方式设置

发运方式编码	发运方式名称
01	公路
02	铁路
03	航空

25．数据权限控制设置

主要对"科目"进行控制；数据权限控制：保管员张志有原材料、包装物、低值易耗品、自制半成品、库存商品的查账和制单权;销售负责人李刚有主营业务收入、其他业务收入的查账权。供应组王欣有应付账款、应付票据、物资采购的查账权。

26. 金额级别及权限设置

将金额级别分为六级(见表 A-20)。

表 A-20　金额级别及权限设置

一级	二级	三级	四级	五级	六级
2 000 元以下	5 000 元以下	10 000 元以下	20 000 元以下	50 000 元以下	1 000 000 元以下

各操作元的权限如下:李萍、李刚为一级;张志、王同为二级。

二、总账系统

1. 选项参数

凭证制单时,采用序时控制,进行支票管理与资金及往来赤字控制,可使用其他系统受控科目,制单权限不控制到科目,不可修改他人填制的凭证,打印凭证页脚姓名,凭证审核时控制到操作员,出纳凭证必须经出纳签字,所有凭证必须经由会计主管签字,财务主管审核,进行预算控制方式,自动补充凭证断号。

账簿打印位数、每页打印行数按软件的标准设定,明细账查询控制到科目,明细账打印按年排页。

2. 总账日常业务

(1) 1 月 8 日,供应组采购员常胜出差归来,报销差旅费 4 536 元,凭证号 63218。

(2) 1 月 9 日,从银行提出现金 1 000 元备用,支票号为 No.076455。

(3) 1 月 12 日,通过工行户(支票号 No.060422)缴纳上月应交未交所得税 37 412.50 元,增值税 79 522 元,城市建设维护税 5 566 元和教育附加费 2 385 元。当即收到各有关税金及附加缴款书收据联(No.SW011)。

(4) 1 月 13 日,辅助车间购买修理用品 10 500 元,开出转账支票(No.060423)一张。

三、工资管理

1. 业务控制参数

工资类别个数:2 个(职工工资和离退休人员工资);核算币种:人民币 RMB,实行代扣个人所得税,人员编码长度:8 位。

2．人员档案及类别

部门档案、人员档案见企业概况（全部人员均为中方人员，计税，通过工商银行代发工资，个人账号为 8 位，其编码与职员档案相同。

3．工资项目（见表 A-21 和表 A-22）

表 A-21　在职职工工资项目

编号	月份	姓名	工龄	基本工资	岗位工资	奖金	交通补助	住房补贴	应发合计	日工资	病假天数	病假扣款	事假天数	事假扣款	住房公积金	计税基数	代扣所得税	扣款合计	实发合计

表 A-22　离退休人员工资项目

编号	月份	基本工资	生活补助	应发合计	扣款合计	实发合计

4．工资项目标准

基本工资按职员档案录入。岗位工资：管理人员 800 元、供销人员 750 元、其他人员 700 元。奖金：管理人员 300 元，供销人员 200 元。交通补助：管理人员 300 元，供销人员 800 元。离退人员生活补助：工龄小于等于 30 年 500 元，大于 30 年 550 元。

5．银行设置与所得税项目

通过工商银行代发工资，单位编号为 20006010101。录入日期为：2006.01.25。
所得税项目为：工资；对应工资项目：计税基数。
住房公积金=（基本工资+岗位工资+奖金）×10%
住房补贴=（基本工资+岗位工资+奖金）×3%
计税基数=（基本工资+岗位工资+交通补助+奖金−住房公积金−住房补贴）

6．工资分摊——均指企业负担的部分

- 分摊计提月份：01 月。
- 核算部门：行政科、生产车间、辅助车间、销售组、供应组。其中，行政人员工资计入管理费用，车间管理人员工资计入制造费用，工人工资计入本车间的生产成本，销售人员工资计入营业费用。

- 其他费用计算公式如下：

应付福利费= 应发合计×14%

教育经费= 应发合计×1.5%

四、固定资产管理

1．业务控制参数

按平均年限法（一）计提折旧，折旧分配周期为1个月，类别编码方式为2112，固定资产编码方式：按"类别编码+部门编码+序号"自动编码，卡片序号长度为3；要求与账务系统进行对账，固定资产对账科目：1501固定资产，累计折旧对账科目：1502累计折旧，在对账不平情况下不允许月末结账；业务发生后立即制单，月末结账前一定要完成制单登账业务；已注销的卡片5年后删除；固定资产默认入账科目：1501，累计折旧默认入账科目：1502；当（月初已计提月份=可使用月份–1）时，要求将剩余折旧全部提足。

2．资产类别（见表A-23）

表A-23　资产类别

编码	类别名称	使用年限	净残值率	单　位	计提属性
01	房屋及建筑物	30	4		总计提
011	房屋	30	4		总计提
012	构筑物	30	4		总计提
02	通用设备	10	4		正常计提
021	生产用设备	10	4		正常计提
022	非生产用设备	10	4		正常计提
03	交通运输设备	10	4		正常计提
031	生产用运输设备	10	4	辆	正常计提
032	非生产用运输设备	10	4	辆	正常计提
04	电子设备及其他通讯设备	6	4		正常计提
041	生产用设备	6	4	台	正常计提
042	非生产用设备	6	4	台	正常计提

3．部门及对应折旧科目（见表 A-24）

表 A-24　部门及对应折旧科目

部　　门	对应折旧科目
1 行管处	管理费用　　5502
201 生产处办公室	制造费用——折旧费　　410504
201 生产车间	基本生产成本——折旧费　　41010104
202 辅助车间	辅助生产成本——折旧费　　41010204
301 销售组	营业费用　　5501
302 供应组	管理费用　　5502

4．增减方式设置：默认系统提供的常用增减方式

5．固定资产卡片（见表 A-25）

表 A-25　固定资产卡片

固定资产编号	固定资产名称	类别编号	所在部门	增加方式	使用年限	开始使用日期	原　值	累计折旧	对应折旧科目名称
1	办公楼	011	厂办	在建工程转入	30	1988.3.1	1 500 000	522 450	管理费用
2	厂房	011	生产车间	在建工程转入	30	1988.3.1	1 200 000	417 960	制造费用
3	厂房	011	辅助车间	在建工程转入	30	1988.3.1	500 000	174 150	辅助生产成本
4	分离机	021	生产车间	购入	10	2000.1.1	80 000	21 120	制造费用
5	提取机	021	生产车间	购入	10	2000.1.1	180 000	47 520	制造费用
6	合成机	021	生产车间	购入	10	2000.1.1	20 000	5 280	制造费用
7	分析仪	021	生产车间	购入	10	1996.3.1	70 000	18 480	制造费用
8	专用天平	021	生产车间	购入	10	1996.3.1	15 000	1 320	制造费用
9	清洗机	021	生产车间	购入	10	1996.3.1	50 000	13 200	制造费用
10	消毒机	021	辅助车间	购入	10	1996.3.1	100 000	26 400	辅助生产成本
11	原料库	011	总务	在建工程转入	30	1988.3.1	100 000	34 830	管理费用
12	成品库	011	总务	在建工程转人	30	1988.3.1	250 000	87 075	管理费用
13	轿车	032	厂办	购入	10	1998.1.1	250 000	18 000	管理费用
14	复印机	042	厂办	购入	6	1998.10.1	12 000	1 596	管理费用
15	计算机	042	财务室	购入	6	1998.10.1	6 000	798	管理费用

注：净残值率均为 4%，使用状况均为"在用"，折旧方法均采用平均年限法（一）。卡片项目与卡片样式采用软件的标准设定。

五、库存管理业务控制参数

采购入库审核时、销售出库单审核时、材料出库单审核时、产品入库单审核时修改现存量；进行最高最低库存预警；出入库检查可用量；入库单成本、出库单成本按计价方式取单价。

六、存货核算

1. 业务控制参数

按仓库核算进行存货核算；允许零库存；零成本出库选择：参考成本；入库单成本选择：手工输入；暂估方式：月初冲回；资金占用规划：仓库+存货分类。

2. 存货科目（见表 A-26）

表 A-26　存货科目

仓　　库	存货分类	存货科目
材料库	原料及主要材料　　101	原材料　　1211
	辅助材料　　102	原材料　　1211
	外购半成品　　103	原材料　　1211
	包装物　　2	包装物　　1221
成品库	产成品　　3	库存商品　　1243

3. 对方科目（见表 A-27）

表 A-27　对方科目

	收发类别编码	对方科目	暂估科目名称
入库分类	1		
采购入库	101	1201	212101
产成品入库	102	410101	
出库分类			
生产领用	202	410101	
销售出库	201	5401	

4．期初数据（见表 A-28）

表 A-28　期初数据

明细账户及材料名称	计量单位	结存数量	单价	入库日期	供应商	部门	业务员	科目
原料及主要材料								
一号制剂	kg	2 000	3.00	2011.12.31	哈生物厂	供应组	王欣	1211
二号制剂	kg	2 500	2.00	2011.12.31	哈生物厂	供应组	王欣	1211
三号制剂	kg	4 000	8.00	2011.12.31	哈生物厂	供应组	王欣	1211
辅助材料								
调节剂	kg	1 000	2.80	2011.12.31	上海生物	供应组	常胜	1211
凝固剂	kg	1 000	10.00	2011.12.31	北京化学	供应组	常胜	1211
外购半成品								
原胶粒	盒	500	60.00	2011.12.31	哈兽研	供应组	王欣	1211
无机质	瓶	200	3.50	2011.12.31	哈兽研	供应组	王欣	1211
蛋白原	kg	1 000	20.00	2011.12.31	前进鸡厂	供应组	王欣	1211
盐水	瓶	50	2.00	2011.12.31	哈生物厂	供应组	王欣	1211
葡萄糖	瓶	80	3.00	2011.12.31	哈生物厂	供应组	王欣	1211
淀粉	kg	100	2.00	2011.12.31	哈生物厂	供应组	王欣	1211
包装物								
安瓶	个	500	1.00	2011.12.31	大连玻璃	供应组	常胜	1221
产成品								
生物一号	瓶	3 000	3 200.00	2011.12.31		生产车间		1243
生物二号	瓶	4 500	3 400.00	2011.12.31		生产车间		1243

七、销售管理业务控制参数

无远程应用；无外币业务，销售报价不含税，能进行客户信用额度控制，进行最低售价控制，无委托代销业务，不能超现存量发货，销售计划金额不含税。

八、应付款管理

1．业务控制参数

业务控制参数设置如下：按单据类别核销应付账款、按供应商控制科目、产品采购科目设置依据存货、制单方式明细到供应商、自动计算现金折扣。

2. 基本科目设置

应付科目　　　　212101
预付科目　　　　1151
采购科目　　　　1201
采购税金科目　　21710101
商业承兑科目　　211101
票据利息科目　　5503
票据费用科目　　5503

3. 控制科目设置：所有供应商应付科目均为 212101

4. 产品科目设置：除产成品生物一号、生物二号外其他存货的采购科目均为 1201、产品采购税金科目均为 21710101

5. 结算方式科目设置

现金结算：现金（1001）
现金支票：现金（1001）
转账支票：银行存款——工行存款（100201）
商业承兑汇票：物资采购（1201）

6. 账龄区间设置

序号	总天数（天）
01	30
02	60
03	90
04	120

7. 报警级别设置

序号	总比率（%）	级别名称
01	10	A
02	30	B
03	50	C
04	100	D
05		E

8．期初数据（见表 A-29 和表 A-30）

表 A-29　应付账款余额

票据类型	票据类型	方向	开票日期	供应商名称	部门	业务员	科目编码	货物名称	数量	单位成本	增值税发票号	价税合计（元）
采购发票	专用发票	贷	11.15	哈生物厂	供应组	王欣	212101	一号制剂	1 500	3.00	372813	5 265.00
采购发票	专用发票	贷	10.10	上海生物	供应组	王欣	212101	调节剂	1 000	2.80	765757	3 276.00

表 A-30　应付票据余额（票据编号：KR9393920）

单据名称	单据类型	方向	开票日期	供应商名称	部门	业务员	科目编码	货物名称	数量	单位成本	增值税发票号	价税合计（元）
应付票据	商业承兑汇票	贷	11.30（三个月商业承兑汇票）	哈生物厂	供应组	王欣	2011101	二号制剂	2 000	2.00	443257	40 950.00

九、应收款管理

1．业务控制参数

按余额核销应收账款，按客户控制科目；产品销售科目依据存货分类；预付款核销按余额；制单方式明细到客户；采用应收账款余额百分比法进行坏账处理；显示现金折扣；核算代垫费用的单据类型为其他应收单；录入发票时，显示提示信息。

2．基本科目设置

　　应收科目　　　　1131
　　预收科目　　　　2131
　　销售收入科目　　5101
　　销售税金科目　　21710105
　　银行承兑科目　　111101
　　票据利息科目　　5503
　　票据费用科目　　5503

3．控制科目设置

所有客户应收科目均为1131。

4．产品科目设置

产成品销售收入科目为5101，应交税金科目均为21710105。

5．结算方式科目设置

现金结算：现金（1001）。

现金支票：现金（1001）。

转账支票：工行存款——工行存款（100201）。

6．坏账准备设置

提取比率：0.5%。

坏账准备期初余额：2223。

坏账准备科目：1141。

对方科目：5502。

7．账龄区间设置

序号	总天数（天）
01	30
02	60
03	90
04	120

8．报警级别设置

序号	总比率（%）	级别名称
01	10	A
02	30	B
03	50	C
04	100	D
05		E

9. 期初数据（见表 A-31 和表 A-32）

表 A-31　应收账款期初余额

单据名称	单据类型	方向	开票日期	客户名称	销售部门	业务员	科目编码	货物名称	数量	增值税发票号	价税合计（元）
销售发票	专用发票	借	10.12	鸿泰	销售组	李刚	1131	生物一号	500	3932939	1 872 000
销售发票	专用发票	借	11.09	大同	销售组	李刚	1131	生物二号	300	3494959	1 193 400

表 A-32　应收票据期初余额表（票据编号：YD76890）

单据名称	单据类型	方向	开票日期	客户名称	销售部门	业务员	科目编码	货物名称	数量	增值税发票号	价税合计（元）
应收票据	银行承兑汇票	借	11.20（三个银行承兑汇票）	红利	销售组	孙美	11201	生物一号	100	394542	374 400

十、1月经济业务

（一）应收、应付及供应链业务

1. 1月3日，供应组向上海生物厂订购调节剂 1 000kg，单价 2.80 元，1月7日下午收到货物并验收入库，1月7日收到增值税专用发票，票号 546778，1月10日用银行汇票支付本次及上年度所欠货款共计 6 552 元。

2. 资料：1月4日，业务员李刚收到沈阳大发公司订单，订购生物二号 500 瓶，不含税单价 3 400 元，预计 1月7日发货。1月7日按期给大发公司发货，用公路运输，以现金代垫运费 200 元。1月9日，沈阳大发收到货物后以银行汇票转来全部货款及运费。1月10日财务部根据发货单开出销售专用发票，1月12日，钱款到账。

3. 1月13日，从哈前进鸡厂以转账支票购入蛋白原 500kg，单价 20 元，开出专用采购发票。支票号 X5721。

4. 1月15日，收到天津红利药店电汇 37 440 元，购买生物一号 10 瓶，单价 3 200 元，开出普通发票。

5. 1月17日，生产车间领用材料（见表 A-33）。

6. 1月20日，完工产品：生物一号 5 瓶（单位生产成本 2 600 元），生物二号 5 瓶（单位生产成本 2 850 元）入库。

表 A-33 生产车间领用材料

部门	原材料	原料及主要材料			辅助材料				包装物	外购半成品		
		一号制剂	二号制剂	三号制剂	调节剂	蛋白原	原胶粒	无机质	凝固剂	安瓶	盐水	葡萄糖	淀粉
生产车间	生物一号		2 000	1 500	100	200	10	20	200	10			
	生物二号	500		1 000	800	500	20	10	500	10			
	共用材料										20	20	40
	合计	500	2 000	2 500	900	700	30	30	700	20	20	20	40

注：生物一号计划生产 10 瓶，生物二号计划生产 10 瓶。

（二）工资核算业务

7. 1月28日，核发工资。本月的职工考勤情况如表 A-34 所示。

表 A-34 职工考勤

职工编号	职工名称	所属部门	职工属性	病假天数	事假天数
102	李新	厂办	管理人员		1
206	孙力	生产车间	工人	5	

其中：

岗位工资：管理人员 800 元；技术人员 750 元；其他人员 700 元。

奖　　金：管理人员 300 元；其他人员 200 元。

交通补助：供销人员 800 元；其他人员 300 元。

离退人员：生活补助 30 年（以下含 30 年）每人每年 500 元，30 年以上每人每年 550 元。

病假扣款：工龄等于大于 10 年的扣日工资为的 20%；工龄小于 10 年大于等 5 年为扣日工资的 30%；工龄小于的扣日工资的 50%。

住房公积金为基本工资、岗位工资、奖金的 10%；养老保险金为基本工资、岗位工资、奖金的 3%。

计算公式如下：

住房公积金=（基本工资+岗位工资+奖金）×0.10

养老保险金=（基本工资+岗位工资+奖金）×0.03

奖金= IFF（人员类别="管理人员"，300，200）

岗位工资= IFF（人员类别="管理人员"，800，IFF（人员类别="技术人员"，750，700））

交通补助=IFF（人员类别="销售人员"，800，300）

日工资=（基本工资+岗位工资+奖金）/21.17

事假扣款=事假天数×日工资

病假扣款= IFF（工龄≥10，日工资×病假天数×0.2，IFF（工龄≥5 且工龄<10，日工资×病假天数×0.3，日工资×病假天数×0.5））

计税基数=（基本工资+岗位工资+奖金+交通补助）–养老保险金–住房公积金

工资发放清单以软盘形式同时送交银行，并经银行审核代扣款项等。

（三）固定资产业务

8. 1 月 10 日，因经营需要，经申请批准后购买轿货车一辆全部支出 120 000 元，预计使用 8 年。

9. 1 月 15 日，财务室购买笔记本电脑一台，价值 12 000 元，预计使用 4 年。

10. 1 月 16 日，原财务室的电脑因故报废，其残值收入 200 元。

11. 1 月 28 日，月末计提本月固定资产折旧。

（四）月末业务

12. 1 月 31 日，分配工资费用并制单。

13. 1 月 31 对以上凭证审核并记账。

14. 1 月 31 日，按应付工资的 14%计提福利费、2%计提工会经费、1.5%计提教育经费、17%计提养老保险金并制单。

15. 1 月 31 日，月末结转已销售产品销售成本。

16. 1 月 31 日，预提短期借款利息（年利率 6%）。

17. 1 月 31 日，月末结转本月损益。

18. 1 月 31 日月末结账。

（五）报表业务

19. 用报表模板编制资产负债表、利润表及现金流量表。

附录

附录 B 财务软件实训资料

某工业企业(名称自定)生产单一产品,2018年1月会计业务如下。

一、2017年年末账户余额(见表 B-1)

表 B-1 2017年年末账户余额

科目代码	科目名称	借方余额(元)	贷方余额(元)	备注
101	现金	300		
102	银行存款	1 256 000		
10201	工行存款	1 256 000		
109	其他货币资金	150 000		
111	短期投资	15 000		
11101	债券投资	15 000		
112	应收票据	246 000		
11201	E公司	246 000		
113	应收账款	−100 000		
11301	甲公司		300 000	
11302	乙公司	200 000		
114	坏账准备		900	
115	预付账款	100 000		
11501	C公司	100 000		
11502	D公司			
119	其他应收款	405 000		
11901	销售部	5 000		
1190101	李勇	5 000		

续表

科目代码	科目名称	借方余额（元）	贷方余额（元）	备注
11902	保证金	400 000		
121	材料采购	500 000		
123	原材料	900 000		
12301	A 材料	700 000		数量 700 吨
12302	B 材料	200 000		数量 200 吨
128	包装物	100 000		
12801	A 包装物	100 000		
129	低值易耗品	500 000		
12901	B 低值易耗品	500 000		
131	材料成本差异	80 000		
137	产成品	600 000		
13701	C 产品	600 000		
139	待摊费用	100 000		
13901	中修费	100 000		
151	长期投资	250 000		
15101	股票投资	250 000		
161	固定资产	1 100 000		
166	固定资产清理			
169	在建工程	1 500 000		
16901	厂房 A	922 000		
16902	厂房 B	578 000		
171	无形资产	600 000		
181	递延资产	200 000		
201	短期借款		300 000	
202	应付票据		200 000	
203	应付账款		953 800	
20301	丙公司		400 000	
20302	丁公司		553 800	
204	预收账款			
20401	X 公司	100 000		
20402	Y 公司		100 000	
209	其他应付款		50 000	
211	应付工资		100 000	
214	应付福利费		10 000	
221	应交税金		30 000	

续表

科目代码	科目名称	借方余额（元）	贷方余额（元）	备注
22101	所得税		32 000	
22102	固定资产投资方向调节税			
22103	消费税			
22104	城市建设维护税			
22105	增值税		−2 000	
2210501	进项税		−2 000	
2210502	已交税金			
2210503	销项税			
2210504	出口退税			
2210505	进项税转出			
223	应付利润			
229	其他应交款		6 600	
22901	能源重点建设基金		4 000	
22902	预算调节基金		2 600	
22903	教育费附加			
231	预提费用		1 000	
233	待扣税金			
241	长期借款		1 600 000	
24101	工行借款		1 600 000	
2410101	一年期以下借款		850 000	
2410102	一年期以上借款		750 000	
24102	长期应付款			
301	实收资本		5 000 000	
30101	人民币		5 000 000	
30102	美元			
311	资本公积		100 000	
313	盈余公积		150 000	
321	本年利润			
322	利润分配			
32202	应付利润			
32203	未分配利润			
32204	提取盈余公积			
401	生产成本			
40101	工资			
40102	福利费			

续表

科目代码	科目名称	借方余额（元）	贷方余额（元）	备　注
40103	原材料			
40104	制造费用			
405	制造费用			
40501	工资			
40502	福利费			
40503	低值易耗品			
40504	物耗			
40505	修理费			
40506	折旧费			
501	产品销售收入			
502	产品销售成本			
503	销售费用			
50301	广告费			
504	产品销售税金及附加			
511	其他业务收入			
512	其他业务支出			
521	管理费用			
52101	工资			
52102	福利费			
52103	无形资产摊销			
52104	印花税			
52105	折旧费			
52106	坏账损失			
52107	劳保费			
522	财务费用			
52201	利息支出			
531	投资收益			
541	营业外收入			
542	营业外支出			
543	所得税			
合　计				

二、1月会计业务

1. 1日,收到工商银行通知,用银行存款支付到期的商业承兑汇票 100 000 元。
   凭证一　　借:应付票据(202)　　　　　　　　　　　　　　　100 000
   　　　　　　贷:银行存款(102)——工行存款(01)　　　　　　　　　100 000

2. 1日,购入A材料150吨,单价1 000元/吨,增值税25 500元用银行存款支付货款175 500元,货款已,材料未到
   凭证二　　借:材料采购(121)——A材料(01)150吨·1 000元/吨　150 000
   　　　　　　　应交税金(221)——增值税(05)——进项税(01)　　25 500
   　　　　　　贷:银行存款(102)——工行存款(01)　　　　　　　　175 500

3. 2日,收到原材料A材料,数量100吨,单价1 000元/吨,实际成本100 000元,计划成本95 000元,材料已验收入库,货款已于上月支付。
   凭证三　　借:原材料(123)——A材料(01)　　　　　　　　　　95 000
   　　　　　　　材料成本差异(131)　　　　　　　　　　　　　　5 000
   　　　　　　贷:材料采购(121)——A材料(01)　　　　　　　　　100 000

4. 5日,用银行汇票支付采购材料价款,企业收到开户银行转来银行汇票结讫通知书,购入B材料数量100吨,单价款及运费共99 800元,原材料已验收入库,该批B材料计划单位成本100 000元。
   凭证四　　借:材料采购(121)——B材料(02)　　　　　　　　　99 800
   　　　　　　　应交税金(221)——增值税(05)——进项税(01)　　15 300
   　　　　　　　银行存款(102)——工行存款(01)　　　　　　　　200
   　　　　　　贷:其他货币资金(109)　　　　　　　　　　　　　115 300
   凭证五　　借:原材料(123)——B材料(02)　　　　　　　　　　99 800
   　　　　　　贷:材料采购(121)——(02)　　　　　　　　　　　99 800

5. 5日,销售产品一批,销售价款300 000元,增值税51 000元,产品已发出,该批产品的实际成本180 000元,货款尚未收到。
   凭证六　　借:应收账款(113)——乙公司(01)　　　　　　　　351 000
   　　　　　　贷:产品销售收入(501)　　　　　　　　　　　　　300 000
   　　　　　　　　应交税金(221)——增值税(05)——销项税(03)　51 000
   凭证七　　借:产品销售成本(502)　　　　　　　　　　　　　　180 000
   　　　　　　贷:产成品(137)　　　　　　　　　　　　　　　　180 000

6. 5日,企业将列入短期投资的到期债券15 000元,收到本金15 000元,利息1 500元,存入银行。

凭证八	借：银行存款（102）——工行存款（01）	16 500	
	贷：短期投资（111）		15 000
	投资收益（531）		1 500

7. 6日，购入需安装的机器D一台，价款100 000元，支付安装费1 000元，均用银行存款支付。

凭证九	借：固定资产（161）	101 000	
	贷：银行存款（102）——工行存款（01）		101 000

8. 6日，购入工程物资一批，价款150 000元，已用银行存款支付。

凭证十	借：在建工程（169）——工程物资A	150 000	
	贷：银行存款（102）——工行存款（01）		150 000

9. 7日，工程应付工资200 000元，应付职工福利费28 000元，应付固定资产投资方向调节税100 000元。

凭证十一	借：在建工程（169）——厂房A	328 000	
	贷：应付工资（211）		200 000
	应付福利费（214）		28 000
	应交税金（221）——固定资产投资方向调节税（02）		100 000

10. 9日，厂房A完工，计算应负担的长期借款利息150 000元。

凭证十二	借：在建工程（169）——厂房A	150 000	
	贷：长期借款（241）——工行借款（01）		150 000

11. 9日，厂房A完工，交付生产使用，已办下竣工手续，固定资产价值1 400 000元。

凭证十三	借：固定资产（161）——厂房A	1 400 000	
	贷：在建工程（169）——厂房A		1 400 000

12. 9日，基本生产车间一台机器A报废，原价200 000元，已提折旧180 000元，清理费用500元，残值收入800元已用银行存款收支，该项固定资产已清理完毕。

凭证十四	借：固定资产清理（166）	20 000	
	累计折旧（165）	180 000	
	贷：固定资产（161）		200 000
凭证十五	借：固定资产清理（166）	500	
	贷：银行存款（102）——工行存款（01）		500
凭证十六	借：银行存款（102）——工行存款（01）	800	
	贷：固定资产清理（166）		800
凭证十七	借：营业外支出（542）	19 700	
	贷：固定资产清理（166）		19 700

13. 9日，从中国银行借入三年期借款，借款存入银行，该项借款用于购置固定资产。

凭证十八	借：银行存款（102）——工行存款（01）	400 000	
	贷：长期借款（241）——工行存款（01）		400 000

14. 9日，销售产品C350件，收到价款819 000元，其中税金119 000元，实收成本420 000元，收到款项存入银行。

凭证十九　借：银行存款（102）——工行存款（01）　　　819 000
　　　　　　贷：应交税金（221）——应交增值税（05）销项税（03）　119 000
　　　　　　　　产品销售收入（501）　　　　　　　　　　　　　700 000

凭证二十　借：产品销售成本（502）　　　　　　　　　　　420 000
　　　　　　贷：产成品（137）　　　　　　　　　　　　　　　　420 000

15. 9日，企业将要到期的银行承兑汇票一张（面值为200 000元）解讫通知边同进账，并交银行办理转账，收到银行盖章退回的进账单一联，款项银行已收妥。

凭证二十一　借：银行存款（102）——工行存款（01）　　200 000
　　　　　　　贷：应收票据（112）　　　　　　　　　　　　　　200 000

16. 9日，企业出售一台机器C，收到价款300 000元，该项设备原价400 000元，已提折旧150 000元，该项设备已由购入单位运走。

凭证二十二　借：固定资产清理（166）　　　　　　　　　　250 000
　　　　　　　　累计折旧（165）　　　　　　　　　　　　　150 000
　　　　　　　贷：固定资产（161）　　　　　　　　　　　　　　400 000

凭证二十三　借：银行存款（102）——工行存款（01）　　300 000
　　　　　　　贷：固定资产清理（166）　　　　　　　　　　　　300 000

凭证二十四　借：固定资产清理（166）　　　　　　　　　　50 000
　　　　　　　贷：营业外收入（541）　　　　　　　　　　　　　50 000

17. 10日，用银行存款归还短期借款本金250 000元，利息12 500元。

凭证二十五　借：短期借款（201）　　　　　　　　　　　　250 000
　　　　　　　贷：银行存款（102）——工行存款（01）　　　　250 000

18. 10日，从工商银行提取现金500 000元，备发工资。

凭证二十六　借：现金（101）　　　　　　　　　　　　　　500 000
　　　　　　　贷：银行存款（102）——工行存款（01）　　　　500 000

19. 10日，支付工资500 000元。

凭证二十七　借：应付工资（211）　　　　　　　　　　　　500 000
　　　　　　　贷：现金（101）　　　　　　　　　　　　　　　　500 000

20. 10日，分配工资，其中：生产工人资275 000元，车间管理人员工资10 000元，行政管理人员工资15 000元，工程人员工资200 000元。

凭证二十八　借：生产成本（401）——工资（01）　　　　275 000
　　　　　　　　制造费用（405）——工资（01）　　　　　10 000
　　　　　　　　管理费用（521）——工资（01）　　　　　15 000
　　　　　　　　在建工程（169）——厂房B（01）　　　　200 000
　　　　　　　贷：应付工资（211）　　　　　　　　　　　　　500 000

21. 10 日，按工资总额的 14%计提福利费。（此凭证可自动转账生成）

凭证二十九　　借：生产成本（401）——福利费（02）　　　　38 500
　　　　　　　　　　制造费用（405）——福利费（02）　　　　 1 400
　　　　　　　　　　管理费用（521）——福利费（02）　　　　 2 100
　　　　　　　　　　在建工程（169）——厂房 B（02）　　　　52 000
　　　　　　　　　贷：应付福利费（214）　　　　　　　　　　94 000

22. 12 日，基本生产领用 A 材料，计划成本共 700 000 元，领用低值易耗品 50 000 元，一次摊销。

凭证三十　　　　借：生产成本（401）——材料费（03）　　　700 000
　　　　　　　　贷：原材料（123）　　　　　　　　　　　　700 000

凭证三十一　　　借：制造费用（405）——低值易耗品（03）　 50 000
　　　　　　　　贷：低值易耗品（129）　　　　　　　　　　 50 000

23. 13 日，结转材料成本差异 37 500 元。

凭证三十二　　　借：生产成本（401）——原材料（03）　　　 35 000
　　　　　　　　　　制造费用（405）——物耗（04）　　　　　2 500
　　　　　　　　贷：材料成本差异（131）　　　　　　　　　 37 500

24. 14 日，计提折旧 100 000 元，其中生产设备 80 000 元，管理设备 20 000 元。

凭证三十三　　　借：制造费用（405）——折旧费（04）　　　 80 000
　　　　　　　　　　管理费用（521）——折旧费（04）　　　 20 000
　　　　　　　　贷：累计折旧（165）　　　　　　　　　　　100 000

25. 25 日，计提并结转完工产品成本，产成品 C 入库。

凭证三十四（1）　借：生产成本（401）——制造费用（04）　　143 900
　　　　　　　　　贷：制造费用（405）——工资（01）　　　　 10 000
　　　　　　　　　　　　　　　　　　——福利费（02）　　　　 1 400
　　　　　　　　　　　　　　　　　　——低值易耗品摊销（03） 50 000
　　　　　　　　　　　　　　　　　　——物耗（04）　　　　　　2 500
　　　　　　　　　　　　　　　　　　——折旧（06）　　　　　 80 000

（2）借：产成品（137）　　　　　　　　　　　　　　　　　1 282 400
　　　贷：生产成本（401）——工资（01）　　　　　　　　　 275 000
　　　　　　　　　　　　——福利费（02）　　　　　　　　　 38 500
　　　　　　　　　　　　——原材料（03）　　　　　　　　　735 000
　　　　　　　　　　　　——制造费用（04）　　　　　　　　233 900

26. 26 日，企业销售产品 C100 件，一批收到商业承兑汇票一张，价款 292 500 元，并结转该批实际成本。

凭证三十五　　　借：应收票据（112）　　　　　　　　　　　292 500
　　　　　　　　贷：产品销售收入（501）　　　　　　　　　250 000

応交税金（221）——増値税（05）——销项税（03） 42 500

凭证三十六　借：产品销售成本（502）　　　　　　150 000
　　　　　　　贷：产成品（137）　　　　　　　　　　　　　　150 000

27．28日，计算并结转已销产品的销售税金，其中消费税100 000元，城市维护建设税7 000元，教育费附加2 000元。

凭证三十七　借：产品销售税金及附加（504）　　　109 000
　　　　　　　贷：应交税金（221）——消费税（03）　　　　100 000
　　　　　　　　　　　　　　　　　——城市维护建设税　　　 7 000
　　　　　　　　 其他应交款（229）——教育费附加（03）　　2 000

28．计算交纳的所得税67 038元。

凭证三十八　借：所得税（543）　　　　　　　　　 67 038
　　　　　　　贷：应交税金（221）——应交所得税（01）　　 67 038

29．28日，将各项收支科目结转本年利润
（此凭证由"期末自动转账"自动生成。不需编制）

凭证三十九　借：产品销售收入　　　　　　　　　1 250 000
　　　　　　　　投资收益（531）　　　　　　　　　　1 500
　　　　　　　　营业外收入（541）　　　　　　　　 50 000
　　　　　　　　所得税（543）　　　　　　　　　　 67 038
　　　　　　　贷：产品销售成本　　　　　　　　　　750 000
　　　　　　　　　产品销售税金及附加　　　　　　　109 000
　　　　　　　　　管理费用（521）——工资（01）　　15 000
　　　　　　　　　　　　　　　　　——福利费（02）　 2 000
　　　　　　　　　　　　　　　　　——折旧（03）　　20 000
　　　　　　　　　营业外支出　　　　　　　　　　　 19 700
　　　　　　　　　本年利润（321）　　　　　　　　 452 838

附录

附录 C　上机测试题

一、账套设置与管理（15 分）

（一）账套信息

1. 账套号：学号的后三位
2. 账套名称："考生姓名"
3. 启用期间：2018 年 1 月

（二）单位信息

1. 单位名称：考生姓名
2. 税号：考生学号

（三）核算类型

1. 行业性质：股份制
2. 企业性质：工业
3. 账套主管：考生姓名
4. 基础信息：存货、客户和供应商均不分类无外币核算

（四）分类编码方案

1. 科目编码级次：422
2. 部门编码级次：22

（五）操作员权限设置：（密码均为空）

编码	姓名	岗位	权限	所属部门
101	考生本人	财务主管	账套主管	账务科
102	王 成	会计	审核凭证	账务科
103	张 芳	出纳	出纳签字	账务科

二、基础设置（15分）

（一）职员档案

编号	名 称	所属部门	职员属性
101	本 人	账务部	账务主管
102	王 成	账务部	会计
103	张 芳	账务部	出纳
104	李 力	市场部	主任
105	孙 红	市场部	业务员

（二）往来单位

1. 客户档案：（无分类）
001 北方批发市场 刘志勇
2. 供应商档案：（无分类）
002 正大集团 张 峰

（三）凭证类别设置：记账凭证

（四）指定会计科目：现金总账为现金总账科目 银行存款为银行存款总账科目

三、科目及余额（20分），如表C-1所示

表C-1 科目及余额　　　　　　　　　　　单位：元

科目编码	科目名称	方 向	辅助核算	余 额	备 注
1001	现金	借		9 000	
1002	银行存款	借		18 000	
1131	应收账款	借	客户往来		
1191	其他应收款	借	个人往来		
1501	固定资产	借		13 000	

续表

科目编码	科目名称	方 向	辅助核算	余 额	备 注
1502	累计折旧	贷		2 000	
2101	短期借款	贷		11 000	
2121	应付账款	贷	供应商往来		
2153	应付工资	贷		4 000	
2171	应交税金	贷			
217101	应交增值税	贷			
21710101	进项税额	贷			
21710102	销项税额	贷			
2172	其他应交款	贷			
2201	长期借款	贷		23 000	
5503	管理费用	借	部门核算		
550301	工资	借	部门核算		

四、日常业务处理

1月发生下列业务。

1. 1月3日,张芳去银行提取现金5 000元。

2. 1月3日,市场部主任李力出差借款2 000元。

3. 1月6日,孙红从正大集团购进材料一批,价款4 000元,税金680元,款项未付。

4. 1月10日,市场部李力向北方批发市场出售产品一批,主营业务收入为90 000元,税率17%。款项存入银行。

5. 计算本月工人工资7 500元,其中市场部4 000元,账务部3 500元。

要求:① 以本人为操作员填制会计凭证(25分);② 以王成为操作员审核凭证(5分);③ 以张芳为操作员进行出纳签字(5分);④ 记账并结账(15分)(本人为操作员)。

反侵权盗版声明

电子工业出版社依法对本作品享有专有出版权。任何未经权利人书面许可，复制、销售或通过信息网络传播本作品的行为；歪曲、篡改、剽窃本作品的行为，均违反《中华人民共和国著作权法》，其行为人应承担相应的民事责任和行政责任，构成犯罪的，将被依法追究刑事责任。

为了维护市场秩序，保护权利人的合法权益，我社将依法查处和打击侵权盗版的单位和个人。欢迎社会各界人士积极举报侵权盗版行为，本社将奖励举报有功人员，并保证举报人的信息不被泄露。

举报电话：（010）88254396；（010）88258888
传　　真：（010）88254397
E-mail：　dbqq@phei.com.cn
通信地址：北京市万寿路 173 信箱
　　　　　电子工业出版社总编办公室
邮　　编：100036